**눈먼
종교**를
위한
인문학

눈먼
종교를 위한
인문학

김경집 지음

시공사

둘째 누나 김영희 젬마루시 수녀께, 감사와 사랑으로

셋째 형 김호집 목사께, 존경으로

부끄러운 이 책을 바칩니다.

신자가 깨어야 교회가 바뀐다

한국 교회의 성장은 정말 놀랍다. 가톨릭교회는 특이하게도 스스로 학문西學으로 시작하여 외국에 가서 영세를 받은 이래 여러 차례 박해를 거듭하는 질곡의 세월을 이겨내고 조용하게 성장하여 2008년 500만이 넘는 신자들의 교회로 성장했다. 아마도 전 세계 가톨릭교회 가운데 지속적으로 성장하고 있는 몇 안되는 교회가 아닐까 싶다 (그러나 2012년 기준으로 미사 참례나 여러 성사에 참여하는 내적 성장은 하락하고 있다).

개신교회의 성장은 더 말할 것도 없다. 가톨릭교회보다 이 땅에 조금 늦게 들어왔지만 해방 이후의 눈부신 성장은 한국기독교의 자랑이라 할 수 있다. 2001년 기준으로 세계 50대 교회 가운데 한국의 대형교회가 무려 24개나 들어 있을 정도다. 세계에서 가장 큰 교회도 우리나라에 있다. 또한 열렬한 신심은 전 세계로 선교의 소임을 자임할 만큼 뜨겁다. 이렇게 겉으로 보기에는 신구교를 막론하고 세계에서 가장 젊고 열성적이며 진취적이다.

　그러나 속으로 파고 들어가면 그런 자부심이 온전히 긍정적이지만은 않다는 것을 금세 느끼게 된다. 고도비만에 가까운 교회들은 이제 세습을 아예 당연한 것처럼 여기며 목을 빳빳이 세울 뿐, 그 성장에 부합하는 성숙에 미치지 못하는 데에 대한 반성적 성찰은 별로 하지 못하는 것 같아 안타깝다. 그러면서 어떻게 기업의 부도덕한 경영권 세습이나 북한 정권의 치졸한 권력 세습을 비판할 수 있는지 알다가도 모를 일이다.

　대형교회와 구멍가게 수준의 교회 간의 양극화는 이제 일상사가되었다. 많은 사람들이 그런 병폐적 모습을 안타까워하며 충고도 하지만 거의 변하지 않는다. 그 견고함이 절망스러울 정도다. 날달걀로 바위를 치는 것과 다르지 않다. 또한 국가의 발전과 개인의 번영을 신앙의 결실로 여기는 미국의 근본주의와 복음주의 교회만을 자신들의 전범으로 삼는 태도도 여전하다.

　가톨릭교회도 문제가 많다. 갈수록 보수 일변도로 구성되는 주교단은 말할 것도 없고, 신학과 교의에서도 구시대로 돌아가려는 모습을 슬그머니 보여줘서 뜻있는 신자들을 경악시키고 있는 게 사실이다. 그런데도 아무도 그걸 대놓고 말하지 않는다. 내막을 몰라서 그렇기도 하지만 알아도 말해봤자 듣지 않을 거라 미리 체념한 까닭이다. 그만큼 여전히 교회는 권위적이다. 교계제도의 완고함도 변하지 않았다. 무엇보다 오리엔탈리즘의 편향성에 갇힌 사제들과 주교들이 많다는 것, 이들이 로마의 권위에 지나칠 만큼 의존하고 있다는 것에 대한 안타까움을 지울 수 없다.

　신구교를 막론하고 한국 교회가 안고 있는 큰 문제는 세 가지 정도로 압축할 수 있다. 우선 근본주의와 교조주의에 대한 지나친 집착이다. 근본주의란 본질적인 것의 절대적 진리를 강조하는 종교운동으로 성서에 근거한 신앙의 근본적인 측면을 강조한다는 면에서 대부분의 종교가 지닌 특성이라고 할 수 있겠지만, 그 경직성과 배타성이 시대의 흐름과 변화에 전혀 반응하지 못하면서 자신들의 권위에만 집착한다는 점에서 문제가 된다. 교조주의는 과학적 해명 없이 신앙 또는 신조에 입각하여 도그마dogma를 고집하는 입장이다. 이것은 자칫 무비판적 독단주의에 빠질 우려가 많다는 점에서 바람직하지 않다.

　불행히도 한국 교회에는 이런 풍조가 너무나 짙게 배어 있다. 특히 교세의 성장이 마치 그런 근본주의나 교조주의적 열성에서 나온 것으로 착각하기 때문에 쉽사리 그 태도를 버리지 못한다. 근본주의나 교조주의는 자연스럽게 권위주의에 흐르기 쉽고, 성직자에 대한 지나친 의존과 무비판적 존경을 낳아서 그들에 대한 비판의 날을 세우지 못하게 된다. 한국 교회만큼 성직자에 대한 존경과 의존의 정도가 높고 강한 곳은 아마도 찾기 어려울 것이다. 자연스러운 존경과 의존은 불가피한 것이겠지만 문제는 그것이 과다할 때 여러 가지 폐해들이 생겨난다는 점이다. 이를 늘 경계해야 한다.

　두 번째는 지나치게 성직자 중심적 교회라는 점이다. 신학 또한 그들이 거의 독점한다. 일반 신자들이 신학을 공부해봐야 써먹을(?) 곳도 지극히 제한되어 있을 뿐 아니라 행여 자신들의 권위에 도전할까 봐 그러는지 성직자들도 이들에 대해 그다지 호의적이지 않다. 가뜩이나 성리학적 전통과 충효사상에 길들여진 우리의 문화적 유전자가 여전히 작동하는 데다가 가정교육이나 공교육도 텍스트 추종적이다. 그러니 체제에 순응하는 데에 익숙하고 문제를 제기하거나 따지는 일은 애써 외면한다. 성서를 읽을 때도 문맥을 살피고 역사적 배경을 더듬어 헤아려 읽는 것이 아니라 교조적 가르침대로 따를 뿐이다. 그러나 성서는 텍스트를 무조건 추종하는 식으로 읽어서는 안 된다. 그런 태도가 근본주의와 교조주의, 권위와 복종, 순응과 무비판의 악순환을 길러왔다는 점을 명심해야 하겠다.

세 번째 문제는 여전한 서구 중심주의적 사고이다. 좀 심하게 말하자면 제국주의적 사고이고 학문적으로 말하자면 오리엔탈리즘의 성향이다. 물론 우리에게 신구교 그리스도교를 전해준 사람들이 모두 서양인들이었기 때문에, 또 그리스도교가 유럽인들의 사고와 문화에 맞춘 신학적 사유 틀 안에서 이루어진 것이기 때문에 어느 정도 불가피하다는 점은 인정한다. 그러나 더 큰 문제는 가톨릭은 지나치게 유럽, 특히 로마 중심적이고, 개신교 또한 일방적으로 미국, 특히 복음주의 교회를 롤 모델로 삼고 있다는 것이다. 은연중 그런 편향적 사고가 성직자뿐 아니라 교회 내에도 널리 퍼져 있다는 점을 기억해야 하겠다.

고백컨대 나는 성직자도 신학자도 아니다. 신학적 지식이라고는 학부 때 신학을 부전공으로 하면서, 그 이후 지속적인 관심을 가지고 여러 책을 읽어오면서 얻은 것이 전부다. 또한 아주 열성적이고 독실한 신자라고 자신 있게 말할 정도의 신심도 갖추지 못했다. 종교적으로 그리스도교 신자라고 당당하게 고백하겠지만, 문화적으로나 사회적으로는 떳떳하게 종교다원론자라고 천명하는 입장이다. 분명히 이런 나의 배경은 복음서나 교회제도에 대해서 권위 있게 주장할 수 있는 조건은 아니다. 그런 점에서 확실한 한계를 지니고 있다. 그러나 역으로 그 어떤 교조에도 휘둘리지 않으며, 인문학적 성찰을 바탕으로 부당한 권위에 도전할 수 있고, 신학적 프레임에 갇히지 않을 수도 있다고 믿는다.

이런 고백이 도움이 될지는 모르겠지만, 나의 가정환경도 그런 종교적 포용성을 길러주었다고 확신한다. 본디 우리 집안은 개신교였다. 6남매 가운데 홀수 형제는 개신교 신자이고 짝수 형제는 가톨릭 신자인 매우 특이한 집안이다. 특히 둘째 누이는 수녀이고 나의 바로 위 셋째 형님은 감리교회 목사이다. 그러나 적어도 우리 형제들은 그것을 단순히(?) 기질의 차이로 인정한다. 물론 전혀 갈등 없이 처음부터 공존한 것은 아니다. 시간이 흐르고 서로를 이해하면서 자연스럽게 이런 (남들이 보기에는 어색한) 신앙의 동거가 가능해졌다. 이는 내 개인사에서도 이어진다. 중학교는 불교계 학교였고 고등학교는 미션스쿨이었으며 대학교는 가톨릭수도회인 예수회에서 운영하는 곳을 다녔다. 어찌 보면 어지러워 보일지도 모르지만 나로서는 종교를 넓고 다양하게 이해할 수 있는 기회였다고 생각한다.

이 책을 쓰게 된 가장 직접적인 계기는 대학에서 영성 과정 과목을 뜻하지 않게 담당하게 되면서 만들어졌다. 나 자신도 많은 생각을 하게 되었고, 특히 젊은 대학생들의 신앙이 생각만큼 건강하지 않다는 것을 확인했기 때문이다. 아주 단순화시켜서 말하면 가톨릭 학생들은 거의 무지한 상태였다. 하기야 초등학교 5학년 전후해서 배운 첫영성체교리*가 지식의 거의 전부라고 해도 과언이 아닌 상태다. 그렇게 대학생이 될 때까지 이어져온 것이다. 그러니 대부분 냉담자(요즘은 '쉬는 신자'라고 부르기도 하지만)이다. 무늬만 가톨릭신자지 아는 것도 없고 관심도 없다.

그에 반해 개신교 학생들은 열성적이고 아는 것도 많다. 그러나 문제는 그 지나친 열성이다. 놀라운 사실은 가장 진취적이고 상상력이 풍부할 뿐 아니라 비판적 사고에 충실해야 할 청년들이 아주 교조적이고 근본주의적 태도를 짙게 보인다는 점이다. 그러니 친구들과 대화나 토론을 해도 거의 일방적인 선교나 전교의 방식에서 벗어나지 않을 뿐만 아니라 독선적인 경우가 태반이며 다른 종교에 대한 배려와 이해도 거의 없다. 이 친구들이 앞으로 우리 사회의 교회를 지탱하고 성장시킬 주인이라고 생각하면 솔직히 암울했다. 어른들이라고

---

* '영성체'는 예수의 몸을 상징하는 성체를 받아들이는 것을 의미한다. 가톨릭교회에서는 태어난 후 곧 유아세례를 받는다. 그러나 아무런 종교적 지식이 없는 유아가 성체의 의미를 모르기 때문에 영성체를 할 수 없다. 그래서 초등학교 입학 이후 10세 전후에 교리 교육을 받고 나서야 비로소 성체를 받아 모실 수 있다. 그 교리를 첫영성체교리라고 부른다.

크게 다르지 않을 것이다. 젊은 대학생들이 이럴진대 이미 생각이 굳어버린 어른들이야 더 말할 것도 없을 것이다.

그렇게 된 것은 교조적이고 권위적이며 근본주의적 사고 틀에 갇혀 있는 성직자들 탓이 가장 크다고 나는 생각한다. 이들은 문맥과 상황은 고려하거나 언급하지 않은 채 그냥 문자나 구절 혹은 문장을 여기저기에서 인용하면서 자신의 논리를 합리화시키는 경우가 많다. 그래서 나는 개인적으로 한 강론이나 설교에서 서너 차례 이상 성서를 이리저리 인용하는 경우, 그다지 신뢰하지 않는다. 물론 그것이 나의 조급함이나 편견에서 비롯된 것일 수도 있다는 점을 인정한다. 그렇지만 나중에 확인해보면 그냥 문자나 구절만 겹칠 뿐 내용이나 문맥 혹은 의도가 전혀 맞지 않는 경우가 상당히 많았기 때문이다. 그런 강론이나 설교가 성서 전체를 암기하고 있을 뿐 아니라 필요한 대목까지 줄줄이 꿰고 있음을 과시할 수는 있겠지만, 나는 그것이 그다지 신뢰할 만하다거나 크게 도움이 된다고 여기지 않는다.

개인적으로 더 심각하다고 느끼는 것은 바로 복음서의 경우이다. 복잡한 신학을 떠나 예수의 삶과 죽음과 부활을 아주 간결하게 서술한 복음서조차 그렇게 교조적으로 해석하는 경우가 얼마나 많은가. 나는 복음서만이라도 차분히 제대로 읽고 느끼고 실천할 수 있으면 그것으로 충분(?)하다고 믿는다. 복잡한 신학이나 교리도 결코 복음서의 의미와 힘을 넘을 수 없으며 아무리 뛰어난 강론이나 감동적인 설교도 복음서에서 벗어날 수 없다고 확신한다.

그래서 나는 학생들과 일단 기본적으로 복음서에 충실하되 가능하면 어떠한 선입견이나 고정관념도 배제하고 있는 그대로 순수하게 읽으면서 숙고하기로 했다. 그러자 눈이 밝아지고 생각은 자유로워졌으며 실천의지가 또렷해졌을 뿐만 아니라 다른 이에 대한 편협함과 배타성도 사라지는 것을 실감할 수 있었다. 학기를 시작할 때 그토록 집요하고, 편협하며, 지나치게 열정적이던 개신교 학생들은 관대해지고 차분해져서 더 이상 다른 친구들에게 불편함이나 불쾌감을 주지 않았다. 또 그런 모습을 보고 종교가 없던 학생들이 그들에게 호감을 갖고, 종교에 대한 거부감이나 불신감을 노골적으로 드러내지 않으며 상대방의 신념을 존중하는 태도를 지니게 되는 것을 보게 된 것은 행복한 경험이었다. 또한 자신 없고, 자기 신앙의 정체성마저 모호한 채 미지근했던 가톨릭 학생들도 태도가 능동적으로 바뀌어 스스로 여러 자료를 찾아보면서 성숙한 영성을 되찾는 모습도 경험할 수 있었다.

종교에서 어느 정도의 기복적 태도는 자연스러운 현상이다. 그러나 거기에도 정도가 있다. 그것을 넘어가면 천박한 신앙이 된다. 그런 천박함을 자각하지 못하면서 무례하게 굴어서 사람들을 불쾌하게 만들지는 않았는지 되돌아봐야 하겠다.

종교가 있는 사람이 그렇지 않은 사람에 비해 유리한 점은 과연 무엇일까? 복을 받는다거나 천당이나 극락에 간다거나 하는 생각은 접어두고 말이다. 사람은 누구나 영혼의 울림을 느낀다. 그런데 종교가 있으면 그 울림에 대해 지속적이고 일관된 반응과 태도를 유지할 수 있다. 반면 종교가 없는 이들은 일상에서의 허물에 대해 자기 합리화에 빠지거나 상황에 따라 변하는 경우를 많이 겪게 된다. 물론 자기 수양이 뛰어나고 강고한 실천의지가 있으면 상관없겠지만 그리 녹록한 일은 아니다. 종교는 자신의 영혼을 통해 삶을 반성하고 주체적이고 능동적이며 일관되게 보다 나은 가치를 향해 나아가게 하는 자유로운 힘이다. 그런 점을 보이지 못하면 오히려 종교를 가진 사람이 그렇지 않은 사람들보다 도덕적으로 뒤떨어지는 경우가 많다. 오죽하면 전도하는 데 힘쓰기보다 도덕성을 함양하는 데에 더 매진하라는 질타가 설득력을 갖겠는가.

능동적이고 주체적인 신앙인이 되기 위해서는 밝은 눈으로 경전을 읽어야 한다. 권위자나 전문가에게 맡기고 따를 일이 아니다. 예수는 아주 쉬운 언어로 복음을 전했고, 정의로운 힘으로 행동했다. 그 복음을 새기고 그 행동을 따르는 것이 신앙의 가장 중요한 핵심이다. 지금 우리의 교회가 안고 있는 문제를 아무리 지적해도 변하지 않는 것은 신자들이 스스로 깨어 밝은 눈으로 복음서를 읽는 데에 소홀했기 때문이 아닌가 싶다.

이 글은 내 나름대로 복음서를 읽는 방식이다. 때론 그릇되게 이해하거나 자의적으로 해석했다고 비판받을 수도 있을 것이다. 그 허물은 전적으로 나의 몫이다. 이미 언급한 것처럼 내가 신학자도 성직자도 아니어서 신학적으로 오독하거나 논리에서 벗어나는 점이 있을 수도 있을 것이다. 그러나 그럼에도 불구하고 큰 오류는 없을 것이다.

왜냐하면 복음서의 기록들의 문맥과 상황을 짚어보는 것이 크게 문제될 것은 없기 때문이다. 나는 이렇게 읽어가면서 적지 않은 기존의 교회지도자들이 지나치게 편협하게 혹은 잘못된 도그마에 의존해서, 또는 특정한 의도를 가지고 우리에게 복음서를 가르쳤음을 분명히 느끼게 되었다. 나와 학생들이 함께 복음서를 읽으면서 자유를 느낀 것은 단순히 우리들만의 심리적 위로나 합리화는 아니었다고 확신한다. 덧붙여 그저 평범한 평신자인 내가 이렇게 읽고 생각하는 것이라면 이것이 누구에게나 가능한 일이라고 여겨진다.

나는 이 책에서 이것 하나만은 분명하게 짚고 싶었다. "예수가 금지한 것을 예수의 이름을 팔아서 하지 말라!"는 것이다. 나는 가능하면 예수보다 그를 만났던 사람들에게 관심을 갖고 읽고 썼다. 예수는 이미 그 존재 자체로 완전하다. 그래서 때론 불완전한 우리와 조금 거리감이 느껴지는 것도 사실이다. 그러나 그가 만났던 사람들은 바로 우리 자신의 모습이어서 우리의 삶도 그들처럼 변화할 것을 느끼고 각오도 새롭게 다듬게 된다.

신자들이 변해야 교회가 바뀐다. 종교가 세상을 걱정하는 것이 아니라 세상이 종교를 걱정하는 현실이다. 더 이상 그런 부끄러운 일을 겪지 않기 위해서라도 우리들이 변해야 한다. 보다 자유로운 영혼, 깨어 있고 치우치지 않는 영성의 심지를 돋우어야 한다. 그래야 교회도 바뀌고 사회도 변할 것이다. 복음서만 제대로 읽어도 그것이 가능할 것이다. '자유로운 개인'으로서의 영성이 마련되지 않고서는 그저 공동체에 모였다고 올바른 교회가 되지는 않는다. 정말 제대로 예수를 믿는다는 것은 예수의 삶과 가르침을 헤아리고 이해하며 실천하는 것이다. 그런 영혼을 만나고 싶다.

차례

들어가는 말　신자가 깨어야 교회가 바뀐다 / 5

일러두기 / 18

1 새로 읽는 성경

예수의 탄생을 외면했던 사람들 / 27

무엇이 진짜 명예로움인가 / 37

하느님나라의 비유를 잘못 해석하면 '비'겁하고 '유'치해진다 / 45

유혹은 산들바람처럼 불어온다 / 73

예수 기적의 진짜 의미 / 99

열두 제자가 내려놓은 것 / 111

예수는 페미니스트였다 / 131

포도밭 일꾼과 품삯 이야기의 숨은 뜻 / 151

가진 것을 모두 털어넣는 충성심보다 중요한 것 / 163

교회를 신전이 아닌 시장으로! / 173

무엇이 참된 우정인가 / 185

치유의 기적? 측은지심부터 배워라! / 197

오병이어의 기적에 담긴 진짜 의미 / 209

신앙 이전에 도덕적 우월성을 가져야 / 223

골수 로마 앞잡이가 나무 위에 올라간 이유 / 239

무엇이 나를 진정 행복하게 하는가 / 251

기도, 하려면 제대로 하자 / 263

부활을 어떻게 받아들일 것인가 / 279

2 한국 기독교인과 기독교 사회에 던지는 제언

어두운 시대, 최소한의 양심은 어디에 / 299

왜 한국 교회는 보수주의에 안주하는가? / 315

맺는말 참된 그리스도인의 지평 / 356

아마도 일러두기를 이렇게 별도의 장으로 크게 끼워넣는 경우가 흔치는 않을 것이다. 그러나 그럴 만한 이유가 있다. 이 책에서 인용하는 성경은 원칙적으로 〈공동번역성서〉를 기준으로 삼았다. 사실 이 성서는 신구교를 막론하고 한국 교회 역사에서 매우 중요한 의미를 갖는다. 이 성서가 출간되기 전에는 가톨릭교회와 개신교회가 별도의 성서를 사용했으며 개신교회 내에서도 서로 다른 다양한 성서를 사용하고 있었다.

그러다가 가톨릭교회에서 1965년 제2차 바티칸공의회* 선언이 반

---

* 1962년 요한 23세가 소집했고 1965년 바오로 6세 때 폐막한 제21회 세계공의회로 교회의 자각과 쇄신, 종교 간 용서와 화해, 타종교와의 대화, 전례 개혁을 비롯한 교회의 현대화 등을 촉구했다. 그 결과 전 세계의 모든 교회는 라틴어가 아닌 자국어로 미사를 집전하게 되었고, 각 나라마다 토착화된 성모상이 등장할 수 있었으며 평신도의 역할도 부각되었다. 한국 가톨릭교회가 조상의 제사를 수용하게 된 것도 이 공의회의 결실이었다. 공의회란 전 세계의 추기경, 주교, 신학자들이 모여 진행하는 공식적인 종교회의를 말한다. 325년 니케아공의회부터 1965년 제2차 바티칸공의회까지 총 21회의 공의회가 열렸다.

포되고 공의회 정신인 화해와 용서, 그리고 토착화 정신 등에 맞춰 교회가 쇄신되는 계기를 맞았다. 공의회는 성서가 '각국어로 적합하고 정확하게, 특별히 성경 원문에서 번역 출간되기를' 권했으며, 나아가 '갈라진 형제들과 공동 협력으로' 이뤄지기를 희망했다. 한편 개신교회 내에서도 교회일치운동(에큐메니컬Ecumenical)이 전개되었다. 얼핏 보면 이것은 우연의 일치 같지만 사실 1960년대는 냉전의 대립과 함께 과거에 대한 당대의 반성이 함께 일어나던 시기였다는 점을 간과해서는 안 될 것이다.*

이에 한국 교회는 1965년 2월 성서위원회를 설립하고, 1968년 2월 교황청 성서위원회와 세계성서공회연합회가 공동 작성한 성경 번역 원칙을 기본으로 대한성서공회와 '신·구약성서번역공동위원회'를 구성했다. 그 결과 1971년에 신약성서, 1977년에 구약성서를 번역해 합본하여 발간할 수 있었다. 이것은 시대적 상황에 대해 한국의 신구 교회가 대승적으로 의기투합하여 이루어낸 놀라운 역사였다. 서로 다른 경로와 시기, 그리고 다른 선교회를 통해 한국에 들어온 각 교회는 같은 성서를 사용하고 있지만 그 번역은 매우 달랐다. 그러던 차에 교회일치운동과 토착화라는 각 교회의 시대적 소명이 맞물려서

---

* 사실 제2차 바티칸공의회가 요한 23세의 예지에 의해 경이롭게 열렸고 화해와 용서라는 종교 간 대화의 물꼬를 틀 수 있었던 것은 종교를 인정하지 않는 공산주의라는 공동의 적이 있었기 때문에 가능한 일이기도 했다. 20세기 말 공산주의가 몰락한 뒤 그리스도교와 이슬람교의 노골적 대립과 충돌이 재현되는 것도 이와 무관하지 않다. 이제는 다시 경쟁자로 돌아간 것이다. 노골적으로 보수적 성향인 교황 베네딕트 16세가 독일의 한 대학에서 이슬람을 폄하하는 연설을 하는 등 문제를 야기하는 것도 (아무리 본인은 대학에서의 제한된 대화라고 변명하지만 그건 궁색한 합리화일 뿐이다) 그런 의도가 깔려 있다고 볼 수 있다.

성서를 같이 번역하고 함께 사용하기로 한 것은 대단한 사건이라고 할 수 있다.

그래서 1968년 신구교 대표로 구성된 공동위원회가 구성되었고 비교적 짧은 시기에 신구교의 대표적 신학자들과 관련 학자들이 참가하여 〈공동번역성서〉를 1971년 간행할 수 있었다. 신구약 합본 〈공동번역성서〉는 가톨릭과 개신교 성서학자들이 힘을 합쳐 1969년 1월 6일 번역에 들어가 8년 만인 1977년 4월 10일 대한성서공회를 통해 번역 출간되었다. 이 작업은 당시 '한국 성경 번역사에 길이 남을 쾌거'라는 평가를 받았다.

〈공동번역성서〉 작업에 참여한 사람들은 다음과 같다. 신약공동번역위원회에는 가톨릭에서 백민관 신부와 허창덕 신부, 김창렬 주교가, 개신교에서는 박창환 목사, 정용섭 목사, 김진만 고려대 교수, 이근섭 이화여대 교수 등이 참여했다. 구약공동번역위원회에는 가톨릭에서 선종완 신부, 개신교에서는 문익환 목사와 김정준 목사 등이 참여했고, 번역 후 윤문에는 이현주 목사와 문학평론가 김우규, 시인 양성우 등이 참여했다.

당시 선종완 신부는 성서를 공동번역하면서 〈제1편 창세기〉 머리말에서 "번역에 있어서 무엇보다도 그 참뜻에 충실할 뿐 아니라 우리말 어법이 허락하는 한 글자에까지도 충실하려고 힘쓰는 한편 모든 이들이 성경을 읽고 영적 이익을 얻도록 하기 위해 되도록 쉬운 말로 옮기려고 애썼다"고 밝혔다. 〈공동번역성서〉의 기본 원칙은 다음과 같다.

1. 번역의 원칙은 축자적 번역이나 형식적 일치를 피하고 내용의 동등성을 취하여 독자들이 원문을 읽는 사람과 같은 내용을 파악할 수 있도록 노력할 것.

2. 고유명사는

1) 신구교가 현재까지 사용하는 명사가 같은 것은 그대로 둔다.

2) 그렇지 않은 것은 사전이나 교과서에서 쓰이는 명칭을 따른다.

3) 이 두 가지가 다 아닌 경우에는 원어의 발음을 따른다.

〈공동번역성서〉를 간행해야 한다는 명분에 쫓겨 서둔 점도 있어서 1977년에는 개정판을 간행했다. 〈공동번역성서〉의 가장 큰 특징은 기존의 한문투나 고어투를 생활 언어로 바꿨다는 점이다. 기존의 〈관주성경〉 등에서 사용되는 옛날식 번역문은 때로 무슨 뜻인지도 제대로 알기 어렵거니와(예를 들어, 낙타를 의미하는 '약대' 등) 번역어들도 정확하지 않은 발음, 원어와 한문 음차가 뒤섞인 것들이 많고*, 어미가 고어투인 언문불일치적 문장들이어서 일상의 언어와 괴리가 있는 게 사실이었다.

그러나 이렇게 뜻 깊게 마련된 〈공동번역성서〉의 운명은 기구했다. 우선 개신교에서 외면했다. 아마 그 까닭은 크게 두 가지로 볼 수 있을 것이다. 하나는 '여호와' '하나님'이 아니라 '야훼' '하느님'이라 했

---

* 19세기 말 서상륜 등이 성서를 번역하면서 마태오를 마태로, 루가를 누가로, 마르코를 마가로 썼던 것이 굳어져서 이젠 그것이 아예 고유 용어인 것처럼 사용되고 있다.

다는 점이다.* 가장 중요하다고 여기는 명칭이 바뀌었다는 건 개신교의 입장에서는 쉽게 적응하거나 수용하기 어려웠을 것이다.

다른 하나는 〈공동번역성서〉 간행에 참가한 개신교 신학자들이 개신교 내에서 상대적으로 진보적 입장의 사람들이었다는 점이다. 문익환 목사는 기독교장로회 출신이고 민영진 목사는 기독교감리회 출신이며 이현주 목사 등 다수의 대한감리회 소속 목사들도 진보적 신학자나 목회자들이었다. 특히 기독교장로회(기장)는 1953년 예수교장로회(예장)와 결별하면서 서로 불편한 관계를 지속하고 있었기 때문에 보수적인 예장의 입장에서는 선뜻 마음이 가지 않았던 점도 무시할 수 없었다. 실제로 〈공동번역성서〉는 대부분의 예장교회가 외면한 상태에서 가톨릭교회와 성공회, 일부 감리교 및 기독교장로회, 정교회 등에서 사용했다.

그러나 앞서 말한 것처럼 이러저러한 이유 등으로 외면을 받게 되자 개신교회에서는 1993년 대한성서공회에서 〈새번역성경〉을 내고, 가톨릭교회에서는 독자적으로 새로 번역한 〈성경〉을 전례용으로 사용하게 되면서 기존의 〈공동번역성서〉는 철저하게 무시되었다. 그래서 현재 〈공동번역성서〉는 성공회와 정교회, 일부 개신교에서 부분적으로 사용될 뿐이다. 좀 더 노골적으로 말하자면 천덕꾸러기가 되고

---

* 최근 언론 매체에서는 '하느님'과 '하나님'을 병행해서 사용한다. 예를 들어 가톨릭신자가 발언했을 때는 '하느님'으로, 개신교신자가 발언했을 때는 '하나님'으로 표기하고, 일반인의 경우에는 '하느님'으로 표기하는 것에 암묵적으로 동의한다. 아마도 이러한 지혜를 일찍이 얻었다면 성경에서도 가톨릭용에는 '야훼, 하느님'으로, 개신교용에는 '여호와, 하나님'으로 써서 그러한 외면을 막을 수 있었을 것이다. 그러나 당시에는 '공동'이라는 명분 때문에 가장 본질적인 명칭을 통일하지 않을 수 없었을 것이다.

말았다. 이 때문에 일각에서는 '교회일치를 위한 가장 중요한 시도'가 무산되었다고 아쉬워하고 있다.

이처럼 우여곡절을 겪은 〈공동번역성서〉는 이제 개신교에서는 거의 사용하고 있지 않고* 가톨릭교회만 사실상 거의 홀로 사용하다가 그나마도 새롭게 개정된 성경으로 대체하면서 '고아 아닌 고아'의 신세로 전락하고 말았다.** 물론 가톨릭교회에서 새로 펴낸 성경(편의상 '새성경'으로 부른다)이 기존 〈공동번역성서〉의 오류나 미흡한 점을 보완했다는 점에서는 높이 평가할 수 있으나*** 이 때문에 일각에서는 '교회일치를 위한 가장 중요한 시도'가 무산되었다고 아쉬워하고 있다. 신구교회의 대화와 상생이라는 대명분이 사라졌다는 점에서는 모두 반성해야 할 대목이다. 나는 오히려 새로운 성경의 번역을 신구교

---

* 하나님을 하느님으로, 여호와를 야훼로 표기했다는 등의 트집을 잡아서 개신교가 〈공동번역성서〉를 거부하고 일부 오역이 있는 고어투의 〈개역성경〉으로 되돌아간 것은 안타까운 일이다. 물론 몇몇 교회들은 오역이 거의 없는 〈새번역성경〉를 사용하지만 여전히 비일상어와 고어들이 가득한 〈개역성경〉이 가장 많이 사용되는 형편이다.

** 솔직하게 말하자면 가톨릭교회가 기존의 〈공동번역성서〉를 포기한 건 공동번역 정신에 입각하여 판권을 대한성서공회에 넘겼던 일에서 기인한다. 공동으로 번역했으면서도 정작 개신교에서는 외면하고 가톨릭교회에서만 그 성경을 사용했는데, 모든 인세는 개신교에서 운영하는 대한성서공회로 들어가니 가톨릭교회의 입장에서는 불만이었을 것이다. 그래서 급하게 하느라 생긴 오류를 바로잡는다는 등의 이유를 들어 새롭게 보완하고 수정하면서 그 판권을 한국주교회의로 바꾼 것이다. 가톨릭교회에서는 자신들의 구매분 인세가 개신교의 대한성서공회에 넘어가는 게 불만이었고, 〈공동번역성서〉의 재개정 필요에 따라 한국천주교주교회의 주관으로 한국천주교주교회의 성서위원회가 구성되어 2005년에 새로운 성경을 간행했다. 명분은 부족한 부분을 제대로 고치고 보완한다는 것이었지만 판권을 가톨릭교회로 되돌리기 위함도 있었다는 것을 부인할 수는 없을 것이다.

*** 그러나 가톨릭교회 내부에서도 새로 번역 출간한 성경이 직역이라서 성경 읽기가 어려워졌다는 말이 나오고 있다. 물론 이에 대한 반론도 있다. 즉 〈공동번역성서〉가 의역이 심해서 성서 원문을 온전히 드러내기 힘들다는 지적도 있어왔기 때문이다. 그럼에도 불구하고 〈공동번역성서〉가 성서 읽기의 대중화를 가져왔다는 사실은 어느 누구도 부인하기 어려울 것이다.

회가 함께 재작업함으로써 교회일치운동에 대한 새로운 각성을 촉구하고 그 실마리를 다시 이어갔어야 한다고 믿는다. '공동'이란 말을 상실하게 된 점에 대해 두 교회가 '공동으로' 반성할 일이다.

　이런 까닭에 이 책에서는 교회일치정신에 입각하여 〈공동번역성서〉를 사용하겠다. 모쪼록 두 교회가 초심을 잃지 말고 적극적으로 다시 교회의 일치와 화해 정신을 되살리고 이를 위한 구체적 실천 태도를 되찾기를 바라는 마음이다.

예수의 탄생을
외면했던 사람들

왜 예수는 마구간에서 태어났을까
/

복음서Gospel란 〈마태오의 복음서(마태복음)〉, 〈마르코의 복음서(마가복음)〉, 〈루가의 복음서(누가복음)〉, 그리고 〈요한의 복음서(요한복음)〉, 이렇게 네 개 복음서에 대한 총칭이다. 복음서는 모든 교회의 정경正經이다. 그 가운데 마태오, 마르코, 그리고 루가의 복음서는 서로 대조해 보아야 할 소재가 세부에 이르기까지 적혀 있을 뿐 아니라 그것을 보는 관점과 시각이 공통된다 하여 흔히 '공관복음共觀福音'이라고 부르기도 한다. 복음서에는 예수의 행적이 기록되어 있고 메시아의 재림을 준비한 세례자 요한의 삶과 가르침 등도 담겨 있으며 하느님으로부터 기쁜 구원의 소식을 전하러 온 예수 그리스도의 가르침과 삶에 관한 가장 직접적인 서술로 구성된다.

〈신약성서〉는 〈마태오의 복음서〉로 시작한다. 그 첫 장을 열어보

자. 복음서는 예수의 삶과 죽음 그리고 부활에 대한 생생한 증언이 담겨 있어서 그 어떤 율법이나 교의 혹은 신학의 굴레(?)에서 벗어나 군더더기 없는 자유와 생동감을 느낄 수 있다. 그런데 그 첫 번째 복음서인 〈마태오의 복음서〉는 예수의 족보로 시작한다. 왜 뜬금없이 예수 그리스도의 족보로 시작하는지 예전에는 별로 생각해보지 않았다. 그저 시작은 다 그렇게 하는 건가 보다 했을 뿐이다. 하지만 같은 복음서인데도 〈마르코의 복음서〉나 〈요한의 복음서〉에는 그런 대목이 없다. 아마도 〈마태오의 복음서〉는 유대 그리스도교 공동체를 위한 게 아니었을까 짐작한다. 유대인들로 구성된 공동체는 족보로 시작하는 것이, 다시 말해 구약시대부터 이어져온 메시아에 대한 갈망이 예수를 통해 완성된다는 걸 이야기하는 것이 훨씬 더 이해하기 쉬웠을 것이다. 〈루가의 복음서〉 3장에도 물론 예수의 족보가 있지만, 〈마태오의 복음서〉에서는 아예 그 시작을 족보로 열고 있다는 점에서 다르다 하겠다.

그리고 곧바로 예수의 탄생으로 이어진다. 〈루가의 복음서〉는 족보보다 앞서 세례자 요한의 삶과 가르침에 대해 먼저 언급하고 나서 이어지는 2장에서 예수의 탄생에 대해 서술하고 있다는 점이 다르다. 어쨌거나 예수의 탄생에 관해서는 이 두 복음서가 간략하게나마 언급하고 있다는 점에서 주목할 필요가 있다. 우리가 이미 너무나 잘 알고 있는 것처럼 예수는 베들레헴에서 태어났다. 〈마태오의 복음서〉는 예수가 왜 베들레헴에서 태어났는지 그 상황을 서술하고 있지 않지만 〈루가의 복음서〉는 로마 황제 아우구스토가 호구 조사를 했는데 사

람들은 그 등록을 위해 저마다 본고장을 찾아가야 했기 때문이라고
기술하고 있다.

> 그 무렵에 로마 황제 아우구스토가 온 천하에 호구 조사령을 내
> 렸다. 이 첫 번째 호구 조사를 하던 때 시리아에는 퀴리노라는 사
> 람이 총독으로 있었다. 그래서 사람들은 등록을 하러 저마다 본
> 고장을 찾아 길을 떠나게 되었다.(루가 2:1-3)

그러나 베들레헴이 등장하는 가장 중요한 진짜 이유는 바로 다음
에 이어진다. "요셉도 갈릴래아 지방의 나사렛 동네를 떠나 유다 지방
에 있는 베들레헴이라는 곳으로 갔다. 베들레헴은 다윗 왕이 난 고을
이며 요셉은 다윗의 후손이었기 때문이다."(루가 2:4) 그러니까 예수
는 〈마태오의 복음서〉에서 처음부터 언급했던 것처럼 바로 다윗 왕
의 후손임을 공간적으로 상징하는 곳에서 탄생했다는 뜻이다. 이것
이 바로 마태오가 쓴 복음서가 다른 복음서와 차이를 보여주는 대목
이기도 하다. 아마도 마태오가 이끌었던 공동체는 유대인들이 중심
이 된 공동체였던 것 같다. 따라서 유대인들의 문화와 정서에 맞는 서
술이 필요했을 것이고, 그들이 생각하던 메시아를 설명하는 것은 불
가피했을 것이다. 그래서 마태오는 예수를 세상을 구원하고 다스리는
왕으로 서술했고 따라서 다윗 왕과 연결된 족보가 필수적으로 먼저
언급되었어야 했을 것이라고 짐작된다.

실제로 호구 조사가 있었는지, 그리고 세금과 병역 때문에 그런 조

사를 했을 텐데 굳이 현주소가 아닌 원적지原籍地에 가야 했는지 등
의 여부는 여기에서 따질 성격의 일이 아니니 우선 베들레헴으로 함
께 가보자. 〈루가의 복음서〉에는 여관에 머무를 방이 없었기 때문에
(루가 2:7) 예수가 마구간에서 태어났다고 한다. 여관에 방이 없었던
건 이미 다른 손님이 차지하고 있었기 때문일 것이다. 때 아닌 성수기
(?)를 맞아 방이 없었을 수도 있다. 어쩌면 아주 작은 고을 베들레헴
에는 여관다운 여관조차 없었을지 모른다. 그저 오가는 길손들이 잠
시 머무는 주막쯤일 수도 있겠다. 갑자기 그 작은 마을에 호구 조사
때문에 낯선 사람들이 몰려들었다. 없던 숙박 시설을 급조할 수도 없
는 노릇이고 여관의 몇 개 되지 않는 방은 부지런하고 몸 가벼운 사람
들이 일찌감치 차지해 금세 만원이 되었을 것이다.

　요셉과 마리아는 어땠을까? 요즘처럼 예약도 할 수 없는데다 만
삭의 마리아는 몸이 무거워 이동이 수월찮았을 것이다. 그러니 늦게
야 여관에 왔을 것이고 이미 방은 다른 사람들이 다 차지한 뒤였다.
일찌감치 방을 차지하고 있던 사람들은 무료하던 차에 인기척이 들리
니 모두 문을 열고 내다봤을 것이다. 그런데 아뿔싸! 배가 남산만큼
부른 임산부가 지친 기색이 역력한 채 문 앞에 서 있는 것이 아닌가!

만삭의 마리아를 외면한 사람들
/
우리는 예수 탄생 사건에서 정작 그 여관에 함께 있었던 사람들에게

는 거의 관심을 갖지 않는 것 같다. 그 사람들은 이 사건과는 아무런 상관이 없는, 늦게 온 요셉과 마리아가 어쩔 수 없이 마구간에 가야만 했던 상황의 엑스트라 배우들에 불과했을 뿐이니까. 하지만 그들에게 눈을 돌려보면 뜻밖에 많은 것들이 보인다. 아마도 먼저 방을 차지하고 있던 사람들은 임산부 마리아를 보고 얼른 자기 방으로 들어와 쉬라고 하고 싶었을 것이다. 그게 대부분 사람들의 본성이다. 그런데 가만 생각해보니 그들을 자기 방에 들이면 자기는 나가야 할 거고 그러면 어디서 자야 할까? 난감한 일이다. 그 방을 차지한 건 불법도 아니고 새치기한 것도 아니다. 남들보다 부지런 떨어 일찌감치 도착해서 돈을 내고 정당하게 차지한 몫이다. 그 권리를 내가 양보할 의무는 없다. 그래서 다른 사람들이 방을 양보하기를 기다리며 서로 눈치를 봤을지도 모르겠다.

아마도 그런 심정이었을 것이다. 조그만 마을의 유일한 여관이니 어디 다른 곳에 잠자리를 구할 수도 없다. 그러니 내가 차지한 방을 내주면 노숙할 수밖에 없다. 그래서 사람들은 방금 여관에 들어온 두 사람에게서 시선을 거두고 슬그머니 방문을 닫았을 것이다. 눈으로 빤히 보면서 외면하기에는 양심에 걸리니까 차라리 문을 닫아 아예 보지 않는 게 속편한 노릇이었겠다.

여관 주인이 봐도 참 딱했을 것이다. 여자의 배를 보니 금방이라도 출산할 듯했다. 마음 같아서는 방 하나 비워서 그 딱한 부부에게 방을 내주고 싶지만 그러려면 이미 돈을 받은 방 손님들에게 사정해야 하고 돈도 물어줘야 한다. 어쩌면 받은 돈보다 더 내줘야 할지도 모른다. 유일하게 남은 공간인 마구간을 내주며 그 사람에게 돈을 받을 수는 없는 노릇이다. 하지만 늦게 찾아온 손님은 거기라도 감지덕지하며 받아들일 수밖에 없을 것이다. 여관 주인은 늦게 온 사람으로서야 길가에서 노숙하는 것보다는 나으니 마구간이라도 마다하지 않을 것이라는 셈도 재빨리 쳤다. 마음이야 안쓰럽지만 그냥 눈 한 번 질끈 감으면 되는 일이다. 그랬던 모양이다.

그렇게 불편한 마음으로 잠에 빠져들었는데 어디선가 난데없이 비명 소리가 들렸다. 초산인 산모가 그냥 '쏙' 하고 아이를 낳았을 리는 없었을 것이다. 소리도 질렀을 것이고, 남편은 덩달아 안절부절못하고 당황해서 이리저리 허둥댔을 것이다. 분명 그 소리에 잠을 깬 손님들이 있었을 것이다. 여관 주인도 포함해서 말이다. 하지만 문 열고 나온 사람은 아무도 없었다.

"이런! 어찌 아이를 마구간에서 낳는다는 말입니까? 어서 내 방으로 들어오세요."

이렇게 말해야 했고 실제로 행동에 옮겼어야 했다. 엊저녁에 방을 양보하지 못한 게 부끄럽기는 해도 그 상황에서는 그런 거 재고 따질 일이 아니다. 그랬어야 하는 거 아니겠는가? 하지만 여관 주인을 포함해서 누구 한 사람 아이 낳는 여인에게 손을 내밀지 않았다. 그러고도 어찌 잠이 들었을지 궁금할 따름이다.

정작 누추하고 아기가 태어나서는 안 될 곳인 마구간을 찾아온 건 그 집에 '함께' 있던 사람들이 아니라 '멀리서 온' 동방박사들과 목자들이었다. 정확히 말하면 〈마태오의 복음서〉에서는 동방박사들이, 〈루가의 복음서〉에서는 목동이 찾아왔다고 기록되었다. 즉, 〈마태오의 복음서〉에는 "예수께서 헤로데 왕 때 유다 베들레헴에서 나셨는데, 그때에 동방에서 박사들이 와서 예루살렘에 '유대인의 왕으로 나신 분이 어디 계십니까? 우리는 동방에서 그분의 별을 보고 그분에게 경배하러 왔습니다' 하고 말하였다"(마태 2:1-2)고 서술하고 있다. 반면 〈루가의 복음서〉에는 "그 근방 들에는 목자들이 밤을 새워가며 양 떼를 지키고 있었다. 그런데 주님의 영광의 빛이 그들에게 두루 비치면서 주님의 천사가 나타났다. ……천사들이 목자들을 떠나 하늘로 돌아간 뒤 목자들은 서로 '어서 베들레헴으로 가서 주님께서 우리에게 알려주신 그 사실을 보자' 하면서 곧 달려가 보았더니 마리아와 요셉이 있었고 과연 그 아기는 구유에 누워 있었다"(루가 2:8-16)고 기술하고 있다.

두 사건은 하나의 복음서에 동시 등장하지 않는다. 〈마태오의 복음서〉는 예수를 '왕'으로 본 것이고(물론 세속의 왕이 아니다), 〈루가의 복음서〉는 '예언자'로 상징한 것이다. 이는 두 복음서의 공동체 성격이 조금 달랐기 때문이었다. 그나저나 같은 지붕 밑에 있던 이들은 외면하고, 엉뚱하게 먼 곳에서 사람들이 찾아왔다니, 이 무슨 해괴한 경우인가!

우리가 바로 그 사람들 아닐까?

/

성탄절이 되면 우리 모두는 잠시 착각하는 것 같다. 마치 자신들이 동방박사들이나 목동들과 함께 혹은 그 곁에 있는 것처럼. 혹은 우리가 바로 그 사람들인 것처럼. 하지만 우리의 진짜 모습은 그들이 아니라 바로 그 여관에 있었던, 방을 내주지 않았던 바로 그 사람들이다. 그리고 우리는 지금도 그렇게 살고 있다. 여전히. 입으로는 예수를 외치면서 정작 삶은 태연하게 예수를 외면하며 살아가고 있다. 그러면서 성탄절을 맞아 잠시 아기 예수 탄생의 축하 분위기 속에서 자신의 본모습을 잊을 뿐이다. 부끄러운 일이다.

누구나 살아가면서 자신이 이룩한 일에 뿌듯함을 느낀다. 그게 삶의 의미라고 여긴다. 그래서 흔히 그런 권력, 재산, 명예를 위해 살아간다. 근사한 일이다. 다른 사람들도 그런 이들을 부러운 눈으로 바라본다. 얼마나 뿌듯할까? 물론 부당한 수단과 방법으로 그것을 얻는 일은 나쁜 일이지만 합법적으로 획득한 건 비난할 일이 아니라 존경하고 축하할 일이다. 그러나 과연 그렇기만 할까?

오로지 '강자들의, 강자들을 위한, 강자들에 의한' 질서와 제도 속에서 획득한 권력과 재산, 명예가 합법적인 절차에 의해 얻어진 것이라고 해서 도덕적 비난마저도 벗어날 수 있을까? 때로 합법적인 절차라 하더라도 누군가에게 짐을 지우고 눈물 흘리게 하면서 얻은 경우는 없었을까? 타인의 불행을 담보로 얻은 나의 행복은 죄악이고, 타인의 불행을 외면한 나의 행복은 부도덕하다. 그게 사회적 정의와 도덕의 바탕이다. 그게 진정한 복음 정신이기도 하다.

그렇다면 우리는 예수 탄생의 참된 의미도, 동방박사들과 목동들이 찾아온 이유도 전혀 모르는 청맹과니일 뿐이다. 그런 눈과 마음으로 아무리 복음서를 읽은들 무슨 소용이 있을까? 지금도 우리 주변에는 억압받고 고통을 겪으며 부당하게 착취당하는 사람들이 많다. 그런 이들이 조금이라도 제 목소리 내고 권리를 주장하면 사회를 교란시킨다느니 교묘하게 정치 세력화한다느니, 혹은 아예 빨갱이라느니 하면서 외면하고 억압하지는 않는지 꼼꼼하게 살펴봐야 한다. 심지어 교회마저 그런 못된 짓에 가담하고 있지는 않은지 잘 살펴봐야 한다.

부당하게 해고된 노동자들이 사망하고 자살해도, 집과 땅을 빼앗긴 사람들이 절규하고 옥상에서 뛰어내려도 눈 하나 깜빡거리지도 않는 냉혈한 우리에게 과연 아기 예수가 찾아올까? 아니, 설령 우리에게 찾아온다 해도 제대로 맞을 수나 있을까? 더 나아가, 그가 예수인지 알아보기는 할까? 과연 우리는 잠시나마 우리가 동방박사나 목동과 함께 있노라고 자신 있게 고백할 수 있을까? 무섭고 또 두렵다. 우리는 여전히 방문을 꼭 닫은 채 억지로 잠을 청하는 그 사람들 아닌가.

정치적 입장과 태도를 떠나 작고한 '민주주의자 김근태'의 말에 귀 기울여야겠다. "정치적 중립은 가치중립적으로 가운데 있는 것이 아니라 가장 힘든 사람 곁에 있는 것입니다."

고대 그리스의 시인 겸 개혁정치인이었던 솔론은 이렇게 말했다.

"피해를 당하지 않은 사람이 피해를 당한 사람과 똑같이 분노할 때 정의가 실현된다."

　　가장 힘든 사람들에게 삶의 희망과 자유를 주기 위해 예수가 이 땅에 왔다. 그 사람들에게 마음이라도 한 켠 열어주고 잠시라도 그들 옆에서 최소한 무언의 위로와 격려를 보낼 수 있어야 아기 예수를 맞을 수 있을 것 같다. 그렇게 해야 우리는 그 사건을 감사하고 기뻐하며 찬미할 수 있기 때문이다. 예수 탄생은 놀라운 선물이다. 하지만 아기 예수가 세상에 태어나면서 터뜨린 울음에도, 산통에 신음하던 마리아의 절규에도 아무 일 없다는 듯 잠을 자거나 자는 척했던 사람들을 기억해야겠다. 그들이 바로 우리 자신의 모습이기 때문이다. 우리는 지금도 그렇게 태연하게 살고 있다.

무엇이 진짜
명예로움인가

아니, '명예'살인이라니!

/

명예살인名譽殺人, honor killing이라는, 아주 '불명예스러운' 관습이 있다
(하기야 '명예'퇴직이라는 '불명예스러운' 일이 자행되는 것과 뭐 그리 크게
다를까만). 집안, 혹은 부족과 공동체의 명예를 더럽혔다는 이유로 가
족 구성원을, 그것도 연약한 여성을 죽이는 못된 관습이다. 흔히 이슬
람권이나 인도 등지에서 자행되는 것으로 알고 있지만 사실 우리나
라도 예전에는 그런 짓들이 없지 않았다. 개가改嫁를 금지하면서 실행
失行한 부녀자를 자녀안恣女案에 올려서 사회적으로 매장하고 그것도
모자라 공동체에서 사적으로 처벌하는 자녀목이라는 게 있었다고
한다(1985년에는 〈자녀목〉이라는 영화가 제작되기도 했다). 어쨌거나 명예
살인은 국제연합 인권위원회에서 그 폐지를 권고하고 실제로 해당 국
가들도 이를 정당화할 수 있는 법조항들을 삭제했지만 여전히 명예

037

살인으로 희생되는 여성들이 적지 않다. 지금도 연간 약 5,000명가량의 여성들이 살해되고 있다고 한다.

일반적으로 명예살인은 간통이나 정조 상실 등으로 집안의 명예를 더럽혔다는 이유로 남편이나 부모 혹은 형제가 나서서 딸이나 여동생을 살해하면서 자행된다. 때론 이교도나 이민족과 교제한다는 이유만으로도 명예살인을 저지른다. 그렇게 해야 가문의 명예를 지킬 수 있다고 관습적으로 여겨서 체포되어도 가벼운 처벌만 받기 때문에 이슬람 국가들에서는 공공연하게 자행되고 있다고 한다. 참으로 부끄럽고 야만적인 일이 아닐 수 없다. 설령 그 명예가 아무리 중요하다 한들 생명의 무게나 부피에 어디 감히 견줄 수나 있을까? 끔찍한 일이다.

뜬금없이 명예살인을 이야기하니까 이슬람문명이나 힌두문명의 국가들을 한 두름으로 엮어 비난하려는 건 아닌가 싶어 솔깃할지도 모르겠다. 하지만 내가 꺼내려고 하는 이야기의 주인공은 바로 요셉이다. 그렇다, 예수의 아버지 요셉 말이다. 사람들은 예수 탄생의 전후 상황을 읽어가면서 예수와 마리아에게만 시선이 쏠려서 요셉에 대해서는 그냥 덤덤하게 넘어가는 경우가 있는 것 같다. 마치 영화의 비중 낮은 조연처럼 말이다. 하지만 서아시아*는 지금도 명예살인이 횡행하고 있는 지역인데, 하물며 2,000년 전에는 어땠을까. 물어볼 필

---

* 중동이라는 명칭은 영어의 Middle East를 우리 말로 옮긴 것인데 서양 사람들의 눈으로 아시아를 보았기 때문에 생긴 이름이다. 아시아 대륙의 입장에서 보면 남서쪽에 있다. 따라서 서아시아 혹은 서남아시아라고 부르는 것이 옳다. 이제는 아예 고유한 지명으로 굳어졌지만 사실 중동이라는 명칭은 오리엔탈리즘의 부끄러운 유산인 셈이다.

요도 없다. 요셉은 명예살인을 할 수 있는 충분한 자격(?)을 갖춘 사람이었다. 그러나 그가 선택한 것은 '참된 명예'요, 그것은 '진정한 깊은 사랑'에서 나온 아름다운 일이었다.

처녀 마리아에게 임신이라는 건 마른하늘에 날벼락 같은 충격이었을 것이다. 하지만 마리아는 그 상황을 받아들였다. 가브리엘 천사가 나타났기 때문만은 아니었을 것이다. 분명 그녀로서는 위험한, 자칫 불명예와 살해 가능성까지 있는 매우 어려운 선택이었다. 하지만 마리아는 용기 있는 여인이었다. 거기에 그녀의 친척이자 세례자 요한의 어머니인 엘리사벳이 고령에도 불구하고 천사의 계시와 약속대로 아이를 잉태한 것을 알았던 것도 어쩌면 그런 용기에 한몫했을지도 모른다.

순결한 처녀 마리아는 "은총을 가득히 받은 이여, 기뻐하여라. 주께서 너와 함께 계신다"(루가 1:28)라는 가브리엘 천사의 인사를 받았고, 나중에 엘리사벳을 만났을 때 "모든 여자들 가운데 가장 복되시며 태중의 아드님 또한 복되십니다"(루가 1:42)라는 인사도 받았다. 두려운 일이긴 했지만 분명히 복된 일이고 보람과 의미 가득한 사건임을 확신했을 것이다. 하지만 마리아가 정식 혼인도 하지 않은 상태에서 임신했다는 건 분명 대단한 스캔들이었다. 어쩌면 명예살인당할지도 모를 일이다. 그런 점에서 마리아의 용기는 정말 대단하다. 물론 하느님의 손이 그런 불상사가 벌어지지 못하게 했겠지만.

법대로 사는 **사람**, 요셉의 **고뇌**

/

앞서 말했듯 예수의 탄생에 관해 서술한 복음서는 〈마태오의 복음서〉
와 〈루가의 복음서〉뿐이다. 그러나 〈루가의 복음서〉에도 '다윗 가문의
요셉이라는 사람과 약혼한 처녀'(루가 1:27)라는 짧은 수식어 속에 잠
깐 비칠 뿐이다. 그러니 그가 쉽게 눈에 띄지 않는 건 어쩌면 자연스
러운 일인지도 모른다. 다행히 〈마태오의 복음서〉에는 요셉이 등장한
다. 이제 그 남자에게 눈을 돌려봐야겠다.

마리아의 약혼자 요셉은 '법대로 사는 사람'(마태 1:19)이었다. 그
만큼 착하고 선량한 사람이었다는 뜻이다. 그런데 약혼녀가 임신했
다는 걸 알았다. 그게 있을 수 있는 일인가? 도저히 넘길 수 없는 일
이 일어났다. 적어도 요셉에게는 그랬을 것이다. 도대체 그런 일을 그
착한 남자는 어떻게 받아들였을까? 복음서에는 고민하던 요셉에게
천사가 나타나 사건의 내막을 알려주는 대목(마태 1:20-25)이 곧바로
이어진다. 하지만 우리가 주목해야 할 부분은 그 사이에 있는 19절의
한 대목이다. "마리아의 일을 세상에 드러낼 생각도 없었으므로 남모
르게 파혼하기로 마음먹었다." 참 착한 남자다. 만약에 내가 그 입장
이라면 도저히 용납하기 어려웠을 것 같다. 현대를 살고 있는 입장에
서도 그런데 하물며 그 당시에는 더 말할 것도 없었을 것이다. 이 구
절에서 '남모르게'라는 말에 주의를 기울여야 한다. 아직 천사의 설
명을 듣기 전이다. 그렇게 결심할 때까지 착한 청년 요셉이 얼마나 많
은 낮과 밤을 고민하고 번뇌했을지 충분히 짐작할 수 있을 것 같다.

요셉은 과연 어떤 선택을 할 수 있었을까? 우선 관습(?)에 따라 명예살인을 선택할 수 있다. 자신의 실추된 명예를 회복하기 위해서는 그 방법이 가장 손쉬운 길이다. 불명예의 원인은 전적으로 상대가 제공했다. 그것을 명백하게 밝혀야만 자신의 명예가 지켜진다. 사실 엄밀히 말하면 그 명예라는 것도 사실은 망가지고 더럽혀진 명예일 뿐이다. 이미 흠집이 났으니 말이다. 그러니 마땅히 배은과 부정의 당사자인 마리아를 죽여서 자신의 명예를 지켜야 했다. 그러나 요셉은 이를 아예 고려도 하지 않았던 것 같다. 차마 자신의 명예를 위해 사랑하는 마리아의 죽음을 아무 일 없다는 듯 받아들일 수는 없었기 때문이다. 어지간히 착한 사람이 아니고서는 그러지 못했을 것이다. 아무리 마리아를 사랑했다 하더라도, 어쩌면 진정 사랑했기에 배신감과 굴욕은 훨씬 심했을지 모른다.

두 번째는 파혼을 선언하는 일이다. 자신의 허물이 아니라 상대의 허물 때문이니 당연히 파혼을 요구할 수 있고 그에 대한 배상을 청구할 수도 있다. 그러나 그 경우에는 비록 자신의 손으로 죽이지 않더라도 마리아의 가문에서 그녀를 죽일 것이 뻔하다. 그러니 그것 역시 그로서는 선택하기 어려웠을 것이다.

그럼 이 두 가지를 빼고 그는 도대체 어떤 선택을 할 수 있었을까? 참으로 난감한 일이고 이러지도 저러지도 못하는 상황이다. 아무 잘못도 죄도 없는 그가 떠안기에는 너무 가혹한 일이다. 어쨌거나 그에게 이 결혼은 도저히 받아들일 수 없는 일이었다. 그래서 파혼하기로 마음먹은 것이다. 하지만 앞서 말한 것처럼 많은 이들 앞에서 파혼을 선언하면 그 자신의 명예는 지켜낼 수 있을지 모르지만 마리아에게 돌아갈 것은 치욕과 죽음밖에 없다. 그래서 요셉은 '남모르게' 파혼하기로 마음먹었다. 그런데 어떻게 남모르게 파혼할 수 있을까? 이 역시 참으로 곤혹스러운 일이다. 아마도 짐작컨대 자신이 나사렛을 떠나려고 했던 것 같다. 마리아에게만 조용히 파혼을 알리고 소리 소문 없이 떠나면 마리아는 사람들로부터 '혼인도 치르지 않은 비겁한 약혼자에게 버림받은 여자'로 동정받을 수 있지 않겠는가? 참 속 깊은 청년이다. 만약 내가 그 시대 그 장소에 살았다면 나로서는 도저히 그런 선택을 하지 못할 것 같다. 그렇게 대입하고 보니 요셉의 그릇이 얼마나 웅숭깊은지 조금은 헤아릴 수 있을 것 같다.

분명 그 시절 자기 고향을 떠나 산다는 건 모험이었을 것이다. 누구든 자신이 의지하고 살던 곳을 떠나 사는 건 힘든 일이다. 우리에게도 죽을죄를 지었거나 빚에 몰려서 야반도주라도 하지 않고는 살아날 재간이 없을 때 제 고향을 떠났던 시절이 있었다. 더 멀리 볼 것도 없이 조선시대와 산업화시대만 해도 그랬다. 자신의 공동체를 떠나야 한다는 것은 가장 두렵고 무서운 일이었다. 그러니 그보다 훨씬 더 오래전에, 그것도 철저히 씨족 중심으로 부족을 이루며 살던 시대에는 더 했을 것이다. 분명 요셉이 선택할 앞길은 험난했을 것이다. 그런데도 요셉은 조용히 고향을 떠나기로 했다. 왜 그래야만 했을까? 오로지 마리아를 보호하기 위해서였다. 어찌 이보다 더 사려 깊은 사랑이 있을까?

허물도 **덮어줄** 수 있는 용기가 **참된 용기**다

/

대부분의 사람들은 남 흉보기 좋아한다. 나 아닌 다른 사람을 깎아내리면 그만큼 자기가 높아진다고 잠깐이나마 착각하기 때문이다. 누군가를 씹으면서 은근한 쾌감을 느끼기까지 한다. 하지만 그것은 무책임하고 비겁한 일이다. 명백한 사실적 근거도 없이 떠도는 소문의 몇 조각을 제멋대로 편집하고 때론 왜곡해서 이 입에서 저 입으로 옮긴다. 그러면서 나쁜 소문은 자꾸만 더 커지고 옮기는 속도도 빨라진다.

교회공동체라고 다를까? 불행히도 그렇지 않다. 그 친밀도에 비례하여 더 과하고 더 빨리 옮겨진다. 우리는 교회의 가족이어서 모두가 맑고 깨끗한데 그 사람은 그렇지 않다며 교회의 부담이고 남이 알까 창피한 일이라면서 수군댄다. 정작 그 말을 옮기는 자신은 아주 선하고 순결한 사람처럼 행세하면서 말이다. 그렇게 해서 공동체가 망가지는 경우가 허다하다.

가장 사랑하는 부부의 경우에도 다르지 않은 것 같다. 평생을 함께 살기로 한 부부라면 서로의 장점은 돋워주고 허물은 덮어주며 덜어내야 한다. 물론 오랜 시간 동안 굳어진 단점이나 허물이 금세 없어질 순 없겠지만 사랑과 인내와 믿음을 버리지 않는다면 조금씩이나마 고쳐지고 나아진다. 그런데 자기 자신만 생각하다 보면 그 허물과 단점들이 자꾸만 커 보인다. 그래서 두 사람의 갈등과 문제들의 원인을 모두 상대에게만 돌린다. 비겁한 일이다.

아기 예수의 탄생 사건에서 우리가 놓치고 있는 중요한 부분들 가운데 하나가 바로 요셉의 고민과 갈등, 그리고 그의 따뜻한 마음 씀씀이가 아닐까 싶다. "다윗의 자손 요셉아, 두려워하지 말고 마리아를 아내로 맞아들이어라"(마태 1:20)라는 천사의 통보와 당부 때문이 아니라 이미 그의 마음속 깊은 곳에 배려와 사랑이 있었기에 요셉은 자신에게 주어진 당혹스러운 사건을 뿌리치지 않았다고 여겨진다.

인류를, 나를 구원하기 위해 '사람의 아들'로 오신 아기 예수에게 경배하면서 그의 탄생을 축하하고 강복을 비는 건 자연스러운 일이겠지만, 그 뒤편에 묵묵히 서서 이 사건 전체를 감싸고 있는 '그 남자, 요셉'을 기억해야겠다. 적어도 그런 요셉의 관용과 배려를 갖춰야 비로소 아기 예수를 맞을 자격이 있지 않을까?

하느님나라의 비유를
잘못 해석하면
'비'겁하고 '유'치해진다

왜 예수는 비유로 복음을 가르쳤을까?

/

예수의 복음 가운데 특히 하느님나라 혹은 하늘나라에 관한 메시지들은 대부분 비유로 이뤄졌다. 어떤 작가는 예수가 최고의 비유법을 구사한 뛰어난 인물이었다고 평가하기도 한다. 비유는 히브리어 '마샬'(아람어 '마틀라')을 그리스어로 번역한 말인데, '병립'을 의미한다고 한다. 이는 어떤 정신적인 일, 윤리적인 일, 영성적인 일 등을 깨우쳐줄 때, 좀 더 감각적이고 현실적인 일을 빗대어 가르칠 때, 누구나 쉽게 알아들을 수 있도록 일상생활에서 접할 수 있는 소재를 들어 가르칠 때 많이 사용되는 수사법이다.

물론 예수의 비유는 하느님나라의 신비를 일깨워주는 일종의 계시이기도 했기 때문에 그 뜻을 올바르게 헤아려 알아듣기 위해서는 신앙의 눈과 귀가 필요하다. 신앙이 없는 사람들에게는 '보고 또 보아도 알아보지 못하고, 듣고 또 들어도 알아듣지 못하는(마르 4:12)' 수수께끼 같은 것이 되고 말 뿐이다. 그런데 지금도 우리는 그렇게 하나의 수수께끼처럼 받아들이고 있지는 않은지 조심스럽게 살펴봐야겠다.

비유의 가장 단순한 단계는 직유, 즉 어떤 사물을 설명할 때 그와 비슷한 다른 사물을 빌려 표현하는 것이다. 그리고 상대적으로 높은 수준의 비유가 은유라고 할 수 있다. 예수의 가르침이 가진 가장 큰 특징 가운데 하나는 바로 비유를 사용한 점이다. 하나의 은유였고, 거대한 상징 그 자체이기도 했던 이 비유를 예수가 사용한 까닭은 무엇일까? '하느님나라'라는 신비롭고 광범위한 개념을 설명하기 위해 동원된 예수의 비유들은 그의 삶과 인격을 더욱 깊이 이해할 수 있게 하는 중요한 의미와 가치를 지닌다.

대체로 신학적 입장에서 예수의 비유의 특징을 설명할 때 지나치게 계시적인 전통적 유대교 랍비의 비유와는 달리 구체적이고 현실적이라는 점을 지적하기도 한다. 그런데 사실 예수의 비유는 탄탄하고 세련된 구성과 군더더기 없는 간결한 문체로 문학적으로도 뛰어나다. 또한 비유의 소재가 대중들에게 친숙한 자연과 관습과 일상의 삶, 또는 친숙한 사건들이었기 때문에 쉽게 알아들을 수 있다. 성경 속 비유가 상당 부분 농산물 혹은 농사와 관련되는 게 많은 건 그런 까닭이다. 그러면서도 진부하지 않다. 이는 대단한 능력이다. 그리고 그 비유는 고정관념화된 사고를 깨고 스스로 해답을 찾고 결론을 이끌어낼 수 있는 인식의 전환을 요구한다. 예수의 비유의 가장 큰 특징은 무엇인가? 무엇보다 언제나 하느님 중심적이라는 점이다.

당시 사람들에게 하느님나라는 너무나 자명하고 오랫동안 지니고 있던 생각이어서 굳이 직접적으로 언급할 필요가 없었기도 했겠지만, 무엇보다 그의 가르침을 듣는 이들 대부분이 교육받지 못한 사람들이었기 때문에 그들이 쉽게 알아들을 수 있게 한 것이다. 쉬운 비유는 누구나 알아듣고 깨달음을 얻을 수 있다. 따라서 비유의 가장 큰 미덕은 사람들에 대한 따뜻한 배려라고 할 수 있다.

또한 기존의 율법에 갇혀진 하느님나라의 편협성에서 벗어나 보편적 가르침이자 궁극적인 진리로, 또 하나의 고정된 의미에 묶이지 않고 그 의미가 언제 어디서나 적용되고 실천될 수 있게 비유를 택한 것이다. 인간의 언어로 설명하기 어려운 궁극적 가르침의 핵심인 하느님나라는 어쩌면 비유로 전달될 수밖에 없었을지도 모른다. 또한 비유는 어느 시대 어느 공간에서나 그 보편적 의미를 망가뜨리지 않으면서 전달할 수 있다는 점에서 매우 유용한 방식이기도 하다. 그래서 현대인들이 읽어도 전혀 어색하지 않고 그 뜻을 그대로 깨닫게 된다. 그게 바로 비유의 힘이다.

비유가 지니고 있는 놀라운 점 가운데 하나는 바로 의외성이다. 상식적으로 생각해오던 것들이 아무런 논리적 반박이나 저항 없이 그대로 무너지는 것을 생생하게 지켜보면서 스스로, 그리고 함께 있는 사람과 더불어 새로운 깨달음을 얻을 수 있게 하는 것이 바로 비유의 힘이다. 이 비유의 의외성은 동시에 구습과 인습적 지식의 한계에 대한 신랄한 풍자를 담고 있다. 이것은 기존의 폐쇄적이고 배타적인 구원관이 얼마나 소아적인 병폐인지 스스로 뼈아프게 깨닫게 함으로써 스스로 그 틀에서 벗어나도록 하는 처방전이기도 하다.

무엇보다 예수의 비유가 지닌 힘은 현장에서 그것을 듣는 사람들, 시간, 공간의 한계를 벗어나 초시간적, 초공간적, 범인류적 보편성을 지닌다는 점이다. 특정한 한계에 갇혀 있는 의미가 아니라 언제나 어디서나 누구나 깨달을 수 있고, 그럼으로써 자신의 현재를 돌아보고 하느님나라의 진정한 의미를 깨닫게 한다. 그게 바로 복음의 보편성이라는 큰 틀이다. 이런 점에서 예수의 비유는 진부하고 인습적인 세계관에 묶여 시대의 징표를 읽어내지 못하던 사람들에 대한 매우 강력하고도 효율적인 방편이며 동시에 현재와 미래에 이르기까지 아우르는 힘을 지녔다.*

그러나 앞서 말했듯이 예수의 비유는 하느님나라의 신비를 일깨워주는 일종의 계시였기 때문에 그 뜻을 올바르게 알아듣기 위해서는 신앙의 눈과 귀가 필요했다. 사실 그런 까닭에 비유는 자칫 자의적으로 해석하거나 잘못 이해해서 오도되는 경우도 많다. 다음에 몇 가지 사례를 보게 되겠지만 실제로 이렇게 잘못 해석하거나 자의적으로 끌어들이는 것이 얼마나 위험한지 깨달아야 한다. 그래서 비유를 이해하기 위해서는 의외로 너른 시야와 근거 있는 상상력이 필요하다.

---

* 아무리 뛰어난 비유라 하더라도 현실에 바탕을 두지 않으면 공허하거나 자의적으로 해석될 수 있다. 예를 들어 종말론은 삶의 마무리라는 의미로 먼저 받아들여야지 반反현실적인 태도로 치닫게 되는 건 극단적 해석일 뿐이다. 종말론은 부단한 현실 인식과 반성을 촉구한다는 점에서, 하느님 사랑의 완결로 해석되어야 한다.

비유와 비슷한 우화의 경우, 본래 여러 가지 뜻을 전하려고 만들어낸 이야기이기 때문에 그 상황과 문맥을 무시하고 문자 그대로만 받아들이면 부자연스럽고 억지스러운 데가 많다. 〈마르코의 복음서〉 12장 1-12절에 묘사된 포도원 소작인의 우화가 그 좋은 예라 할 수 있다.

이미 앞에서 말한 것처럼 실제로 예수의 비유는 대부분 농사와 관련된 것들이 많다. 이는 당시 갈릴래아 지역에서 농업이 성행했기 때문이다. 사람들의 일상사를 비유의 대상으로 삼으면 쉽게 이해할 수 있었을 것이다. 왜 새삼 이 내용을 언급하느냐면 조금 답답한 면이 있어서 그렇다. 현대 한국사회에서 농업에 종사하는 사람들은 2004년 통계 기준으로 고작 7퍼센트에 그쳤다. 물론 기성세대의 경우 예전에 농촌생활 경험이 있기는 하지만, 그렇지 않은 사람들이 많은 상황에서 여전히 교회는 농사에 관련된 비유를 재해석도 거의 하지 않고 문자 그대로 전하고 있다. 복음서의 문자를 바꾸라는 뜻이 아니다. 그러나 그것을 현대인의 생활방식과 사고방식에 맞춰 재해석하지 않으면 그냥 하나의 상징이고 비유로만 머물 뿐이다. 실제적 삶과 유리된 상징과 비유는 자칫 그릇된 이데올로기의 기호로 전락하기 쉽다.

'유연한' 초시간적 초공간적 의미와 역할을 지닌 비유를 엉뚱하게 '절대불변의' 초시간성과 초공간성으로만 해석하는 설교나 강론이 무슨 제 역할을 하겠는가? 문자주의 혹은 축자주의라고 하는, 문자를 그대로 따라야 한다고 말하는 이들이 비유마저 문자나 이념의 선언으로 그대로 받아들이는 건 참 안타까운 일이다. 그야말로 시각장애인이 비장애인을 이끌고 깊은 웅덩이로 태연하게 걸어가는 것과 다를 바 없다. 더 큰 문제는 그런 비유를 아무 때나 자신들의 의도와 목적에 맞춰 짜깁기하기를 마다하지 않는 왜곡된 속내가 깔린 경우다. 하느님나라의 비유를 본격적으로 다루기 전에 이 문제만큼은 특별히 경계해야 한다. 쉽게 깨닫고 언제나 어디서나 알아듣고 실천하라고 가르친, 예수의 비유가 엉뚱하게 꼬이고 변질되어 있는 걸 그가 본다면 과연 뭐라 할지 궁금하고 또 두렵다. 이렇듯 깊은 뜻과 배려로 이루어진 비유를 어설픈 논리와 비논리적 비약으로 마음대로 해석해서 신자들을 가르친다면 그것이야말로 혹세무민이 아닐 수 없다. 또한 그것은 전적으로 종교지도자들의 탓만도 아니다. 우리 자신이 밝은 눈과 마음을 활짝 열고 읽어내야 한다. 정신 바짝 차려야 할 일이다.

예수가 말한 하느님나라의 의미
/
예수는 사람들에게 하느님나라가 가까이 왔다고 선포했다. "때가 차서 하느님의 나라가 가까이 왔다. 회개하고 복음을 믿어라."(마르 1:15)

예수가 말한 하느님나라가 의미하는 것은 무엇인가? 예수의 복음을 듣기 이전 이스라엘 사람들이 이해하고 있던 하느님나라는 그 왕국을 다스리는 메시아와 더불어 우주적이며 종말론적 성격을 강하게 띠고 있었다. 그리고 거기에는 국수적이고 정치적인 차원에서 하느님의 통치에 묵시적 요소가 첨가되어 있었다. 쉽게 말해 그들이

기다리던 메시아는 바로 외세의 침략과 압제를 해방시켜줄 초월적 능력자였다.

당시 이스라엘은 다윗과 솔로몬의 영화를 뒤로 하고 남북으로 분열되었고, 결국 아시리아와 바빌로니아의 침입을 받았다. 남쪽 유다 왕국의 많은 사람들은 바빌론까지 끌려가서 노예와 같은 삶을 살아야 했다. 가까스로 고향으로 돌아온 그들을 기다리고 있던 것은 곧 이어진 로마의 침략이었다. 비슷한 문화권인 메소포타미아 지역의 이웃국가에 침략당했을 때보다 완전히 다른 민족과 문화를 지닌 로마의 침략은 훨씬 더 큰 충격을 주었을 것이다. 예를 들어 메소포타미아 문명권에서는 일반적으로 돼지를 먹지 않는다.* 그래서 그들이 바빌론에 끌려갔을 때도 그런 비슷한 문화 속에 있었다. 그러나 로마인들은 달랐다. 실제로 로마인들은 유대인들을 모독하기 위해 신전에 돼지를 올려놓기까지 했다. 그 모습을 보고 유대인들은 경악했다. 그런 상황에서 사람들은 더더욱 메시아를 기다릴 수밖에 없었을 것이고, 해방자 메시아의 성격은 더더욱 강해졌을 것이다. 마치 우리 문화에서도 힘들고 어려울 때 미륵사상이 크게 일었던 것처럼. 그런 배경에서 메시아나 하느님나라를 이해해야 한다.

그럼 본격적으로 '하느님나라'에 대해 분석해보자. '나라' 또는 '통

---

* 특별한 종교적 이유로 시작된 것은 아니다. 메소포타미아 문명은 유목생활 중심이었다. 돼지는 그런 생활 문화에 적합하지 않다. 방목을 할 수도 없어서 따로 밥을 주어야 했고 같이 이동하기도 불편했다. 게다가 양이나 낙타처럼 유제품을 얻을 수도 없다. 또한 돼지고기는 쉽게 상해서 저장도 용이하지 않아 자칫 위생상의 큰 문제를 일으킬 수 있었기 때문에 기피했을 것이다. 그런 문화가 자연스럽게 종교적 교의로까지 이어졌을 것이다.

치'로 번역되는 그리스어 바실레이아basileia는, 세속에서 쓰일 때 영토를 가진 왕권을 표현하기도 하지만, 우선적으로 왕의 지위와 권세와 통치를 의미하는 말이다. 이것은 정적인 상태가 아니라 동적인 행동을 가리키는 것으로 하느님에 관해 말할 때에는 왕으로서의 하느님의 역할 또는 활동을 가리키며, 세상을 다스리는 하느님의 지배권을 뜻한다. 따라서 하느님나라라는 개념은 하느님이 통치하는 어떤 영토나 공간이 아니라 품위와 권능을 갖춘 '하느님의 다스림', 즉 하느님이 다스리고 행동하며 왕권을 드러내는 말이다. 이는 하느님이 온전하게 우리에게 오시는 구원 행위이며 나아가 '하느님 자신'으로 이해되어야 할 것이다. 그것은 '하느님의 새로운 의義'의 제시였다.

전통적으로 이스라엘 사람들이 품고 있던 하느님나라에 대한 생각을 나타내는 표현이 〈다니엘서〉에 기술되었다.

> 너는 세상에서 쫓겨나 들짐승과 어울려 살며 소처럼 풀을 뜯어 먹을 것이다. 그렇게 일곱 해를 지낸 뒤에야 너는 왕국을 다스리는 분은 지극히 높으신 하느님이라는 것과 그분은 자기의 마음에 드는 사람에게 나라를 맡기신다는 것을 깨닫게 될 것이다……. 주는 영원히 왕위에 앉으시어 만대에 이르도록 다스리실 왕이시라.(다니 4:29-31)

그런데 하느님나라에 대한 기대가 컸던 당시의 사람들에게 이 가르침의 구체적인 기대의 내용은 그 파벌에 따라 각각 달랐다. 완고한 형식주의자인 동시에 경건한 평신도(제사장이 아니라는 점에서) 집단이었던 바리사이파 사람들은 하느님나라가 율법의 완전한 준수로 이루어지는 것이라 보았고, 로마로부터 정치적 독립을 쟁취하려고 싸우던 열혈당원들은 정치적인 힘을 펼칠 수 있는 신정체제를 이룩하는 것이라고 생각하고 있었다. 또한 일종의 수도단체를 만들어 세상과 격리되어 생활하던 에쎄느파들은 금욕주의와 율법의 준수로 이루어진다고 여겼고, 묵시문학에 젖어 있던 사람들은 새 하늘과 새 땅이 도래하는 새로운 기원으로 생각했다. 이렇듯 하느님나라는 이스라엘 사람들의 희망을 총괄하던 개념이었지만 각기 엇갈린 기대를 가지고 예수의 복음을 맞은 셈이다. 지금 우리도 이렇게 서로 다르게 자신의 입장에서만 하느님의 나라를 이해하며 받아들이고 있는 건 아닌지 모르겠다.

예수가 선포한 하느님나라에 대한 이해는 먼저 예수의 하느님에 대한 이해에서 출발해야 한다. 예수는 하느님을 '사랑의 하느님'으로 규정했다. 따라서 하느님나라, 하느님의 다스림은 바로 하느님 편에서 사랑으로 제공하는 구원이라고 할 수 있다. '하느님나라가 다가왔다'는 선포로 시작된 예수의 사명은, 그의 생애 전체가 하느님나라라는 주제와 연관되어 있다.

예수의 하느님나라 관련한 가르침에서 한 가지 특이한 점은, 그는 한 번도 하느님나라를 구체적으로 정의한 적이 없다는 사실이다. 예수는 오로지 비유를 통해 그것을 은유적으로 표현하고 있을 뿐이다. 주목해야 할 점은 하느님나라가 사람들로 하여금 어떻게 살아야 할 것인가를 말하고 있지 그 나라가 '무엇'이냐에 대해서는 말하고 있지 않다는 점이다.* '하느님나라는 겨자씨와 같다'(마르 4:30), '하느님나라는 마치 밭에 감춘 보물과 같다'(마태 13:44)는 비유에서 보듯, 예수의 비유는 하느님나라를 특정한 공간에 실재하는 어떤 것으로 전제하지 않았음을 분명하게 보여주고 있다.

그런데도 우리는 여전히 그것을 공간적으로만 받아들이려고 한다. '죽고 나서' '땅이 아닌 하늘에서' '소멸하지 않고 영원히 사는 것'으로 이해한다. 물론 '땅 위에서 유한한 삶'을 살아야 하는 존재로서 죽음이라는 근원적 공포 그 이후에 대한 보상적 대안에 집착하는 것을 무조건 나무랄 수는 없다. 이승에서의 힘든 삶에 대한 절망조차 '하늘에 있는' 낙원에서의 완전한 풍요와 영생의 꿈으로 이겨낼 수 있다는 점에서 긍정적인 면도 있을 것이다. 그러나 그 공간적 존재 유무를 떠나 지나치게 그런 보상적 혹은 보험적 성격으로 받아들이는 하느님나라는 건전한 신앙이기보다는 자칫 현실을 외면하거나 무비판적으로 보게 될 위험성이 매우 크다. 공간적, 대안적 의미로서의 하느님나라에만 매달리지 말고 그 실천적 의미를 깨달아야 한다.

예수는 이미 그런 공간적 의미로 여기는 하느님나라에 대해 경계

* 예를 들어, 천국에 가면 사자의 아가리에 손을 넣어도 물리지 않는다는 등의 묘사는 늘 두려움과 불안에 둘러싸여 살아야 하는 인간에 대한 보상심리 또는 반작용의 반영이라고 볼 수 있다. 물론 구약성경에 묘사된 천국에 대한 설명은 계시겠지만, 당대인들의 희망의 표현이며 그런 넘치는 사랑을 얻을 것이라는 신념의 반영이라고 볼 수 있다. 천국에 가면 오로지 넘치는 풍요와 안식을 무한히 맛볼 수 있다고 하는 건 그야말로 '인간적인, 너무나 인간적인' 바람이 아닐까? 그런데도 거기에 가서 누릴 풍요와 안식을 위해 현실에서 헌납과 헌신에만 몰입해야 한다면, 그것은 혹세무민일 수 있고, 현실 부정에 기인한 일종의 보험심리 또는 보상심리에 매달리는 결과를 초래할 뿐이다.

했던 것이다. 예수는 비유를 통해 풍작을 꿈꾸면서 씨 뿌리는 사람처럼, 다가오는 하느님나라에 대한 강한 확신을 가지고 지금 비록 연속적인 실패를 겪어도 내일의 대성공을 기대하는 농부처럼 살아야 한다고 가르쳤다. 그것은 미래에만 매달려 현실을 외면하는 게 아니라 오히려 현실에 더 철저해야 한다는 가르침이다.

자, 들어보아라. 씨 뿌리는 사람이 씨를 뿌리러 나갔다. 씨를 뿌리는데, 어떤 것은 길바닥에 떨어져 새들이 와서 쪼아 먹고 어떤 것은 흙이 많지 않은 돌밭에 떨어졌다. 흙이 깊지 않아서 싹은 곧 나왔지만 해가 뜨자 뿌리도 내리지 못한 채 말라버렸다. 또 어떤 것은 가시덤불 속에 떨어졌다. 가시나무들이 자라자 숨이 막혀 열매를 맺지 못하였다. 그러나 어떤 것은 좋은 땅에 떨어져서 싹이 나고 잘 자라 열매를 맺었는데, 열매가 삼십 배가 된 것도 있고 육십 배가 된 것도 있고 백 배가 된 것도 있었다.(마르 4:3-8, 마태 13:4-9)

이것은 스스로가 좋은 땅에 떨어져야 한다는, 즉 복음을 제대로 이해하고 실천해야 한다는 의미와 함께, 부지런히 반복함으로써 실패와 좌절을 딛고 궁극적으로 실천할 것을 동시에 뜻하는 말이기도 하다. 다시 말하면 복음을 실천한다는 것은 곧 사랑을 실천하는 것이니 내가 사랑을 실천할 마음의 자세와 태도를 갖추고 있느냐는 물음과 다름 아니다. 그런데 그걸 자꾸만 전도의 측면에서 해석하려고 하는 게 오늘날 한국 교회의 병폐 가운데 하나다. 핵심은 전도의 열정이 아니라 사랑의 실천이라는 걸 망각했기 때문이다. 예수는 같은 복음서 같은 장의 다른 구절에서 하느님나라의 성장이 무엇을 함축하는지 같은 비유를 사용하여 가르친다.

하느님나라는 이렇게 비유할 수 있다. 어떤 사람이 땅에 씨앗을 뿌려놓았다. 하루하루 자고 일어나고 하는 사이에 씨앗은 싹이 트고 자라나지만 그 사람은 그것이 어떻게 자라는지 모른다. 땅이 저절로 열매를 맺게 하는 것인데 처음에는 싹이 돋고 그다음에는 이삭이 패고 마침내 이삭에 알찬 낟알이 맺힌다. 곡식이 익으면 그 사람은 추수 때가 된 줄을 알고 곧 낫을 댄다.(마르 4:26-29)

안타깝게도 많은 교회에서 이것 또한 오로지 '전도'라는 개념으로 주입시키고 있다. '예수 천당 불신 지옥'이라는 무례하고 공격적인 구호가 바로 그런 태도에서 연유하는 것이다. 영원한 행복을 얻는 복음을 다른 누군가에게 전하여 함께 행복하고 싶은 건 좋은 일이고 마땅히 권할 일이다. 그러나 보다 많은 사람을 교회에 데리고 와야 하느님나라에서 큰 상을 받는다는, 수확 때 낭패를 당하지 않기 위해서는 열심히 전도해야 한다는 뜻으로만 가르치는 건 자칫 복음의 진정한 의미를 그릇되게 하는 일일 수 있음을 명심해야 한다. 그것은 보다 많은 사람을 전도하라는 명령이라기보다는 사랑을 베풀고 실천해야 한다는 당위로 해석해야 한다. 그게 선행되지 않은 채 신자 키우기에만 집중하고 있지는 않은지 많은 교회들이 반성해야 한다.

예수는 계속해서 비유로 가르친다.

> 하느님나라를 무엇에 견주며 무엇으로 비유할 수 있을까? 그것은 겨자씨 한 알과 같다. 땅에 심을 때에는 세상의 어떤 씨앗보다도 더욱 작은 것이지만 심어놓으면 어떤 푸성귀보다도 더 크게 자라고 큰 가지가 뻗어서 공중의 새들이 그 그늘에 깃들일 만큼 된다.(마르 4:30-32)

예수가 가르친 이 하느님나라의 비유에서, 하느님나라가 공간이 아니라 행동에 의한 실천임이 분명하게 그리고 극적으로 나타난 것은 아마도 누룩 이야기일 것이다.

> 어떤 여자가 누룩을 밀가루 서 말 속에 집어넣었더니 마침내 온 덩이가 부풀어올랐다. 하느님의 나라는 이런 누룩과 같다.(루가 13:21)

그런데 여기서 누룩을 또 전도의 씨앗으로 해석하는 경우가 너무 많은 것 같다. 그러나 이는 '온 덩이가 부풀어오르는' 전도의 모범이 아니라 사랑의 씨앗이 나의 삶을 통해 뿌려지고 자라나서 더 많은 사랑을 함께 누릴 수 있어야 한다는 가르침이다. 이제 우리는 이 비유를 통해 예수 가르침의 핵심인 하느님나라가 이 땅과 완전히 다른 별도 공간도 아니고 사후 시간에 존재하는 그 어떤 곳이 아니라 먼저 삶 속에서 실천하는 것임을 분명하게 알 수 있다. 예수의 행적과 말씀 안에서 이미 작용하기 시작한 하느님나라는 아직은 그 작용이 미약하여 사람들의 눈에 잘 뜨이지 않을지 모르지만, 세월이 갈수록 더욱더 크게 작용하여 마침내 때가 되면 엄청난 결과를 가져올 것이다. 그게 하느님나라의 진정한 의미다.

혼자 아무런 의미 없는 곳에서 자라는 것이 아니라 좋은 밭에 떨어져 싹을 틔우고, 성장하여 많은 열매를 맺으며, 누룩이 제 홀로 아무 곳에나 처박히는 것이 아니라 서 말의 밀가루 속에 들어가 부풀게 하는 것처럼 각자가 제 삶의 현장에서 제 몫을 충실히 하고 더불어 나누며 나를 내세우지 않는, 그런 소박한 실천이 하느님나라에 가는 출발점이라고 할 수 있다.

하느님나라의 **백성**이 되는 길

/

하느님나라의 비유는 계속해서 이어진다. 하느님나라의 기쁜 소식은 모든 것을 압도하는 가장 큰 기쁨을 준다. 그러나 복음을 들었으되 알아듣지 못하고 실천하지 않는 사람들에게는 결코 이뤄지지 않을 약속이다. 그 진가를 알아본 사람들만 모든 집착을 버리고 자신의 삶 전체를 바쳐 사랑을 실천함으로써 그 나라의 선포와 구현에 헌신하게 될 것이다. 하느님나라의 진정한 가치는 무엇일까?

하늘나라는 밭에 묻혀 있는 보물에 비길 수 있다. 그 보물을 찾아
낸 사람은 그것을 다시 묻어두고 기뻐하며 돌아가서 있는 것을 다
팔아 그것을 산다.(마태 13:44)

또 하늘나라는 어떤 장사꾼이 좋은 진주를 찾아다니는 것에 비길
수 있다. 그는 값진 진주를 하나 발견하면 돌아가서 있는 것을 다
팔아 그것을 산다.(마태 13:45-46)

누구나 더 큰 가치를 위해서는 어떤 것이든 기꺼이 값을 치른다.
그러나 그 가치를 모르는 사람에게는 아무런 의미가 없다. 그게 진주
같은 보물이라면 금세 값을 따질 수 있다. 어떤 게 더 값진 것인지 안
다. 그러나 복음은 그 값을 느끼지 못한다. 사실은 값어치가 너무나
커서 가늠을 못하는 것이지만. 당장은 내 지갑을 불리는 것도 아니고
손에 쥘 수 있는 것도 아니어서 실감하지 못하는 것이다. 귀로는 복
음을 들었으되 우리는 여전히 지갑만 들여다본다. 물질적 기쁨과 행
복을 주는 보물보다 훨씬 큰 가치를 지닌 하느님나라 또는 하늘나라
를 발견하고 얻었으면 과연 어떻게 해야 할까, 스스로 물어야 한다.
　완고한 사람들은 하느님나라의 백성이 될 수 없다. 완고한 사람은
자신의 편견과 우월감에 사로잡혀 오로지 자신만의 잣대로 세상을
재고 판단한다. 그래서 예수는 이런 이들에게 어린아이들의 비유를
통해 경고한다. 아이들은, 크고 작은 이해에 따라 생각과 행동이 달
라지는 어른들과는 사뭇 다르다. 아이들은 있는 그대로, 들은 그대로

따르고 실천한다. 예수는 우리가 이 어린아이들을 닮아야 한다고 강조한다.

> 이 세대 사람들을 무엇에 비길 수 있을까? 도대체 무엇과 같을까? 마치 장터에서 편 갈라 앉아 서로 소리 지르며, '우리가 피리를 불어도 너희는 춤추지 않았고 우리가 곡을 하여도 너희는 울지 않았다' 하는 아이들과도 같다.(루가 7:31-32, 마태 11:16-17)

어린아이들이 눈앞의 이해를 따지지 않고 듣고 배운 바대로 행동하는 건 이들에게는 다른 사소한 가치가 끼어들지 못하기 때문이다. 예수는 우리에게 바로 이 아이 같은 순수한 이해와 실천을 요구한다. 그런데 엉뚱하게도 그 순수한 실천의지를 가르치는 게 아니라 그 순수함을 악용해서 세상의 것에 집착하지 말고 교회에 많은 재물을 봉헌함으로써 하늘나라에 재물을 쌓아야 한다고만 가르치는 이들이 있으니 답답하고 안타까울 뿐이다. 이를 따르며 자신은 하늘나라가 보장되어 있다고 믿는 신자들도 문제다. 그것은 순수한 어린아이가 아니라 미성숙한 어린아이일 뿐이다.

하늘에 재물을 쌓는다는 건 은행에 돈을 저축하듯이 하는 게 아니라 이 땅에서 복음을 실천하고 복음에 따라 흔들리지 않고 올바르게 사는 것을 말한다. 그게 바로 하느님나라의 백성이 되는 길이다. 입으로만 구원을 외치는 게 아니라 사랑의 복음을 실천하고 내 삶으로 그 복음을 다른 이들에게 전할 수 있어야 한다.

하느님나라의 완성은 나의 사랑을 통해 이루어진다

/

하느님나라는 한 번의 약속으로 얻어지는 것이 아니라 꾸준한 삶의 실천을 통해 완성된다. 흔히 그리스도인들이 잘못 이해하고 있는 것처럼 '그냥 믿는 것'으로 이뤄지는 게 아니다. '믿는다'는 것은 '안다'는 것을 전제로 한다. '안다'는 건 옳고 그름을 분별할 수 있음을 뜻한다. '안다'는 것은 성경을 두루 꿰고 외는 것이 아니다. 그것은 사랑의 본질을 정확히 이해한다는 뜻이다. 제대로 알면 마땅히 해야 할 바를 한다. 그러니 믿음에는 근원적으로 실천이 따라야 하는 것이다.

20세기 독일의 신학자 디트리히 본회퍼Dietrich Bonhoeffer(1906~1945)는 실천이 뒤따르지 않는, 자기 구원에 대한 천박한 집착의 신앙을 '비겁한 신앙'이라고 매섭게 비판했다. 그의 목소리는 예언자의 목소리다. 그런 예언자가 있다는 건 그만큼 우리의 믿음의 태도가 잘못 되었다는 증거임을 겸손하게 받아들여야 한다. 놀랍게도 한국의 개신교회는 철저하게 미국식으로만 경도되어 유럽의 신학에는 별로 관심도 지식도 없는 편이다. 과연 우리는 본회퍼의 사상을 설교 시간에 들어본 적이 있는가? 신앙의 영토가 넓다고 자부하는 만큼 그에 따른 균형 잡힌 시각이 필요하다.

이렇게 깨닫고 믿는, 약속의 의미를 받아들인 우리는 그 하느님나라가 언제 오는지, 어떻게 맞이해야 하는지 알아야 한다. 그런데 그 시간은 아무도 모른다. 그러니 언제나 깨어 있어야 한다.

그러나 그 날과 그 시간은 아무도 모른다. 하늘에 있는 천사들도 모르고 아들도 모르고 오직 아버지만이 아신다. 그때가 언제 올는지 모르니 조심해서 항상 깨어 있어라. 그것은 마치 먼 길을 떠나는 사람이 종들에게 자기 권한을 주며 각각 일을 맡기고 특히 문지기에게는 깨어 있으라고 분부하는 것과 같다. 집주인이 돌아올 시간이 저녁일지, 한밤중일지, 닭이 울 때일지, 혹은 이른 아침일지 알 수 없다. 그러니 깨어 있어라. 주인이 갑자기 돌아와서 너희가 잠자고 있는 것을 보게 되면 큰일이다. 늘 깨어 있어라. 너희에게 하는 이 말은 또한 모든 사람에게 하는 말이다. (마르 13:32-37, 마태 24:36-44)

깨어 있으라 하는 것은 그 가르침을 늘 품고 있으며 그 뜻에 따라 살라는 명령이다. 그냥 하얗게 눈만 뜨고 밤을 새우는 것이 아니라 그 뜻을 잃지 않고 그 기쁨을 간직하면서 정진하고 실천하는 것을 말한다. 그러면 저절로 잊지 않고 간직될 것이며 그것이 바로 깨어 있는 영혼이 될 것이다. 이러한 태도는 '신랑을 기다리는 열 처녀'(마태 25:1-13)나 '충성스런 종과 불충한 종'(마태 24:45-51, 루가 12:41-48)의 비유에서 보여주는 것과 일치한다.

종말의 날과 시간은 하느님밖에 모른다. 그러니 늘 대비하고 깨어 있어야 한다. 회개의 시간이 지나가버리면 그것을 연장시킬 수 있는 힘은 누구에게도 없다. 다만 지금이 바로 종말인 듯 온갖 구실과 소소한 증거들을 들이대면서 득달하는 일에만 몰두하는 것은 경계해야 한다. 그런데 안타깝게도 이런 태도와 현상은 비일비재하다. 이것이야 말로 한국 교회의 심각한 병이다. 지금까지는 그게 통했다. 그런데도 여전히 그 윽박지름으로 옥죄려 한다. 이제 그런 병폐는 멈춰야 한다. 교회 스스로 되지 않으면 신자들이 멈추도록 만들어야 한다. 이러한 병은 종말이라는 것을 자꾸만 시간의 틀 속에 집어넣기 때문에 생겨 난다. 굳이 시간의 틀에서 이해하려면 좁은 시간이 아니라 넓은 시간 으로 해석해야 한다. 즉 현재와 종말 사이의 중간 시간에 살고 있는 우리는 하느님의 뜻에 따라 살아야만 하는 것이다. 그것이 바로 하느 님나라의 백성이 되는 길이다. 그러기 위해서는 복음을 믿고 따르면 서 실천하는 것이 필수적이다. 하느님나라의 완성은 내가 그 백성이 되어 사랑을 실천함으로써 이뤄진다.

이를 위해 예수는 사람들이 겪게 될 어려움을 이겨내도록 격려한 다. 하느님은 지칠 줄 모르는 끈기로 가난한 자들의 외침에 귀 기울 이며, 그들이 곤경에 처했을 때 연민으로 마음이 움직여서 그들이 청 하는 것보다 훨씬 더 많은 것을 해준다. 따라서 "누구든지 구하면 받 고, 찾으면 얻고, 문을 두드리면 열릴 것이다"(마태 7:8, 루가 11:10)라 는 확신으로 하느님을 신뢰하도록 격려한다. 그 말은 자신에게 필요 한 것을 목록에 적어 요청하면 다 들어준다는 그런 속물적인 뜻이 아 니다. 무엇을 구하는가? 영생? 영생이란 무엇인가? 다시는 죽지 않고 영원히 사는 것인가? 영생은 불로장생과 불사의 꿈이 아니다. 나의 허물을 벗고 새로운 사람으로 거듭나는 것이다. 부귀와 영화를 구하 는가? 그것이 신앙인으로서 하느님의 뜻에 따른 삶에 꼭 필요한 요소들인가? 오히려 그것은 자꾸만 더 큰 집착과 욕망을 일으켜서 우리를 어지럽히고 타락하게 만들 뿐이다. 나의 성공을 원하는가? 그러나 먼저 무엇 때문에 성공하고 싶은지 스스로에게 물어봐야 한다. 그저 구하고, 찾고, 두드리라는, 그러면 다 주겠다는 그런 마케팅 구호가 아니다. 거기에는 스스로에게 던지는 성찰의 물음이 먼저 있어야 한다.

예를 들어보자. 사람들이 산 약수터에 줄지어 찾아간다. 어떤 이들은 몇 개의 물통에 약수를 가득 담아간다. 아마 집에 있는 사람들에게 줄 요량으로 그럴 것이다. 그러나 엄밀히 말해서 우리가 건강한 건 약수를 마셔서가 아니라 약수를 마시기 위해 산을 올랐기 때문이다. 약수를 마시면서 '이걸 마시니까 분명 건강해질 거야'라고 한다면, 그리고 어쩌다 그래서 좋아졌다면 그건 단지 플라시보 효과에 불과할 뿐이다. 산에 오르며 땀을 흘려 몸의 노폐물이 배출되고 뻐근한 장딴지를 통해 몸이 든든해지기 때문에 건강한 것이지, 그저 집에서 냉장고 문을 열어 물을 마시는 수고만으로 건강해진 게 아니다. 물론 좋은 약수에는 미네랄이 풍부하게 함유되어 있어서 도움이 되긴 할 것이다. 하지만 잘못된 약수에는 오히려 나쁜 대장균들이 득시글할 수 있다는 점을 경계해야 한다. 본질은 그 물을 마시는 게 아니라 그 물을 마시기 위해 산에 오르면서 운동하는 것이다. 복음도 마찬가지다. 그저 듣고 머릿속에 담아두는 게 믿음이 아니다. 그건 거짓된 믿음이다. 믿음도 아니고 환영일 뿐이다. 그게 바로 덤불 속에 떨어진 씨앗이다.

앨버트 놀런Albert Nolan은 《그리스도교 이전의 예수》에서 '하느님 나라의 도래'에 대해 설명하면서 믿음이 자칫 어떤 비결秘訣로 전략할 위험에 대해 경고한다. 믿음은 어떤 마력이나 주술이 아니다. 그것은 하느님나라를 위해 맺고 자르는 하나의 결단이다. 나의 탐욕과 집착을 잘라내는 결단이다. 권력과 재산을 추구하던 기존의 왕국에서 사랑을 실천하는 하느님왕국으로 대상을 옮겨 충성을 바치는 것이다. 믿음은 자기 삶의 방향을 근본적으로 재정립하는 것이다. 하느님나라가 만일 하나의 환상이거나 얄팍한 보상심리의 투사에만 매달려 있다면 신앙은 아무것도 성취하지 못할 무력한 것이 될 뿐이다. 믿음은 연민 없이 있을 수 없다. 예수가 당시 사람들에게 믿게 하려던 나라는 '사랑과 봉사의 나라'이다. 사람마다 사랑받고 존중되는 인간적 형제애의 나라이다. 우리가 그런 나라를 만들고 있는지, 그런 노력을 제대로 하고 있는지, 먼저 그것을 반성해야 한다.

예수 천당 불신 지옥?!

/

사람들로 붐비는 지하철에 불쑥 나타나 이렇게 외치는 사람을 흔히 본다. "예수를 믿으시오. 그러면 구원을 받을 것이지만, 예수를 믿지 않으면 지옥불에 떨어집니다!" 때로는 그의 손에 팻말 하나가 들려 있다. 거기에는 짧게 "예수 천당, 불신 지옥"이라고 적혀 있다. 너무나 익숙한 풍경이다. 과연 그런 식으로 복음이 전해지고 선교가 된다고 생각하는지 궁금하기도 하고 불쾌하기도 한 적이 한 번쯤은 다 있을 것이다.

전교 또는 선교는 신자된 자의 마땅한 도리다. 예수가 맡긴 대로 교회가 이 세상을 향해 펼쳐야 하는 모든 사명이 곧 선교이다.* 좁은 의미로는 그리스도를 모르는 이들에게 복음을 전함으로써 그들이 회개를 통해 구원에 이르도록 하는 '임무'이다. 우리 모두는 복음을 전할 의무가 있다. 그러나 그건 단순히 교세를 확장하기 위해서가 아니라 참된 진리를 함께 나누고 함께 하느님나라를 향해 가야 한다는 믿음에서 기인한다. 그 믿음의 바탕은 바로 복음, 즉 하느님나라의 확신이다. 그리고 그 실천의 핵심은 바로 사랑이다. 또한 사랑은 선언이 아니라 실천이다. 따라서 선교는 내 교회의 신도 수를 늘리는 게 아니라 세상에 사랑을 실천하는 일이다.

문제는 그 뜨거운 확신이 "예수를 믿으면 천당 간다"는 단순한 문장으로 전파된다는 점이다. 문장 자체는 옳다. 왜냐하면 '예수를 믿는다'는 것은 그의 말과 행위를 믿고 따른다는 의미이기 때문이다. 그러나 이는 천당 또는 하느님나라에 대한 맹목적 또는 종말론적 수용과 맞물려 동네방네 돌아다니며 탁한 목소리로 외치는 것에 불과하다. 거듭 말하거니와 이렇게 단순한 언어의 선언적 명제로 그쳐서는 안

---

* 선교를 뜻하는 영어 mission은 '파견하다'라는 뜻의 라틴어에서 유래했다. 바오로는 "나는 내가 전해 받은 가장 중요한 것을 여러분에게 전해 드렸습니다"(1고린 15:3)라고 말했다. '가서 알리는 것', 그것이 바로 선교의 본질이다. 제2차 바티칸공의회의 〈선교 교령〉에서는 선교가 교회의 본질임을 천명했다. 따라서 교회는 선교하지 않으면 존재 이유가 없다. 그러나 그 방법과 태도는 보다 현명하고 합리적이어야 한다.

된다. 이제는 좀 더 성숙해져야 한다. 시대와 사회적 상황에 맞는 합리적이고 복음적인 태도에 대해 진지하게 숙고하고 그에 맞는 실천이 수반되어야 한다. 그렇게 외치는 이들에게 과연 그 효과가 있느냐고 물어보면 자신은 길 잃은 어린 양 한 마리가 소중하다며 하루 종일 명동과 지하철을 누비며 이렇게 외쳐서 단 한 사람이라도 신앙으로 이끌 수 있다면 좋다고 말한다. 그러나 수많은 사람에게 준 불쾌함은 어쩔 것인가? 그걸 비판하면 마귀의 농간이라고, 어리석은 자들의 반응이라고 치부할 일이 아니다. 그것은 일종의 공적인 공격행위이다.

  등굣길에 교문 앞에서 대학생선교회c.c.c 학생들이 줄지어 서서 찬송가를 부르며 구호를 외치는 걸 보면서 많은 학생들이 불편해하고 심지어 불쾌해한다. 누가 그들을 그렇게 만들었는가? 그 열정이 과연 칭찬만 할 일일까? 그렇게 교문 앞에서 찬송가를 부르면 전도가 되는 것인가? 어쩌면 그것은 일종의 심리적 자기 확신을 위한, 즉 심리적 보상인 것은 아닐까? 도대체 누가 그들을 그렇게 만들었는가? 그 모습을 볼 때마다 선교지상주의를 외치며 그들을 내몬 어른들의 가르침이 과연 타당한 것인가 하는 회의가 든다. 좀 더 노골적으로 말하자면 그것은 단순히 자신의 종교적 마스터베이션에 불과하다. 자신의 신앙이 충성스럽다는 것을 확인하기 위해 아침부터 다른 사람의 심기를 불편하게 만드는 것이 과연 의미가 있을까? 청년들의 열정은 높이 평가할 수 있을지 모르지만 그들의 무모함은 어쩔 것인가. 그렇게 가르치고 떠미는 어른들과 몽매한 교회가 책임져야 한다.

  '예수 믿으면 천당 간다'는 그들의 단순한 논리는 명쾌할지 모르지만 자칫 그 문장만 되뇌면 모든 것이 해결된다는 지나치게 편의적인 명제로 변질되고 있지는 않은지 반성해야 한다. 그게 그들이 그토록 비난하는 부적이나 주문은 아닐까. 새로운 미신이라는 것이다. 구원과 영원한 생명이라는 가치는 그 어떠한 것보다 크다. 그러나 그건 그 사람들이 말하는 것처럼 그 문장을 외친다고 이뤄지는 게 아니다. 실천이 따르지 않는, 배타적이고 공격적이며 무례한 선교의 태도를 버리기 위해서는 진정 하느님나라의 의미를 충실하게 음미하고 실천하지 않으면 안 된다.

대부분의 그리스도교 신자들은 하느님을 믿고 예수를 믿으며 교회의 가르침에 따라야 하느님나라에 갈 수 있다거나 천당에 갈 수 있다고 생각한다. 심지어 놀랍게도 우리 선조들 가운데 예수를 몰랐던 사람들은 결코 하늘나라에 갈 수 없다고까지 말하는 이들도 있다. 예수를 알고 싶어도 알 수 없는 그 시대에 살았던 조상들이 무슨 죄란 말인가? 도대체 그게 말이 되는가? 그런 사람들은 대부분 보수적 교단의 근본주의적 종교관을 갖고 있다. 그들의 신학적 토대는 교회 중심적 배타주의다. 이것은 오로지 교회에서만 구원이 가능하다는 입장이다. 다시 말해 교회에 나오지 않으면 예수를 알 수 없고 예수를 모르면 구원될 수 없다는 논리다. 참으로 오만무례한 태도가 아닐 수 없다. 물론 누구나 자신의 가치를 신뢰한다. 그러나 그렇다고 해서 다른 가치를 부인하고 압살하려는 것은 옳지 못하다. 그것은 빅토르 위고가 《레 미제라블》에서 묘사한 것처럼 '성서를 읽기 위해 촛불을 훔친 격'이 아닐 수 없다. 이런 태도가 한국 교회에서, 특히 보수적 개신교회에서 만연하다는 것은 안타까운 일이다.

그러나 (다음에 만나게 될) 착한 사마리아 사람의 예는 그러한 생각이 얼마나 어리석고 무모한 것인지 고스란히 보여준다. 그럼에도 불구하고 자신의 모습은 돌아보지 못한다. 그 사마리아 사람이 예수를 알았고 또 믿었을까? 그가 율법을 지켰을까? 아니다. 복음서에 등장하는 사마리아 사람들은 참된 마음으로 아름답게 실천함으로써 진정한 하느님나라 백성이 되었을 뿐 아니라 모범이 되었다. 그런 사마리아 사람이 예수를 몰랐다고 하느님나라에 갈 수 없는 것인가? 그는 구원받을 자격조차 없다고 할 수 있겠는가?

놀랍고도 답답한 것은 그렇게 성경에 통달하고 달달 외울 정도이면서, 착한 사마리아 사람의 비유를 그렇게 수십 차례 읽었으면서도, 그게 함축하고 있는 참된 뜻을 헤아리지 못하는 사람들이 많다는 사실이다. 이는 사람들의 편협과 무지를 고스란히 드러낼 뿐이다.

사마리아 사람은 요즘 식으로 따지자면 교회 사람이 아니다. 그러나 하느님은 그 사람이 어떤 교회에 다니느냐를 따지지 않고 그가 어떻게 살고 있느냐를 가늠한다는 것을 상징적으로 보여준 것이며, 그것이 이념과 형식에만 묶여 정작 사랑을 실천하지는 못하는 우리에 대한 따끔한 경고임을 왜 모를까? 예수를 믿으면, 제대로 믿으면 그 사마리아 사람처럼 제대로 사랑을 실천할 수 있고, 그 사마리아 사람보다 더 큰 사랑을 품을 수 있다고 가르쳐야지, 예수 믿으면 자동적으로 천당에 가고, 예수 안 믿으면 반드시 지옥불에 떨어진다고 하는 건 타인에 대한 협박일 뿐 아니라 자신에 대한 모순임을 깨달아야 하지 않겠는가? 입으로만 예수 천당 불신 지옥을 외칠 게 아니라 예수의 복음과 사랑을 실천함으로써, 스스로 착한 사마리아 사람의 모범을 따름으로써 이 땅에 하느님나라를 구현할 수 있어야 한다.

무엇이 더 큰 가르침인가

/

사람들은 많은 사람들과 사건들을 통해 많은 것을 배우고 익히며 살아간다. 그리고 그것을 잃지 않고 항상 실천하려고 애쓰며 산다. 그러면서 더 큰 가르침을 애타게 찾고 기다리며 산다. 과연 무엇이 더 큰 가르침인가?

예수를 믿고 따르는 사람들은 예수의 가르침을 통해 그것을 얻는다. 그게 복음이다. 그의 말과 삶 모든 것이 다 하나의 역사이며 상징이고 거대한 가르침이다. 예수 가르침의 핵심은 '하느님나라'로 집약된다. '하늘나라' 또는 '천국'이라는 말로 쓰이는 이 말이야말로 복음의 핵심이며 요체다. 앞서 말했듯이 흔히 사람들은 하느님나라는 당연히 '하늘에in the heaven' 그리고 '죽은 다음에after death' 가는 곳이라고 생각한다. 거기에는 아무런 결핍도 없고 공포나 불안도 없다. 영원한 행복을 누리는 곳이라고 여긴다. 이런 발상은 어쩌면 자연스러운 것인지도 모른다. 그러나 그것은 '바로 여기에서' '살아 있는 우리들에 의해' 이루어지는, 이루어져야 하는, 이루어질 나라라는 점을 명심해야 한다. 이러한 반성적 성찰 없이 맹목적으로 '별도 공간-사후 시간'

으로서의 하느님나라만을 바라보는 것은 예수의 가르침을 제대로 이해하지 못하는 어리석음일 뿐이다.

예수는 많은 비유를 통해 하느님나라의 의미와 거기에 가기 위한 실천 방안에 대해 가르쳤다. 예수는 사람들에게 어렵게 말하지 않았다. 소수의 사람들만이 독점한 채 어려운 개념이나 종교적 율법에만 기대어 말하던 당시의 종교지도자들과는 달리 일상적 삶의 이야기에 기초해서 말했다. 누구나 쉽게 알아들을 수 있고 감화될 수 있는 언어로 말했다. 평범한 사람들, 소외받던 사람들에게 쉽고 현실감 있는 화법으로 가르침을 전한 예수를 통해 우리는 무엇을 배우고 따라야 할 것인가?

하느님나라는 복음의 핵심이다. 하느님나라는 우리의 가장 큰 희망이다. 그러나 그것을 편협하게 또는 배타적으로 이해하고 받아들일 때 아주 심각한 폐해를 낳게 된다. 소아병적이고 현실을 외면한, 실천을 외면한 믿음의 원천은 어쩌면 그릇되게 이해하는 '하느님나라' 때문이라고 해도 지나치지 않다. 모든 것을 하느님나라에 올인하는 것을 참된 믿음이라고 어설프게 가르치고 받아들이다 보니 정작 그 진정성은 놓치고 껍데기만 부여안고 있는 것은 아닌지 반성해야 한다. 대부분의 교회는 "예수를 왜 믿는가?"라는 문제에 대해 영혼의 구원과 천국 가기 위해서라고 대답한다. 그러나 정말 중요한 것은 우리가 이 땅에 하느님나라를 구현하는 데 앞장서고 참된 인간으로 거듭나는 것이다. 더 이상 하느님나라를 교회 최고의 '마케팅 도구'로 사용하지 말아야 한다. 이 말이 거슬릴지도 모른다. 그러나 실제로 그런 행태에서 벗어나지 못하는 교회가 여전히 많고 득세하는 현실에서 이런 말조차 하지 못한다면 도대체 교회공동체의 일원으로서 무슨 자격이 있다고 하겠는가?

제발 내세를 보장받는 개인의 영혼 구원에만 몰두할 게 아니라 총체적인 인간 구원, 그리고 사회 구원에 보다 관심을 기울여야 한다. "내가 예수를 믿으며, 그를 통해 구원된다"고 입으로 외치고 외는 것이 아니라 예수의 가르침을 따르고 실천함으로써 구원된다는, 보다 적극적인 자세로 전환해야 한다.

하느님나라는 '죽은 뒤 영생복락을 누리는 별도 공간으로서의 천당'이 아니라 지금 그리고 앞으로 항상 하느님의 사랑을 실천하고 예수의 삶을 따름으로써 하느님의 통치가 구현되는 의로운 나라가 우선이라는 의식의 전환을 요구한다. 극단적으로(?) 말하자면 하느님나라와 천국은 같은 것이지만, 동의어는 아니다. 내 영혼을 거두는 하느님의 사랑과 자비에 모든 것을 의탁하는 것은 마땅한 일이지만 그게 오로지 나의 안위와 은총의 구현이라는 닫힌 시각을 벗지 않으면 껍데기일 뿐인 신자이고 신앙공동체라는 뼈저린 반성이 필요하다.

유혹은
산들바람처럼 불어온다

세례는 단순한 일회적 통과의례가 아니다

/

여러분들 가운데 번지점프를 해보신 분이 있을 것이다. 나는 아직 그 근처에도 못 가봤다. 텔레비전에 나오는 모습을 보면서 '아, 저까짓 거 그냥 눈 딱 감고 뛰어내리면 되는 거 아냐? 뭘 저리 망설이고 벌벌 떠냐? 창피하게', 낄낄거렸을 뿐이다. 그런데 막상 이층 옥상에만 올라가서 내려다봐도 이미 내 다리는 후들후들 떨린다. 뛰어내릴 생각은 눈곱만큼도 없는데 말이다. 본디 번지점프는 파푸아뉴기니 등 남태평양 여러 섬들에서 행해졌던 일종의 성인식에서 유래한 것이다. 높은 나무에 올라 발목에 끈을 매달아 뛰어내려 담력을 입증함으로써 성인 대접을 받게 한 것이다(우리나라에서도 옛날에 큰 바위에 올라 옆 바위로 뛰는 담력 시험을 했다. 그 바위를 널바위라고 불렀다. 혹은 큰 돌을 들어 옮기면 어른으로 대접해서 새경도 곱절로 올려주었다. 그 바위를 '들돌'

이라 부르기도 하며, 정월보름이나 칠석 혹은 백중에 일종의 민속놀이로 '들돌들기'라는 것이 남아 있다). 남이 뛰는 걸 보면 별거 아닌 것 같지만 막상 올라가면 그게 쉽지 않다는 것을 금세 깨닫게 된다.

성인이 된다는 것은 단순히 시간이 지나고 나이를 먹는다고 해서 저절로 이루어지는 것이 아니라, 나이에 걸맞게 속이 채워졌음을 공적으로 드러내고 인정받을 때 이루어지는 것이다. 그래서 대부분의 문화권에서 그것을 입증하기 위한 절차를 수행한다. 물론 세련되게 관례冠禮로 승화하는 경우도 있지만. 흔히 우리가 통과의례라고 부르는 이러한 절차는 단순한 과정이 아니라 그가 그 고통을 이겨냄으로써 더 많은 삶의 무게를 감당할 수 있도록 준비시키는 과정이라는 점에서 의의가 있다. 마치 애벌레가 여러 차례 변태와 탈피를 거쳐서 아름다운 나비가 되듯. 그 과정이 없다면 피터팬처럼 성장을 멈추게 될 것이다. 그런 과정이 다음 단계로 나아가는 필수적인 과정인 것만은 분명해 보인다. 그렇다면 예수는 어땠을까?

예수는 나이 서른이 넘어서 비로소 한 가정의 아들로서가 아니라 인류의 메시아로 세상으로 나오는 공생활을 시작한다. 잘 알고 있는 것처럼 예수는 서른셋의 짧은 생을 살았다. 그런데 곰곰이 생각해보자. 예수가 활동하던 시기의 사람들의 평균 수명은 어림잡아 마흔을 그다지 많이 넘지는 않았을 것이다. 남자 나이 서른. 요즘처럼 평균수명이 80에 근접해가는 상황에서도 적은 나이는 아니다. 흔히 말하는 노총각 소릴 듣기 시작하는 나이다.

예수는 그때까지 묵묵하게 요셉과 마리아의 아들로, 그리고 목수로 조용하게 살아왔을 것이다. 그 사회의 제도와 율법에 따라 살았을 것이다. 이것은 예수가 구약의 가르침을 그대로 지켰음을 뜻하는 것이고, 따라서 그의 삶이 구약과의 단절이 아니라 연결이며 새로운 복음을 전하고 완성하는 궁극적 삶임을 의미하는 것이다. 예수의 행적에 대해서는 공관복음에서 자세하게 다루고는 있지만 이는 모두 공생활에 관한 것이다(그래서 〈마르코의 복음서〉는 아예 예수의 공생활을 여는 세례로 시작된다). 그 외 사생활에 관한 것은 어린 예수가 회당에서 대사제들과 토론하는 모습 정도가 도드라진다.

서른이 되어서 결혼도 분가도 하지 않고 딱히 재산을 많이 모은 것도 아니고 뭐 하나 내세울 것 없는 청년이다. 어쩌면 다른 사람들로부터 "이 사람아, 언제까지 그렇게 노총각으로 살아갈 거야?" 하는 채근을 수없이 듣고 있던 청년이었을지도 모른다. 그냥 조용하게 살아온 한 목수 청년이었을 것이다. 그런데 그 청년 예수가 지금까지의 생활을 모두 접고 홀연히(다른 사람들 눈에는 그렇게 보이지 않았겠는가?) 공적인 삶을 시작한다. 아무도 주목하지 않던 한 젊은이의 거대한 삶은 그렇게 시작된다.

〈마르코의 복음서〉에는 '하느님의 아들 예수 그리스도에 관한 복음의 시작'이라고 묘사된 바로 그 사건 즉 세례를 받는 예수가 출현한다. 많은 신학자들이 지적했듯 나 역시도 도대체 예수가 왜 세례를 받아야 했는지 정확하게 알 수는 없다. 어떤 이는 예수가 세례를 받으러 감으로써 많은 사람들을 요한에게 인도하려는 운동에 동참하고 새로운 시대의 도래를 행동으로 보여주기 위함이었다고 주장하기도 한다. 그럴 법한 얘기라고 생각한다. 그런데 씻을 죄가 없는데 죄를 씻고 새 사람으로 거듭나는 세례가 그에게 필요한가?

나는 교리상으로 또는 신학적으로 모호하거나 복잡하면 '단순하게 더욱 단순하게simpler and simpler' '근본으로 돌아가는return to the basic' 방법을 따른다. 그래서 복음서는 내게 아주 소중하고 행복한 절대근거로 다가온다. 거기에 나타난 사건과 언행만으로도 이미 모든 걸 보여주고 있기 때문이다. 그 근본은 이렇게 시작된다. 예수는 왜 이 세상에, 그것도 구차하게 인간의 몸을 빌어서 왔을까? 하느님은 그냥 인간을 긍휼히 여기고 지난 과오를 용서하며 다시는 죄를 짓지 않도록 타이르면 되지 않았을까? 그래도 정 안 되면 징벌을 내리면 될 것이다. 이전에 노아의 사건에서 그랬고 소돔과 고모라 사건*에서 그랬던 것처럼 말이다. 그런데 예수는 정말 애매하고 어렵고 비참한 방법과 위상으로 사람의 아들로 태어났다. 인간을 죄와 악의 수렁에서 건져 영원한 생명을 얻을 수 있도록, 즉 구원하기 위해서 이 땅에 왔다고 한다. 왜 그렇게 태어났을까? 왜 굳이 그래야만 했을까?

나는 예수가 사람의 몸으로 이 땅에 온 까닭을 지극히 단순화하여 생각해보려 한다. '나처럼 살아라Do as I have done'라는 모범을, 행동

* 구약성서 〈창세기〉에 기록된 악덕과 퇴폐의 도시. 아브라함의 조카 롯이 소돔으로 이주했으나 소돔과 고모라가 워낙 타락한 탓에 하느님은 아브라함에게 두 도시를 파괴하겠다고 알려주었다. 롯은 가까스로 천사들의 도움으로 그 도시를 떠났으나 그의 아내는 뒤를 돌아보는 바람에 소금 기둥으로 변했다. 두 도시는 불과 유황으로 파괴되었다(창세 19). 이후 두 도시는 악이 지배하는 곳을 상징하는 말로 두루 쓰였다.

을 통해 보여주기 위해 사람의 아들로 세상에 오셨다고 생각한다. 그
것은 선언이 아니라 실천이 중요하다는 뜻이다. 그는 인류의 삶과 영
성의 주권자이자 또한 모델이다. 따라서 나는 사람들의 신앙고백credo,
creed이 '나도 예수처럼 살겠다I will do as Jesus did'라는 말로 압축된다고
생각한다. 그게 바로 '나는 예수를 믿는다'라는 고백의 핵심이다. 따
라서 당연히 '믿음'은 '삶'이고 예수를 믿는 건 예수를 따라, 예수처럼
살아가는 것 그 자체다.

그렇다면 예수가 세례를 받은 까닭은 단순해질 수 있다. 적어도
내 방식으로는 그렇다는 뜻이다. 사람들의 모범이 되기 위해, 즉 세례
를 받아야 할 까닭이 전혀 없는 예수의 세례는 인간으로 하여금 스
스로의 삶에 대한 근원적인 반성과 새로운 출발을 늘 자각해야 한다
는 역설力說이기도 하다. 또한 관념상으로 존재하는 메시아가 아니라
실제로 역사 속에서 출현함으로써 사람들에게 확신과 결심을 분명하
게 세울 수 있도록 하기 위함이 아니었을까?

그런 점에서 세례는 단 한 차례의 중요한 입교 '절차'일 수 없다. 근
대 서양에서 재세례파再洗禮派. Anabaptists*를 중심으로 이 문제가 뜨거
운 감자가 되었던 적이 있었다. 교리와 제도, 그리고 의식의 측면에서
만 보니까 자칫 본질을 놓치는 듯도 하다. 인간은 늘 타락할 위험을
자기 안에 지니고 산다. 욕망 때문이다. 그것을 날마다 스스로 씻어

---

* 종교개혁 이후의 종파로, 자각적인 신앙고백 이후의 세례만이 유일한 세례이며 유아세례는 비성서적
이라고 비판했다. 주로 독일, 네덜란드, 오스트리아 등지에서 일어났는데 모든 국가권력의 간섭을 부정
하는 등 지나치게 과격하여 가톨릭뿐 아니라 개신교에서도 배격당해 지금은 후터파와 메노파가 40만
명쯤 남아 있을 뿐이다.

내지 않고는 유혹에 빠질 위험이 있다. 그게 바로 세례의 본질이다. 그러니 날마다 이뤄지고 행해져야 하는 것 아닐까? 그렇다면 기도가 세례일 수 있다. 가톨릭교회에서 성수를 찍어 성호를 긋는 것 또한 세례의 자기 재확인을 의미한다. 그냥 아무 생각 없이 하는 습관적 행위가 아니다. 그러니 세례라는 말, 즉 '씻는다'는 말에는 그 전제, 즉 '더럽다'는 자기 인식이 필수적이다. 예수'조차' 그런 세례를 받았다. 하물며 우리 인간은! 그것이 핵심이다. 그저 세례를 받았으니 정식으로 교회의 신자가 되었다는, 그런 박약한 의미여서는 안 된다.

예수는 세례자 요한에게 세례를 받았다. 세례자 요한도 처음에는 예수를 알아보지 못했다. 그 말을 뒤집어보자면 그때까지 예수의 존재가 철저하게 미미했다는 뜻이다. 결국 예수를 알아본 요한이 자신은 예수의 신발끈도 묶을 자격이 없노라 사양하지만 예수는 당신이 하자는 대로 하자고 하면서, 그렇게 해야 하느님께서 원하시는 모든 일이 이루어진다고(마태 3:14-15) 답한다. '하느님이 원하시는 모든 일'이란 무엇일까? 예수의 삶을 보고 배우고 따르하며 사랑을 실현하라는 것이다.

따라서 우리는 이 대목을 아주 겸손하고 무겁게 받아들여야 한다. 그런데도 우리는 예수가 세례를 받았을 때 나타난 '성령의 비둘기'만 보고 있지는 않은지 모르겠다. 예수의 영광스러운 모습을 자꾸만 보고 싶고 확인하고 싶기 때문이다. 물론 그것은 자연스러운 일이다. 그러나 예수의 진정한 영광스러움은 '하느님이 사랑하는 아들, 그의 마음에 드는 아들'이라는 목소리를 통해서가 아니라 겸손하게 세례를 받음으로써 세례의 참된 의미를 깨우치게 했다는 사실 그 자체다. 그 겸손과 자기성찰은 뒤로 한 채 성령이 비둘기처럼 내려오는 화려한 장면만 떠올리는 것은 달을 가리키는 손가락을 보는 일과 다르지 않다.

신학적으로 세례는 예수에게 새로운 출발이었으며, 감추어졌던 생활에서 메시아로서의 공적인 생애로 전환하는 계기가 되었다. 그리고 더 중요한 것은 앞으로 십자가 위에서 인간의 죄를 홀로 져야 할 예수가 공적 생애의 시작에 세례를 받음으로써 스스로 죄인의 입장이 되었다는 해석이 보편적이다. 이 해석은 전적으로 옳다고 본다. 그런데 나는 이 문제 또한 단순화시켜서 우리가 그렇게 세례를 받도록 하는 하나의 모범을 세우기 위해 그랬다고 받아들이고 싶다. 그것으로 충분하다. 아니 그것만으로도 이미 넘치고 또 넘친다. 언제나 스스로의 잘못을 되짚고 반성하는 삶. 그래서 세례는 단순한 일회적 통과의례가 아니라 일상에서 늘 반복적으로, 그러나 타성이 아니라 새로운 쇄신으로 일어나는 자기 정화이며 고백이어야 한다.

흔히 물은 죽음을 의미한다고, 그래서 완전한 정화를 의미한다고 말한다. 그럴 것이다. 잘못된 내 과거 삶의 죽음, 그리고 새롭게 거듭나는 삶. 그것이 곧 부활 사건이 아닐까? 날마다 일어나는 세례와 부활. 그것이 예수의 부활이 인간에게 촉구하는 의미다. 그런 점에서 예수의 세례와 부활은 수미쌍관首尾雙關의 일관성을 지닌 거대한, 그러면서도 가장 본질적인 메타포가 아닐까?

왜 하필 광야에서 유혹을 받았을까?

/

세례를 통해 자신의 공생활을 시작한 예수. 그러나 곧바로 자신의 미션을 수행하는 것이 아니라(하기야 그의 삶 전체가 미션 자체니까 이런 표현이 어색할 뿐이지만, 지극히 세속적으로 보자면 그렇다는 뜻이다) 또 다른 통과의례를 수행하러 떠난다. 그는 홀로 광야로 가 40일 동안 아무것도 먹지 않고 지냈다. 거기서 무엇을 했을까? 예수의 삶 자체가 하나의 거대한 예언의 완성이라는 메타포란 점에서, 이 사건이 의미하는 바가 무엇인지 차분히 되새겨보고 또한 그것이 오늘 사람들에게 무엇을 요구하고 있는지를 정확하게 인식해야 할 것이다.

유대인들에게 40이라는 숫자는 단순한 일정한 양의 수를 의미하기보다는 하나의 상징으로 쓰인다. 노아의 대홍수가 40일이었고, 이집트에서 탈출한 뒤 가나안까지 가는 데 40년이 걸렸으며, 모세가 시나이 산에서 밤낮으로 머물렀던 기간이 40일, 그리고 다윗과 솔로몬이 각각 40년 동안 통치했다는 등의 서술은 그런 상징이다. 마치 우리말에서 '온갖'이 '온 가지' 즉 '백百 가지'라는 뜻이지만 그 자체로 '매우 많다'는 의미로 상용되는 것처럼. 그러므로 예수가 광야에서 40일 밤낮을 지냈다는 것은 이 모든 상징을 한꺼번에 담고 있다. 따라서 그것은 아주 길고 긴 형극荊棘의 시간을 상징한다.

예수는 광야에 왜 갔을까? 이 점 또한 의문의 대상이 아닐 수 없다. 아무도 주목하지 않은 청년 예수. 적어도 아직까진 그랬을 것이다. 그 청년 예수가 세례라는 통과의례를 통해 자신의 공생활을 시작하는 것은 아마 어색하고 부담스러웠을 것이다. 성경에는 "그 뒤에 곧 성령이 예수를 광야로 내보내셨다. 예수께서는 사십 일 동안 그곳에 계시면서 사탄에게 유혹을 받으셨다"(마르 1:12-13)고 쓰여 있다. 어떤 신학자들은 예수가 찾아간 광야는 오늘 사람들이 흔히 생각하는 텅 빈 광야가 아니라 당시 쿰란공동체수도원이 있던 곳이라고 한다. 그 러면서 예수는 이 수도원 근처에서 홀로 수행하면서 여러 문제들로 인한 내적 갈등과 고통에 시달렸을 거라 추측하기도 한다. 그럴 법한 설명이라고 생각한다.

그러나 이 사건 역시 하나의 역사적 사건인 동시에 대단히 상징적 인 사건이 아닐 수 없다. 흔히 사람들이 힘들고 어려울 때 기도에 몰 두하는 경우가 많지 않은가? 기도는 단순한 청원이 아니라 기도를 통 해 자신의 현실과 미래를 분명하게 인식하고 신과의 교통을 통해 자 기 안에서 동기와 원인을 만들어내는 놀라운 신앙 체험이다. 우리가 피정避靜, retreat*이나 기도회를 통해 찾고자 하는 것은 신과의 교통을 온몸으로 느낌으로써 얻는 자신에 대한 성찰과 반성, 그리고 새로운 자기실현을 위한 인식을 바탕으로 하는 신앙의 실천에 대한 다짐 아 니겠는가? 기도함으로써 자신의 행복과 물질적인 축복을 구하는 것 이라면 그것은 사람들이 예수 기도의 의미를 아주 좁게 그리고 멋대 로 입맛에 따라 받아들였기 때문이다.

* 일상생활에서 잠시 벗어나 묵상과 침묵기도 같은 종교적 수련을 하는 것을 뜻한다. 최근에는 강의, 만남, 대화 등의 새로운 방법도 사용된다. 교회법상 성직자는 최소한 3년에 1회, 수도자는 1년에 1회 의무적으로 피정을 받아야 한다. 피정은 바로 예수가 40일간 광야에서 기도했다는 〈마태오 복음서〉의 전승에 근거한다.

나는 예수가 자신의 미션을 정확하게 인식하고 자신의 내적 성찰(인간으로서의)을 얻기 위해 광야에 갔고 기도했을 거라고 짐작한다. 인간의 몸을 그대로 안고 있는 예수의 광야에서의 단식과 기도의 시간은 매우 고통스러웠을 것이다. 그것도 무려 40일(그래서 40일 대피정이나 40일 기도회 또는 40일 대부흥회를 한다. 하지만 중요한 것은 그 날의 숫자가 아니라 얼마나 진실하고 진지하게 채웠는가의 문제다) 동안 그랬으니 얼마나 힘들었을까? 나는 4일은커녕 4시간도 견디기 어렵던데.

그런데 예수는 어떻게 자신의 미션을 확인하였을까? 예수는 바로 땅 위에 하느님나라를 이룩하기 위해서는 사람들이 어떻게 살아야 할 것인지 인간의 입장에서 고민하고 그 모범을 마련한다는 자신의 미션을 똑같은 유혹과 고통의 과정을 통해 확인했을 것이다. 그런데 안타깝게도 사람들은 예수의 유혹에서 정작 그 점은 보지 못하는 것 같다. 이 땅 위에 하느님나라를 이룩하는 데 가장 큰 걸림돌은 바로 유혹이다. 아무리 좋은 뜻을 품고 있어도 유혹에 넘어가면 그야말로 말짱 도루묵이다. 유혹에 대한 예수의 대답은 "무엇이 인간을 비참하게 만드는가?"에 대한 실존적 물음이고 바로 예수가 광야에서 40일 동안 금식의 고행과 기도를 수행한 핵심이다.

유혹은 혼란스러울 때 찾아온다

/

여러분은 사탄(혹은 악마, 유혹자)이 어떤 모습이라고 생각하는가? 나는 이 대목을 볼 때마다 이 사탄이 아주 웃기는 존재라고 느꼈다. 삼류 잡신 정도에 불과한 사탄이 어떻게 절대 최고 유일한 신에게 어설픈 유혹으로 다가설 수 있는가? 아무리 예수가 사람의 몸으로 이 세상에 왔고, 사람으로서 느끼는 모든 유혹을 감당해야 하는 존재이긴 해도 급수 차이가 너무 나지 않는가? 내가 너무 유치한 생각을 하는 걸까?

사탄satan은 히브리어로 '대항하는 자'를 의미한다. 악마라는 뜻의 그리스어 디아볼로스diabolos는 '길 위에 장애물을 던지는 자'라는 뜻이다. 붓다는 악마를 '마라Mara'라고 불렀다. 산스크리트어나 팔리어로 마라는 '살인자'를 뜻하는 말이다. 그것은 바로 참된 나를 죽이는 존재라는 뜻이다. 마라가 수행 중인 붓다에게 다가가 그를 유혹하는 장면은 예수를 유혹하는 사탄의 모습과 비슷한 점이 많다. 마라는 붓다의 금욕주의를 좌절시키고 세상에 선행을 베풀고자 결심한 붓다의 삶을 극찬하면서 강박의 욕구에서 벗어나 자유를 추구하려고 결심한 붓다를 흔들어댔다. 예수가 광야에서 유혹을 받는 모습과 비교하면 많은 것을 깨달을 수 있을 것 같다.

사탄은 처음에 예수에게 돌을 보이며 그 돌을 빵으로 만들어보라고 한다. 웃기는 사탄이다. 그깟 빵으로, 어떻게 한낱 사탄 주제에 감히 예수를 유혹할 수 있겠는가? 그러나 사탄은 예수가 '사람의 아들'이라는 사실을 누구보다 잘 알고 있다. 그는 바로 사람의 아들에게 접근해서 그가 사람의 아들임을 포기하도록 꾀고 있는 것이다. 마치 마라가 붓다에게 어떠한 악행도 권하지 않고 오로지 붓다가 고통의 순환 고리, 즉 강박적 욕구로부터 벗어나 자유를 추구하고자 하는 결심을 약화시키려 했던 것과 비슷하다. 결국 사탄의 유혹은 자기 정체성을 스스로 포기하게 만드는 것이다. 그렇다면 인간의 정체성은 무엇일까? 그 바탕에는 '하느님의 사랑의 피조물'이라는 사실이 깔려 있다. 그것을 잊고 자꾸만 탐욕과 공포에 휘둘릴 때 사람들은 그 근원적 정체성을 상실하고 악마의 손아귀에 놀아나는 것이다.

사탄은 예수에게 '사람의 아들'이 아니라 '신의 아들'이며 '신 자체'인 그의 모습을 드러내도록 유혹한다. 사람의 아들로 태어나 사람들을 위해 살다가 죽고 부활하는 거대한 메시지를 전하지 못하도록 하려는 것이다. 그러니까 예수가 받는 유혹은 우리네 인간들이 유한적 존재로서 받는 유혹이 고스란히, 같은 무게와 같은 부피로 다가오는 것이다. 이건 유혹도 아니다. 설득이다. 달콤하고 그럴싸한 설득은 물리치기가 결코 쉽지 않다.

잠시 나의 삶으로 돌아가보자. 유혹하는 주체가 뿔 달린 사탄인가? 만약 그런 사탄이 내 옆에 와서 이와 같은 꼬임으로 치근댄다면 단호하게 물리칠 것이다. 사탄을 따를 수는 없으니까. 하지만 사탄이 내가 생각하는 모습이 아니라 호감 가는 사람의 모습으로 와서 달콤한 말로 나를 '설득'하는 경우라면 얘기가 다르다. 이를테면 이런 식이다.

"생각할 것도 없어요. 지금 이거 사두면 1, 2년 뒤 두 배는 문제없다니까요. 이런 정보를 알려주는 건 다 당신을 위해서입니다."

"당신이 받지 않아도 누군가는 받을 겁니다. 다른 사람 다 받는데 당신 혼자 독야청청해봐야 누가 알아줍니까? 이건 뇌물도 아니에요.

그저 작은 정성일 뿐이니 부담 갖지 마시고 받아주십시오. 저희가 무슨 특혜를 바라는 것은 물론 아닙니다. 그러니 아무런 뒤탈도 없답니다. 주저할 것 없다니까요."

화장실에 앉아 있었더니 부하 직원들의 불평이 들려온다.

"우리 부장은 대체 왜 그리 벽창호 같은 거야? 자기가 안 받으면 우리도 못 받잖아. 물론 안 받는 게 옳지. 하지만 다른 데는 다 받잖아. 그건 일종의 윤활유 같은 거라고. 부장이 저렇게 혼자 잘난 체하며 막아버리면 당국과 업자, 그리고 결국 소비자인 시장 구조 전체가 불편할 뿐이지. 도대체 앞뒤가 꽉 막혔단 말이야."

또 시험 때마다 부정행위를 할까 말까 고민하는 경우도 있을 것이다. 게다가 나 말고 다른 학생들은 공부도 거의 하지 않고 시험 때 태연하게 남의 것을 베껴 쓰거나 아예 몰래 책을 보거나 미리 써두고 감춰둔 페이퍼를 훔쳐보기도 한다. 죄책감을 느끼는 것 같지도 않다. 그런 모습을 보면 화도 나고 나만 바보 아닌가 하는 의구심이 들기도 한다. 다들 그럴 것이다.

처음에는 옳게 바르게 살아야 한다고, 배운 대로 살겠다고 결심한다. 처음부터 그릇되게 나쁜 삶을 살겠다고 마음먹은 사람은 없을 것이다. 그러나 처음에는 떨리고 무섭지만 몇 번 지나니 별 탈도 없고 그 결과물을 즐기기에 이른다. 나중에는 그것이 자신의 능력이라고 자랑하기까지 한다. 그쯤 되면 아무런 주저함도 죄책감도 없다.

예수의 첫 번째 유혹은 바로 이러한 물질적 욕망에 흔들리는 나 자신에 대한 경각심과 그것을 어떻게 물리칠 것인가에 대한 준열한

통찰이다. 그 유혹은 바로 소유의 욕망이다.

> 사람이 빵만으로는 살지 못하고 야훼의 입에서 떨어지는 말씀을
> 따라야 산다.(신명기 8:3)

예수는 구약성경을 인용하며 사탄을 물리친다. 구약성서 〈탈출기
(출애굽기)〉*에 보면 모세를 따라 이집트를 떠나온 사람들이 어느 정
도 시간이 지나고 당장 먹을 것이 부족해지자 모세를 다그치며 비난
한다. 사람은 누구나 자신의 먹을 것, 더 넓게 보면 자신의 재산에 대
해 집착한다. 자연스러운 일이다. 그러나 그것이 삶의 전부는 아니지
않은가? 예수가 구약성경을 인용하는 것은 바로 그러한 복합적이고

---

* 이전의 성경에는 〈출애굽기〉로 썼고, 지금도 개신교 성경에서는 그렇게 쓰인다. '애급埃及'은 이집트의
한자식 음차어. 그걸 굳이 애굽으로 읽는 것도 우습거니와(이런 걸 국어학에서는 '모음강화'라고 하
겠지만, 엄밀히 말하자면 거기에도 해당되지 않는다. 그저 순모음화 정도라고 볼 수 있겠다) 컴퓨터 한
글프로그램에서도 '출애굽기'라고 쓰면 잘못된 용어라며 빨간 밑줄이 쳐지고, '출애급기'라고 쓰면 멀
쩡하다(그런데 정작 '애굽'을 치면 빨간 밑줄이 쳐지고 '애급'이라고 쓰면 멀쩡하다). '급'보다는 '굽'이 발
음하기 편해서일까? 사용자가 더 많으면 그렇게 발음하도록 마음대로 '의결'하는 것일까? 애급이건 애
굽이건 이집트건 내용이나 본질은 변하지 않는다. 하지만 일상에서 거의 쓰지 않는 말을 애써 사용할
이유가 없다. 또한 '출出'이라는 용어도 자칫 이집트에서 '출국'한 듯한 의미로 보일 수 있다. 이집트에서
탈출한 것이지 출국한 게 아니다. 그러니 굳이 쓴다면 '출애굽'이 아니라 '탈이집트'라고 해야 옳다. 그
리고 이집트라는 특정 공간에 몰두하는 것도 문제다. 그걸 자꾸 쓰면 이집트는 마치 반그리스도교의
원산지쯤으로 생각하는 못된 인식이 생긴다.
한국천주교회에서 2006년 개정한 성경에는 〈탈출기〉로 쓴다. 지명이 아니라 탈출 사건이 주제라는 점
에서 적절한 번역이라고 여겨진다. 영어 Exodus도 그런 의미다. 아직도 상당수 한국 개신교회에서 사
용하는 성경의 표현이 고어체에서 벗어나지 못하는 점은 생각해볼 대목이다. 비일상어들이 너무 많다.
그런데 예전부터 그렇게 써왔고 그것이 익숙해서인지 아무런 어색함도 느끼지 못한다. 〈탈출기〉라는
용어 말고는 앞으로 의도적으로 〈공동번역성서〉를 텍스트로 사용할 것이다('일러두기' 참조). 그건 불
편부당과 현대성, 더 나아가 교회일치운동의 산물이라는 점에서 타당하다고 본다.

다의적인 대답이었을 것이다.

사람이 어찌 '말씀을 먹고' 살 수 있겠는가? 하지만 내가 빵을 먹는 근본적인 이유는 그 자체가 목적이 아니라 그것을 먹고 나 자신의 삶을 실현하기 위해서, 즉 참된 자아를 실현하기 위해서다. 그것이 없다면 내가 돼지와 무슨 차이가 있겠는가? 그런데 거기에는 '산다'는 게 과연 무엇인지, 어떻게 살아야 제대로 사는 것인지에 대한 성찰이 따를 때에만 그 질문이 의미를 갖게 되지 않을까? 영적 자아의 실현이 물리적 풍요에 의해 이루어지지 않을 것임은 자명한 일이다. 그렇다면 영적 자아는 무엇에 의해 실현될까? 그것은 바로 말씀이다. 그리고 그 말씀은 '주문呪文'이 아니라 행동이어야 한다.

이렇게 예수의 첫 번째 유혹은 바로 부富의 유혹을 상징한다. 첫 번째 관문이니 상대적으로 쉬운 것 같지만 나는 이것조차 떨치기 어렵다. 게다가 현대 자본주의 사회에서 살아가면서 이것을 무시하고 살 수도 없는 노릇이기에 더더욱 어렵다. 부의 추구는 장려되는 것이지 억제되는 것은 아니다. 사실 예수도 부를 무조건 비난하지 않았다. 오히려 자신의 능력을 발휘해서 정당하게 재산을 모으는 것을 칭찬했다. 그러나 그것을 어떻게 쓰느냐에 대해서 큰 각성을 촉구하고 있음을 잊어서는 안 된다. 자본주의 사회에 살면서 기업의 목적이 최소의 투자로 최대의 이윤을 추구하는 것이라고 하는 것은 어린 꼬마아이들까지 다 알고 있는 경제의 기본 원리다. 기업이 자선 단체는 아니지 않은가? 그러나 질문을 한 번 더 던져보자.

"기업은 왜 이윤의 극대화를 추구해야 하는가?"

기업이 이윤을 극대화하는 까닭은 기업에 참여한 사람들(자본, 토지, 노동, 그리고 요즘에는 아이디어 등까지)에게 보다 많은 분배를 하기 위해서이고 그래야 그 사람들이 보다 나은 삶, 자신의 이상을 실현할 수 있는 보다 유리한 입장에 설 수 있기 때문이 아니겠는가? 실업자, 해고 노동자, 비정규직 노동자들을 생각해보면 쉽게 이해할 수 있을 것이다. 죽어라 일해도 그들에게 안정된 삶과 미래는 없다. 아무리 일하고 싶어도 일거리를 주지 않는다. 그건 살아 있어도 산 것이 아니다. 기업의 이윤 추구에는 반드시 공정한 분배가 올바르게 이루어져야 한다. 이 자각이 없다면 기업은 오로지 수단 방법을 가리지 않고 무조건 이윤의 극대화만을 추구해야 한다는 천박한 자본주의의 비인격적 상황을 자초하게 될 것이다. 그리고 그런 사회에서 인간은 존엄함은커녕 인격성조차 제대로 지켜내지 못할 것이다. 기업은 무조건 이윤의 극대화만을 꾀하는 집단이 아니다. 아니어야 한다. 이 두 번째 질문은 그래서 반드시 늘 스스로에게 던져야 하는 물음이다.

유혹을 견딘다는 것은 단순히 나를 흔드는 꼬임을 거부하는 것에서 그치는 게 아니라 보다 적극적으로 자신의 이상을 실현하기 위해 스스로를 연마하고 다른 사람들을 배려하는 것까지 포괄할 수 있을 때 비로소 가능하며 의미와 가치를 지닌다. '말씀을 먹고' 산다는 것은 그 말씀에 따라 산다는 것이고 당연히 그것을 실천하는 것이다. 말씀은 나에게 무엇을 요구하고 있는가?

하지만 이렇게 말은 똑 부러지게 하는 나도 이 첫 번째 유혹 하나만으로도 견디기 어렵다. 늘 흔들리며 살고 있고 겉으론 태연한 척해도 속으로는 작은 이익을 향해 잰걸음으로 달려가고 있음을 고백하지 않을 수 없다. 그것을 이겨내는 것이 바로 기도이다. 아마 예수가 광야에서 이 문제에 맞닥뜨려서 이겨낼 수 있는 표본을 보여준 것도 바로 그런 기도의 모습이 아닐까 생각한다. 그러니 기도는 하느님께 제출하는 '주문요청서'가 아니라 자신의 있는 그대로의 모습을 감춤 없이 드러내며 약한 자신을 강하게 이끌어 달라는 청원이다. 결국 자신이 해야 할 바를 하기 위해 어떻게 해야 하는지를 하느님께 묻고 그 답을 얻는 것이다.

이제 두 번째 유혹으로 넘어가보자. 갈수록 태산이라더니, 두 번째 유혹을 들고 다시 찾아온 사탄은 어처구니없게도 더 황당한 제안을 한다(《마태오의 복음서》에서는 두 번째와 세 번째의 순서가 바뀌어 나타난다).

"저 모든 권세와 영광을 당신에게 주겠소……. 만일 당신이 내 앞에 엎드려 절만 하면 모두가 당신의 것이 될 것이오."(루가 4:6)

참으로 집요하기도 하거니와 철딱서니 없는 사탄이다. 마치 슈퍼마켓에 찾아온 꼬마가 주인에게, "아저씨, 나한테 큰 절 한 번 하면 저기 진열장에 있는 사탕 다 줄게요" 하는 것과 무엇이 다를까? 나는 이 사탄이 지능이 무척 낮은 바보가 아닐까 생각했다. 하지만 그럴 리가 있겠는가. 그래도 명색이 사탄쯤 되면 내 머리 꼭대기에서 나를 가지고 놀려고 하지 않을까? 사탄은 예수의 약점(?)을 잘 알고 있다. 또한 예수의 능력과 지위를 익히 알고 있다. 예수의 약점은 무엇일까?

앞서 말했듯이 예수의 유일한 약점은 '사람의 아들'이란 사실이다.

사람의 몸을 얻어(肉化, incarnation) 태어났기에 사람의 모든 약점을 그대로 안고 있는 한계적 존재인 것이다. 그런데 예수는 동시에 전능한 신이다. 사탄은 인간 예수에게 사람의 아들로서의 본디 미션을 버리고 그대로 전능한 신으로, 주군으로 드러내라는 꼬드김으로 부추기는 것이다. 게다가 예수에게는 마음만 먹으면 그런 것쯤이야 일도 아니니 자꾸 옆에서 자극하면, 혹시 아는가? 덥석 물지? 나 같으면 크게 망설이지 않고 덥석 물 것 같다.

하지만 예수는 또 다시 단호하게 거절한다. 첫 번째처럼 다시 구약의 〈신명기〉를 인용한다.

> 너희 하느님 야훼를 경외하여 그에게만 충성을 다하고 그를 섬겨라. 맹세할 일이 있으면 그의 이름으로만 맹세하여라.(신명기 10:20)

사람의 아들 예수에게도 이것은 달콤한 유혹이 아닐 수 없었을 것이다. 미션을 수행하는 데 굳이 오랜 시간 힘겨운 고통을 겪으면서 할 필요가 있을까? 지름길 두고 굳이 돌아서 먼 길을 그것도 험한 길을 갈 필요가 있을까? 합리화도 이 정도면 충분하다.

그러나 예수는 분명히 자신의 역할과 소명에 대해 거듭 확인한다. 하느님의 권력은 지배와 통치가 아니라 봉사와 자유의 힘이라는 것을. 하느님나라의 구조가 사람들이 서로 자발적으로 사랑의 봉사를 하는 능력에 의해 규정되는 까닭이다. 즉 두 방법의 차이는 지배와 봉사의 차이가 아닐까? 우리는 누구나 지배하는 것에 매력을 느낀다. 그것은 달콤하고 짜릿하기 때문이며 많은 사람들도 다 원한다. 게다가 다른 사람들이 그런 사람들을 우러러보기까지 한다. 비록 인품에 매료되어서가 아니라 권력의 힘 때문이지만.

이 두 번째 유혹은 바로 권력에의 유혹이다. 보다 구체적으로 말하자면 정치권력에의 유혹이다. 이 유혹을 떨쳐내기란 솔직히 아까보다 더 어렵다. 돈보다 더 막강한 힘을 발휘하고 사람들로 하여금 복종하게 만드는 것이 바로 권력이기 때문이다. 그런 '권력에 대한 욕망'은 비민주적인 사회일수록 더욱 강력하다. 하지만 예수의 삶을 따르기로 한 것이 나의 신앙고백이고 내 믿음의 원천이기에 예수의 단호한 이 모습은 나의 삶을 흔들리지 않게 붙잡아줄 힘이 될 것이다. 권력에 가까이 있을수록 더욱 겸손하고 봉사하는 자세를 잃지 않도록 스스로에게 늘 되새기는 것이 그 유혹을 떨쳐내는 기도의 힘이 될 것이다. '주님을 섬겨라' 하는 것은 매사가 하느님의 뜻에 부합하는지를 살펴서, 할 것과 하지 말아야 할 것을 가려 행하라는 적극적인 가르침이며 바로 이것이 두 번째 유혹이 우리에게 던지는 의미가 아니겠는가?

어지간히 지쳤을 법도 할 텐데 사탄은 그래도 삼세판이라고 마지막 유혹의 덫을 놓아본다. 참 끈질기다. 하지만 우리의 일상에서도 유혹은 한 번 왔다가 그냥 스쳐가는 바람이 아니지 않은가. 내가 무너질 때까지 부지런히 찾아와 감언이설로 꼬드긴다. 사탄은 예수를 다시 찾아와 예루살렘 성전 꼭대기에 세운 다음 이렇게 말한다. "당신이 하느님의 아들이거든 여기에서 뛰어내려보시오. 성서에 '하느님이 당신의 천사들을 시켜 너를 지켜주시리라' 하였고, 또 '너의 발이 돌에 부딪히지 않게 손으로 너를 받들게 하시리라'고 기록되어 있지 않소?"(루가 4:9-11)

돈도 아니고 권력도 아닌 이 유혹은 과연 무엇을 상징하는 것일까? 이 유혹은 이른바 슈퍼스타의 유혹super-star temptation이라 할 수 있다. 하지만 여기서 착각해서는 안 될 것이, 슈퍼스타 욕망은 매스컴의 각광을 받는 연예인을 뜻하는 게 아니라 대단한 명예를 앞세우면서 사실은 그 뒤에 깔린 권력을 탐하는 것을 말한다. 오늘 사람들에게 그것은 무엇일까? 바로 종교권력이다.

사이비종교는 말할 것도 없고 이른바 정통종교라는 것도 자신의 세력이 거대해지면 그 자체가 이미 엄청난 권력일 뿐 아니라 때론 세속의 권력을 넘어서거나(중세의 교회처럼) 혹은 세속과 분리되었다는 명분을 내세워 심지어 세속적 정의와 진리의 프레임에서 벗어나 거의 무한한 힘을 휘두르는 종교권력이 지금도 우리 주변에는 지천으로 깔려 있다. 그런데도 태연하게 예수의 광야 사건을 자기네 입맛대로 해석하고 엉뚱한 길로 이끌고 간다. 예수의 고뇌와 유혹의 극복이 우리들의 실천적 삶의 본보기가 되어야 함에도 불구하고 그런 예수의 삶이 아니라 관념적으로 부활과 종말만을 떠들어대면서 세력을 키울 생각에서 벗어나지 않는다. 그런 공감과 성찰이 없는 종교는 약이 아니라 독이 될 뿐이다.

다시 예수의 이 세 번째 유혹으로 돌아가보자. 사탄의 유혹은 대중 앞에서 기적을 보여 화려한 인기를 얻는 존재가 되어 하느님의 아들임을 증명해 보이고 그 명예를 누리라는 것이다. 또한 그리 되면 그의 미션 수행도 훨씬 더 효과적으로 이뤄지지 않겠느냐는 꼬임도 깔려 있다. 유대인들은 명성과 위신을 생명처럼, 아니 생명보다 더 소중하게 여겼던 대표적인 사람들이다. 심지어 이 사람들은 위신을 잃을 바에는 차라리 자살을 택하곤 했다. 교회에도 그런 역사의 은총(?)을 받은 종교인들이 있다. 그러나 그것을 통해 더욱 겸손해지려 노력하기보다는 그 능력의 과시를 통해 자신의 명예를 누리려는 이들도 많다. 그들이야말로 슈퍼스타의 유혹에 빠진 자들이다. 그러면서 예수를 판다. 그러나 역시 예수는 단호하게 대응한다.

'주님이신 너희 하느님을 떠보지 마라'는 말씀이 성서에 있다.(루가 4:12)

예수는 자신의 정체성과 소명을 버리도록 하려는 악마의 유혹을 단호하게 물리쳤다. 이 유혹들은 예수가 십자가에 매달려 있을 때 고스란히 재현된다. 예수의 처형장에 모여든 많은 사람들이 빈정대며 말했다. "성전을 헐고 사흘이면 다시 짓는다는 자야, 네 목숨이나 건져라. 네가 정말 하느님의 아들이거든, 어서 십자가에서 내려와보아라."(마태 27:40)

그러나 예수는 끝까지 세상의 방법인 악마의 유혹을 물리치고 하느님을 우선적으로 선택함으로써 하느님 아들로서 자신의 소명에 충실했던 것이다.

불교에서도 유혹을 아주 중요한 문제로 다룬다. 악마 마라는 붓다의 주변을 맴돌며 그를 끊임없이 유혹했다. 심지어 마라의 지칠 줄 모르는 노력으로 붓다가 때로는 불성실함, 게으름, 오만 등으로 비난받거나 자기기만과 무관심 등으로 고발당하기도 했다. 사실 마라는 내 안에 있는 욕망이다. 마라는 이해 가능하고 통제 가능하며 안전한 자아와 세상을 추구하는 필사적인 갈망이다. 붓다는 그런 마라의 정체를 파악하고 그의 도발에 대해 따끔하게 야단침으로써 제압한다. "악한 자여, 나는 그대를 알고 있다. 딴 생각일랑 하지 마라!"

내가 악마를 모르면 어찌 제압하거나 물리칠 수 있겠는가? 상대를 알고 있으니 나를 만만하게 보면서 마음속으로 파고들지는 못하는 거다. 그런데 그 딴 생각의 주체는 바로 나 자신이다. 결국 유혹은 나의 욕망과 집착에서 비롯되는 것이다. 불교에서 말하는 '비움空'은 바로 그런 의미다. 극단적으로 단순화하면 나의 욕망을 비우는 것이다. 뭐 거창하게 추상적이고 형이상학적인 온갖 설명을 갖다 붙일 까닭이 없다. 그래서 붓다는 마라를 이렇게 묘사하기도 했다.

"집착의 대상이 무엇이건 그것은 중요하지 않다. 아무 상관이 없다. 집착이 시작되는 그 순간, 마라는 다가와 곁에 선다."

'곁에 선다'는 말을 유심히 봐야 한다. 마치 동반자인 듯, 친구인 듯 달콤한 말로 유혹한다. 무서운 악마의 모습이 아니다. 아주 친근한 모습이다. 그래서 '곁에' 설 수 있는 거다. 사탄과 마라의 모습은 너무나 닮았다는 느낌이 든다. 유혹은 새벽 안개처럼 다가온다. 아무것도 보이지 않는 상태에서 달콤하게 다가온다. 그리고 나이가 들어

갈수록 더욱 근사한 형태로, 세련된 모양으로 접근한다. 그리고 꼭 덧붙이는 한 마디가 나를 흔들어놓는다.

"이 봐요. 당신만 그렇게 고고한 척해봐야 뭐해요? 다른 사람들 이거 다 해요. 그 사람들이 당신을 칭찬할 거라 생각해요? 이거 보세요. 착각하지 마세요. 다들 당신을 바보 멍청이라고 손가락질해요. 게다가 요즘 이건 죄도 아니고 아무것도 아닌 지가 언젠데요? 이걸 피하고 욕하던 건 옛날 얘기지요. 당신이 굳이 하지 않겠다면 할 수 없지요. 다른 사람들 이거 받으려고 줄 서 있어요. 다시는 내가 당신에게 와서 이런 제안하지 않을 겁니다. 당신은 평생 후회하게 될 거예요."

이런 말을 듣고 나는 흔들린다. 그러다 보면 그게 설령 허상인 것을 알면서도 별 죄책감도 도덕적 불안감도 없이 덥석 받아 삼키기 쉽다. 파우스트 같은 대학자도 그러지 않았는가? 하물며 평범한 내가 그런 유혹에 슬쩍 넘어간들 허물이 될 것 같지도 않다. 그러니 오히려 더 외면하기 어려운 유혹이다.

예수의 이 마지막 유혹은 정체성과 소명을 건 유혹이란 점을 가볍게 봐서는 안 될 것 같다. 파우스트도 그것에 대한 미련과 집착 때문에 결국 자신의 정체성을 다 잃고 말았잖은가? 이 유혹이야말로 가장 손쉽고 법적 도덕적 부담도 적은 것이기에 쉽게 빠질 수 있는 유혹이다. 예수의 삶에서도 유혹은 혼란스러울 때 찾아오는 것임을 알 수 있다.

유혹은 우리를 강하게 길러낸다

/

그런데 유심히 보아야 할 점이 있다. 예수에게 던져진 유혹의 전제가 있지 않은가?

"당신이 하느님의 아들이거든……."

그렇다. 사탄이 유혹하는 상대의 정체성은 신이 아니라 인간으로서의 예수다. 이 부분을 놓치면 광야 사건은 무의미해진다. 이 전제는 지금 나에게 고스란히 적용된다. 그러니까 이 유혹의 전제를 나에게 향하는 것으로 바꾸면 이렇다. "네가 하느님의 자녀라면……." 그것은 항상 자존심과 정체성에 대한 회유와 혼돈으로 시작된다. 때로는 그 유혹을 따르지 않으면 나의 신변이 위협을 받게 될지도 모른다는 불안과 회의의 상황이 있을 수도 있다. 그런 경우에는 더더욱 이 유혹을 떨치기가 어렵다. 정체성을 상실하면 유혹을 이겨낼 주체도 없어지는 셈이 되지 않겠는가? 그러니 주체자로서의 자아 인식과 자신의 존재 이유 등을 끊임없이 성찰함으로써 참된 삶을 살아야 할 것이다.

예수가 광야에서 '사람의 아들'로서가 아니라 '하느님의 아들'로 유혹을 물리쳤다면 어땠을까? 그것은 우리와 무관하거나 너무나 거리가 먼 초능력으로 보였을 것이다. 사람의 아들이 아니라 하느님의 아들이니 가능한 일이다. 그러나 예수가 유혹을 물리친 것은 나와 똑같은 사람의 아들로서의 입장이었다는 점을 주목해야 한다. 예수의 가르침과 본보기가 내 앞에 놓여 있다. 그러니 나는 그 본을 따라 행하고, 때로는 그것을 따를 수 있는 힘과 용기를 달라고 기도하면 된다.

이것을 지켜라, 저것을 따라라 하며 규범을 만들어놓는 것이 아니라 구체적으로 언행을 통해 모범을 보임으로써 자유롭고 자발적으로 그것을 따라 할 수 있게 하는 것이 바로 예수의 존재가 지닌 핵심이다. 그런데도 당신의 피로 내 죄를 씻고 구원해준다는 메시아로서의 초월성만 바라보면 정작 나의 정체성과 실천의 당위는 제대로 깨닫지 못하기 쉽다. 구원자, 메시아로서의 예수만 바라보지 말고 어떤 상황에서 어떻게 구체적인 모범을 보였는지에 눈을 밝히고 따라야 한다. 그게 없으면 예수는 그저 근사한 이데올로기에 불과할 뿐이다.

다시 유혹으로 돌아가보자. 흔히 세상살이에서 만나는 많은 유혹들은 인간의 요구를 따를 것인가, 하느님의 뜻을 따를 것인가를 선택하도록 요구한다. 예수에게도 그가 사람의 아들로서 심신이 극도로 힘들고 혼란스러울 때 유혹이 찾아왔다. 그렇게 내가 약하고 흔들릴 때 유혹은 달콤하게 찾아와 감언이설로 꼬드긴다. 나는 그 유혹을 떨쳐내기가 너무 어렵다. 하지만 예수는 십자가의 죽음을 받아들이면서까지 그 유혹을 온전히 뿌리쳤다. 예수가 받은 유혹이 너무나 감당하기 어려운 무게로 나를 누르고 있다. 그러나 예수가 자신의 죽음으로까지 견뎌냈듯이 나도 내 삶 전체의 무게로 이것을 견디고 이겨낼 수 있을 것 같지 않은가?

니코스 카잔차키스가 소설 《영혼의 자서전》에서 했던 말을 함께 기억해보면 좋을 것 같다.

주님, 제 몸은 활입니다.

너무 세게 당기지 마옵소서. 부러질까 두렵습니다.

하지만 당신이 원하시면 마음껏 당기세요. 까짓 거 부러뜨리시기야 하겠습니까?

내겐 이 정도의 당당함도 없다. 그래도 흉내는 내볼까 한다. 그러다 보면 조금씩 나아지지 않겠는가. 어차피 나의 게으름과 미련, 그리고 욕심은 이 유혹을 완전히 떨치도록 그냥 내버려두진 않을 것이다. 가끔은 자신을 합리화시키기도 할 것이다. 그런 유혹 속에서 스스로를 단련해야 성장하는 것이다. 적당한 양의 세균을 체내에 넣어 저항력을 갖도록 하는 것이 예방주사의 원리인 것처럼 유혹은 분명 나를 강하게 길러내는 자양물이기도 하다. 하지만 끊임없이 나를 찾아오는 유혹에 한번 굴복하면 그걸 빌미로 야금야금 나를 갉아먹게 된다. 그래서 틈틈이 스스로를 점검하고 조이고 닦아둬야 한다. 내가 크리스천이라는 것과, 예수의 유혹이라는 극적 사건은 내게 분명한 선택을 요구할 뿐 아니라 그 해결책도 마련해준다. 이것이 바로 예수의 광야 사건과 유혹이 던지는 메시지의 핵심이다.

예수 기적의
진짜 의미

가난한 이들의 잔치에서의 기적

/

기적奇蹟의 사전적 뜻은 '자연의 법칙이나 현상으로는 이루어질 수 없는 일이 세상에 이루어지거나 나타나는 일, 또는 상식이나 보통의 생각으로는 도저히 일어나기 어려운 대단한 일이 실제로 일어나 놀랍게 느껴지는 일'을 말한다. 이적異蹟이라고도 하는데 종교적 의미에서 본다면 신에 의하여 행해졌다고 믿어지는 불가사의한 현상으로 부활, 병자의 치유 따위다.

우리는 기적을 목격하거나 전해 들었을 때 놀라움을 감추지 못할 뿐 아니라 그 일이 내게도 이뤄지길 간절히 소망한다. 또는 긴가민가 제대로 확신이 없을 때 눈앞에 펼쳐지는 놀라운 일 앞에서 더 이상 재고 따질 것 없이 서슴없이 받아들이는 신비한 힘을 가지기도 한다. 그게 기적의 힘이다.

복음서는 예수의 이러한 기적*을 곳곳에 담고 있다. 그 사건들을 읽으면서 예수의 능력을 새삼 확인하고, 나도 그 은총을 받기를 바란다. 좀 더 솔직하게 말한다면, 내 선택(즉 내가 그리스도교를 받아들인 것)이 그르지 않았다는 안도감일지도 모른다. 그러나 기적에만 꽂혀서 그 사건의 진면목을 제대로 이해하지 못하거나 또는 나는 기적의 수혜자일 뿐 내가 바로 그 기적을 실천해야 할 의무가 있다는 것은 생각하지 못하는 경우가 많다. 놀라운 권능으로서의 기적을 바라보지 않고 그 기적의 근원이 무엇인지, 나는 거기에서 무엇을 따라야 할 것인지 생각해야 한다. 뒤에 가서 다시 몇 가지 기적을 다루겠지만 여기서는 우선 그 기적의 참뜻을 새기기 위해 첫 번째 기적만 다루겠다.

예수의 첫 번째 기적은 '가나의 혼인잔치에서의 기적'이다. 정확하게 어떤 게 예수의 첫 번째 기적인지 그냥 성경을 봐서는 순서를 가리기가 쉽지 않다. 그러나 일반적으로 성서학자들의 설명에 따르면 가나에서의 혼인잔치(요한 2:1-11)가 첫 번째라고 한다. 이 기적은 다른 것들과 조금 다른 느낌이어서 내겐 늘 살갑다. 병을 고치는 기적에 비해 음식에 관한 기적은 그리 많지 않다. 흔히 오병이어五餠二魚의 기적, 즉 빵 다섯 개와 물고기 두 마리로 수많은 사람들을 먹인 사건도 매

---

* 사실 복음서에는 '기적'이라는 말을 '의도적으로' 피하고 있다. 그것은 아마 예수의 가르침 때문이었을 것이다. 예수는 자신의 권능을 보이기 위해 놀라운 일을 한 게 아니다(예수가 광야에서 유혹을 받았을 때, 악마의 유혹의 본질은 "당신이 하느님의 아들이라면"이라는, '사람의 아들로서의 예수의 정체성'을 뒤흔들려는 것이었고 예수가 그것을 당당하게 물리쳤음을 기억하면 쉽게 이해할 수 있다). 예수는 제자들뿐 아니라 치유를 받은 사람들에게도 그 일을 널리 알리지 말 것을 당부했다.

우 감동적이지만 내게는 왜 그런지 이 혼인잔치에서의 기적이 늘 눈물겹도록 아름답게 다가온다.

잔치라는 말만 들어도 기대와 흥분이 앞선다. 지금이야 먹고 입는데 별 걱정 없이 살지만 얼마 전까지만 해도 대부분 사람들의 가장 큰 걱정은 바로 먹는 일이었다. 내가 어렸을 때만 해도 명절이 기다려진 까닭은 새 옷이 생기고 먹을 게 많았기 때문이었다. 행여 잔치라도 있으면 가서 배불리 먹고 돌아갈 때 봉지 가득 음식을 챙겨주는 습속 때문에 잔치에 간 부모님이 기다려지곤 했다. 가난한 이들에게 배부르게 먹는 것보다 더 큰 축복은 없을 것이다.

갈릴래아에 사는 유대인들의 삶은 매우 곤궁했다.* 그런데 어느 날 혼인잔치가 벌어졌다. 아마 한 해에 혼인잔치가 그리 많지는 않았을 것이다. 늘 지치고 힘겨운 삶을 꾸려나가야 하는 사람들에게 모처럼의 휴식과 푸짐한 음식과 놀이가 얼마나 꿀맛 같았을까? 사람들은 함께 모여 결혼한 부부와 혼주婚主를 축하하고, 혼주는 푸짐한 음식을 마련하여 하객들이 마음껏 즐기도록 했을 것이다. 모든 마을 사람들의 한바탕 축제다. 예수도 어머니 마리아와 함께 거기에 있었다.

'잔치'가 갖는 독특한 의미는 '초대'다. 잔치에 초대받은 이는 하느

---

* 갈릴래아에 사는 이들의 삶은 대부분 빈곤했다. 땅주인은 도시에 사는 이들이었고 대부분은 소작인들이었다. 그래도 사마리아인들은 유대인들보다는 나았을 것이다. 유대인들보다는 먼저 그곳에 정착했기 때문이다. 유대인들이 사마리아인들을 미워한 까닭은 민족의 정체성을 잃었다는 비난이기도 했지만, 이민족에 끌려가 더 큰 고생한 자기들보다 사마리아인들이 상대적으로 잘사는 게 미웠기 때문이기도 했을 것이다. 마치 중국에 망명했던 독립운동가들이 해방 후 돌아왔을 때 국내에 남아서 기득권을 유지하던 이들에게서 느꼈던 배신감과 비슷했을지도 모르겠다.

넘나라에 초대받은 이를 상징한다고 할 수 있다. 그 잔치에 초대받은 이는 부족함이 없으며 모두가 함께 넘치는 기쁨을 누릴 것임을 함축한다고 볼 수 있다. 따라서 '잔치에서의 기적'은 복음과 기쁨, 평화와 행복으로의 초대를 암시한다고 할 수 있다. 하지만 그런 신학적 상징이나 문학적 메타포에 기대지 말고 그냥 있는 그대로 잔치의 상황을 떠올리는 게 훨씬 더 살갑고 실감나지 않을까 싶다.

그런데, 그런데! 이런, 술이 떨어졌다! 술이 떨어졌다는 건 더 이상 잔치의 즐거움을 이어갈 수 없다는 뜻이다. 상황이 얼마나 곤혹스러웠을까? 혼주는 혼주대로, 하객은 하객대로 곤혹스럽기는 마찬가지였을 것이다. 아마도 혼주는 그다지 경제적 여유가 없었던 모양이다. 나름대로 마련했겠지만 넉넉하지 않았던 것이 분명하다. 혹은 대략 평균을 잡아 준비했지만, 쌀 떨어지자 입맛 난다고 그날따라 사람들이 예상보다 더 술을 즐겼을 수도 있다. 가늠을 너무 받게 했건 어쨌건 이런 상황이 벌어진 근본 이유는 가난이있다. 술독의 술이 줄어들 때마다 그의 마음은 얼마나 시커멓게 타들어갔을까.

그 상황에 애가 단 건 바로 마리아였다. 마리아는 혼주와 하객들의 곤혹스러움이 안타까웠다. 어떻게 해서라도 그 곤경을 벗어나게 해주고 싶었다. 마리아는 혼주가 아니었으니 어찌 보면 제3자일 수 있다. 그러나 마리아의 마음은 나와 너를 가려 셈을 따지는 것이 아니었다. 혼주의 안타까움과 하객의 아쉬움을 달래고 마음껏 축하하고 즐거워하는 모습을 떠올렸을 것이다. 그 상황을 타개할 수 있는 능력을 가진 건 오직 아들 예수뿐이었다. 하지만 어찌 아들에게 그런 상황을 해결해달라고 청할 수 있을까?

우리는 먼저 여기에서 마리아의 그 따뜻한 마음을 본받아야 한다고 생각한다. 예수의 능력에만 시선이 고정되어 있으면 이를 보지 못한다. 아들의 능력을 알고 있으면서도 그걸 꺼내도록 할 수는 없고, 그렇다고 혼주와 하객들의 안타까운 상황을 보자니 너무 마음이 아프고, 이러지도 저러지도 못하는 상황이다. 그러나 마리아는 용감하게(?!) 아들에게 다가갔다. 무엇보다 가난한 사람들이 겪을 곤혹스러운 상황이 안쓰러웠기 때문이다. 마리아는 양자택일의 곤혹스러운 상황에서 사람들에 대한 사랑을 택했던 것이다!

진정한 기적은 사랑의 마음이다

/

마리아는 아들에게 다가가 "포도주가 없구나"라고 말했다. 그녀에게 이 말이 얼마나 힘든 말이었을까? 사소한(?) 청을 해야 하는 자신의 입장 때문에 비록 아들이지만 메시아인 예수에게 미안하고 면목이 서지 않았을 것이다. 게다가 다른 것도 아닌 첫 번째 기적이 뭔가 거창하고 드라마틱한 것이 아니라 고작 잔칫집에서 술 떨어진 일을 해결하는 것이라는 건, 어쩌면 닭 잡는 데에 소 잡는 칼을 쓰는 격이라고 여기지는 않았을까? 이래저래 참 곤혹스러웠을 것은 틀림없다. 그래도 마리아는 아들 예수에게 부탁했다. 아들 예수의 대답도 곤혹스러워 보인다. "어머니, 그것이 저에게 무슨 상관이 있다고 그러십니까? 아직 제 때가 오지 않았습니다."(요한 2:4)(〈새성경〉에는 "여인이시여, 저에게 무엇을 바라십니까? 아직 저의 때가 오지 않았습니다"라고 번역되기도 한 부분이다.)

예전에는 예수의 그 대답이 참 인정머리 없게 들렸다. 어쨌거나 참 생뚱맞은 대답이 아닌가? 퉁명스럽기도 하고, 마치 남에게 하듯 말투부터 살갑지 못하다. 또 '나의 때'라는 게 더 우선되는 야속함이 머쓱했다. 하지만 곰곰이 생각해보면 이 대목은 많은 것을 함축하고 있다는 걸 조금씩 깨닫게 된다. 예수는 어머니의 청이 무엇 때문인지 알고 있지만, 기적을 행할 상황은 아니라고 여겼기 때문에(어머니 마리아도 그걸 알았기에 주저했겠지!) 그렇게 대답했을 것이다. 하지만 예수도 어머니의 마음을 알고 있었다. 그래서 '아직 때가 아니다'라고 하면서도 정작 예수는 물 항아리에 가득 담긴 물을 맛있는 포도주로 만드는 놀라운 기적을 행했다. '때가 아니다'라는 말에 주목해야 한다. 때가 아님에도 '불구하고' 사람들을 행복하게 해주기 위해 기꺼이 '때가 아닌' 상황을 받아들인 것이다. '그렇기 때문에' 사랑하는 것이 아니라 '그럼에도 불구하고' 사랑하는 것이 참된 사랑이다. 그것은 남녀의 사랑에서도 마찬가지다. 이 얼마나 깊은 속뜻인가! 왜 그랬을까?

무엇보다 예수의 측은지심惻隱之心 때문 아니었을까? 그 어떤 사명과 소명보다 더 중요한 건 바로 사람들에 대한 사랑이다! 자신의 사명을 완수하는 과정이나 절차에서 약간 벗어나더라도 가난하고 힘든 사람들이 겪는 안타까운 상황을 이겨내도록 하는 게 더 중요하다고 여긴 것이다. 그건 예사로운 사랑이 아니다. 무엇을 과시하기 위한 것도 아니다. 어머니의 청 때문에 들어준 게 아니라, 그 상황을 보고 안타까워한 어머니의 '마음'을 읽었기 때문이었다. 그리고 예수의 마음이 거기에 맞닿아 있었기 때문이다.

예수의 모든 기적이 그렇겠지만, 특히 이 첫 번째 기적은 그런 점에서 아주 의미심장하다. 능력을 보이기 위해서가 아니라 사람들을 위로하고 행복하게 하기 위해, 사랑의 마음으로 감싸준 진정한 의미를 읽어내지 못하면 우리는 청맹과니와 다르지 않다. 나의 원칙과 절차보다 더 중요한 것은 사람들에 대한 사랑이며 그 사랑을 깨달을 사람에 대한 배려라는 걸 이 짧은 대목에서 만나게 된다. 그래서 나는 복음서에서 이 대목이 특별히 아름답게 느껴진다.

기적 행위 자체에만 집중하면 그 의미를 알 수 없다
/

앞서 언급한 것처럼, 예수의 수많은 기적들 가운데 내게 이 기적이 특별한 의미로 다가오는 이유는 바로 예수의 사랑의 진면목이 가장 감동적으로 나타나 있기 때문이다. 우리는 흔히 예수의 기적에서 주로 예수의 능력을 보는 경우가 많다. 그러나 예수의 능력은 그런 기적을 행하는 데에 있는 게 아니다. 어차피 그에게는 그런 능력쯤이야 아무것도 아니니까.

그런데도 정작 그 사랑은 읽어내지 못하고 오로지 기적 행위 자체에만 꽂혀 있으면 그 의미를 조금도 알아차리지 못하는 셈이 되는 것이다. 가난한 사람들의 아픔에 대한 어머니 마리아와 아들 예수의 따뜻한 마음이야말로 내가 본받아야 하고 따라야 하는 모범이다. 우리의 삶을 되돌아보자. 그게 말처럼 그리 쉬운 일은 아니다. 나 자신보다 다른 이에게 마음을 열고 정성을 쏟는다는 게 어디 그리 흔한 일인가? 내 가족 친지에 대해서조차 그런 마음을 먹지 못하는 경우가 많다. 하물며 나와 직접적인 관계가 없는 사람들에게 그런 마음을 갖는다는 건 더더욱 어렵다. 때로는 나의 이익을 위해서라면 다른 이들이 그것 때문에 고통을 받거나 말거나 상관하지 않는 매정함을 얼마나 많이 저질렀는가? 그러고도 예수를 믿으면 천당 간다는 말을 태연하게 할 수 있을까? 측은지심조차 없다면 어찌 그런 말을 할 수 있으며, 어찌 그런 천박한 믿음을 선언하고 전파할 수 있다는 말인가!

흔히 가난 구제는 나라도 할 수 없다고들 말한다. 하물며 나 혼자 마음으로 그걸 할 수는 없다. 함께 모인 공동체도 감히 그걸 할 수 없다고 체념한다. 그러나 마음까지 그렇게 닫아둬서는 안 될 일이다. 적어도 나 때문에 다른 사람이 고통받는 일이 있다면 그건 삼가고 꺼릴 수 있어야 한다. 하지만 좀 더 넓게 생각해보자.

나라도 구제할 수 없는 가난을 교회가 구제할 수는 없을지 모르지만, 그 마음을 공유하고 실천하려 하는 게 진정한 믿음이다. 그래야 예수를 따른다고 믿는다고 말할 수 있는 것이다. 그래야 한다. 나라도 하지 못하는 가난 구제라고? 아니, 교회니까 해야 한다. 그건 그저 쌀 몇 말 부어주고 라면 두어 상자 건네는 것을 말하는 것이 아니다. 과연 우리의 교회공동체가 그런 문제에 대해 단순히 선언적으로 말고 실천적으로 다가가본 적이 있는가? 내가 산 땅과 아파트가 쑥쑥 오르는 건 기쁜 일이지만, 그것 때문에 다른 누군가가 큰 상처와 고통을 받고 있다면 기꺼이 그 혜택을 거부하고 정당한 만큼만 누리겠다는 약속을 할 수 있어야 한다.

물론 결코 쉬운 건 아니다. 하지만 최소한 그런 인식은 해야 한다. 말로는 하느님나라를 외치고 떠들면서 정작 천박한 욕망의 사슬을 끊지 못하는 부끄러운 모습을 적어도 교회공동체가 더 이상 품고 가서는 안 될 일이다. 제대로 된 신앙공동체의 표상이 무엇인지 고민해야 한다. 교회가 자선단체는 아니다. 하지만 예수를 믿어서 열심히 기도해서 내가 산 아파트가 큰 돈을 벌어주게 했다고 생각한다면 그건 정말 부끄러운 일이다. 비정상적인 부의 혜택에 대해 사회적으로 비판하는 건 가난한 이들이 아니라 부자들 스스로가 해야 한다. 그게 쌀 몇 말이나 라면 두어 상자보다 더 중요하고 본질적인 사랑의 의무다.

그러나 우리가 입으로 떠들고 외치는 예수도 따돌림당했고 비난받았다. 내가 예수의 삶을 따른다고, 믿는다고 말한다면 최소한 그런 실천의 움직임이 있어야 한다. 그게 바로 예수 믿는 사람들이 세상을 정의로운 믿음의 사회로 만드는 머릿돌이다. 그게 바로 〈주의 기도〉를 통해 고백하는 "아버지의 뜻이 하늘에서와 같이 땅에서도 이루어지게 하소서"의 실현, 즉 이 땅에서 '하느님나라'를 실천하는 바탕이 될 수 있다.

정치와 경제가 어쩌니 저쩌니 하면서 가난한 사람들이 부자들을 미워하고 시비를 걸어서 나라 경제가 위축되고 결국 나라 전체가 경제적 고통에 빠졌다고 비판하는 사람들이 많다. 전혀 틀린 말은 아니다. 그러니 그런 반성에 대해 수긍하는 사람들도 있는 것 아니겠는가? 그러나 그것이 아주 본질적이거나 근본적인 문제는 아니다. 자기 허물을 외면하면서 남의 사소한 시빗거리는 집요하게 물고 늘어지지는 말아야 한다. 하지만 부자들이 자신들의 부당한 수혜를 스스로 거부하거나 반성하는 걸 보거나 들어본 적이 있는가? 그런 양극화 현상을 초래시킨 당사자가 엉뚱하게 그런 양극화를 비판하는 사람들을 비난하는 세태를 보면 이게 지옥과 뭐가 다를까 싶은 생각이 들기도 한다.

누구나 돈 많이 벌기를 바란다. 적법이든 불법이든 가리지 않는다. 이미 탐욕에 눈멀어 그런 건 따지지도 않는다. 그걸 못 하는 이들이 무능력자로 바보로 치부된다. 그렇다고 예수를 믿는다고 하는 사람들까지 똑같아서는 안 된다. 사회가 못 하는 걸 바로 교회가 해야 한다는 강한 믿음을 실천해야 한다. 예수는 자신의 사명 완수의 때가 이르지 않았다고 말했음에도 불구하고 사람들이 겪는 아픔에 함께 안타까워하고 그들이 마음껏 행복할 수 있도록 은총을 베풀었다. 그걸 보고 기적의 경이로움만 감탄할 게 아니라 그 마음을 따라야 하는 게 바로 믿음의 힘이다. 그것이 기적의 의미다. 그러니 예수가 우리에게 보여준 기적은 바로 나 자신이 따르고 실천해야 하는 그런 기적이다. 내가 그 기적의 주체가 되어야만 한다는 의미로 받아들여야 한다.

어떤 신학자는 가나의 혼인잔치는 예수를 초대한 것은 상징이고 처음보다 나중에 낸 포도주가 더 좋을 수 있었던 건 전적으로 예수를 통해서 일어난 일이었기 때문이라고 말한다. 가나의 혼인잔치는 우리 삶의 여정을 상징한다고 주장하기도 한다. 그 삶의 여정에 꼭 초청해야 할 유일한 이가 바로 예수라고 설명한다. 그럴 수도 있다. 그러나 솔직히 나는 그런 해석에 마음이 끌리지 않는다. 그렇게 굳이 신학적으로 거창하게 해석하지 않더라도 예수의 측은지심을 닮아야겠다는 것만으로도 충분히 고맙고 의미 있는 일이 아닐까? 그것만으로도 이미 족하고 넘친다. 나의 신학적 지식이 부족한 까닭이겠지만, 이 사건의 진정성을 보지 못하고 자꾸만 신학적으로 덧칠하려는 게 아닌가 하는 아쉬움이 드는 게 솔직한 심정이다.

가나의 혼인잔치에서 있었던 기적을 볼 때마다 영국의 낭만주의 시인 바이런Baron Byron이 떠오른다. 바이런은 케임브리지대학교 신학 수업 때 바로 이 기적에 대한 시험을 보았는데, 그의 단 한 줄짜리 대답이 압권이었다고 한다.

"물이 주인을 만나니 발그레 낯을 붉혔네."

놀라운 기적에 감탄하고 떠들썩한 함성을 지르는 게 아니라 그저 고맙고 도타워서 저절로 마음이 따뜻해지는 행복이 진정한 기적임을 시인 바이런이 깨우쳐준다. 우리의 마음도 함께 열려서, 발그레 행복하게 붉힌 낯으로 서로 보듬고 사랑해야겠다. 물도 그렇게 발그레 낯을 붉혔는데 정작 우리의 심장은 딱딱하고 차갑다면 부끄러운 일이다. 영국의 종교학자 카렌 암스트롱Karen Armstrong은 "연민의 원리는 모든 종교적, 윤리적, 영적 전통의 핵심에 놓여 있다"고 했다. 마음속 깊은 곳에서 저절로 솟아나는 연민이 바로 종교의 본질이라고 본 것이다. 생텍쥐페리의 《어린왕자》에 이런 멋진 구절이 있다.

"별들이 아름다운 건 눈에 보이지 않는 꽃 한 송이 때문이고, 사막이 아름다운 건 그곳 어딘가에 우물을 감추고 있기 때문이야."

우리 마음속에 그런 우물이 있는가? 책에는 또 이런 말도 있다.

"가장 중요한 것은 눈으로 볼 수가 없어. 마음으로 찾아야 보이지."

눈에 보이지 않지만 항상 우리를 따뜻하고 행복하게 해주는 것. 나는 기적이 어떤 거창한 것이 아니라 바로 그런 희망을 주는 어떤 것이라 생각한다. 예수의 기적은 사실 복음 자체로 이미 완성된 것이다. 그러나 그것은 눈에 보이지 않는 것뿐 아니라 눈에 보이는 놀라운 일로도 나타났다. 나보다 못한 사람을 안타까워하고 마음을 열어주는 것, 그것이 바로 내가 행해야 할 기적이다. 제발 손가락이 아니라 달을 보는 혜안을 가져야겠다.

열두 제자가
내려놓은 것

열두 명의 **찌질이들**

/

나사렛이라는 소읍에서 서른이 될 때까지 착실한 목수로 살았던 예수가 그때까지의 삶을 접고 출가*했다. 예수가 처음 복음을 전했을 때 사람들의 반응은 어땠을까? 아마 싸늘하거나 냉랭했을 것이다. 그도 그럴 게 얼마 전까지만 해도 한 마을에 살던 평범한 목수가 아닌가! 만약 지금 우리에게 예수가 그런 모습으로 왔다면 과연 귀를 기울였을까? "저 사람 왜 저래? 같잖은 게 시답잖은 말을 지껄이잖아!" 아마 그랬을 것이다. 지금의 나는 다를까? 그 말의 '진정성'에는 관심이 없고, 다만 그의 지위나 학식 또는 재산에 따른 평가에만 몰두하

---

* 이를 불교 용어라고 까칠하게 받아들일 것 없다. 그렇게 따지면 '천주'나 '장로'라는 말도 쓸 수 없다. 그게 다 불교 용어이니까. 심지어 '종교'라는 말도 쓸 수 없다. '종교'란 '마루처럼 가장 높은 가르침'이라는 뜻으로 부처님의 가르침을 뜻하는 말이다.

지는 않는가? 어디서나 예언자는 자기 동네에서는 대접받지 못하는 법이다. 하지만 그렇다고 해서 어리석음이라는 허물이 다 면책되는 건 아니다.

이제 예수의 삶을 본격적으로 따라가 보자. 예수는 3년이라는 짧은 공생활 기간 동안 아주 많은 사람들을 만났다. 그리고 그들에게 복음을 전하고 새로운 율법을 세우고 가르쳤다. 그것은 기존의 배타적이고 규범적이며 종말론적인 것이 아니라 현세적 실천과 도타운 관용과 사랑을 토대로 한 새로운 약속이었다. 많은 사람들이 이 새로운 약속이라는 복음에 고무되어 희망과 새로운 생명의 충일감을 느꼈다. 이 사람들은 과연 누구였을까? 이제 그 사람들을 만나보자.

예수는 자신의 미션을 본격적으로 수행하기 위해 자신을 전적으로 믿고 따르며 그의 일을 거들어줄 사람들을 모으기 시작한다. 흔히 열두 제자 혹은 열두 사도라고 부르는 바로 그 사람들이다. 왜 열두 사람이었을까? 이미 눈치챘겠지만 그것은 하나의 상징이다. 야곱의 아들이 열두 명이었다. 이 사람들이 이스라엘 백성의 갈래, 즉 열두 지파의 시작이다. 이 열두 부족 제도는 각 부족이 일 년 동안 차례로 한 달씩 성전에 시종해야 했던 데서 생겼다고도 한다. 소예언자들(호세아, 요엘, 아모스, 오바디야, 요나, 미가, 나훔, 하바꾹, 스바니야, 하깨, 즈가리야, 말라기)도 열두 명이다.

그러니까 예수는 의도적으로 이스라엘 부족의 수를 의식해서 열두 명의 제자를 뽑은 것 같다. 그리고 궁극적으로는 이 열둘이 이스라엘 부족의 수에 국한되는 것이 아니라 온 세상 사방팔방 전 방위를 함축하고 있는 것이기도 하다. 이 열둘이라는 숫자는 조금만 관심을 기울이면 성경에서 자주 보게 될 것이다.

열두 제자의 면면을 살펴보자. 베드로, 안드레아, 야고보와 그 아우 요한, 필립보, 바르톨로메오, 마태오, 토마, 알패오의 아들 야고보, 타대오, 시몬, 유다가 바로 그들이다. 신약성경의 맨 끝에 있는 〈요한의 묵시록〉에는 새 이스라엘을 열둘이라는 수로 표현하고 있다(이때 열둘은 이스라엘의 열두 지파가 아니라 앞에 말한 것처럼 온 세상을 상징하는 뜻으로 해석해야 한다. 그런데도 이를 여전히 유대민족 혹은 교회에 들어온 사람으로만 해석하면서 윽박지르니 문제다). 예수는 이 열두 제자를 새로운 이스라엘인 교회의 책임자로 뽑은 것이다. 그래서 예수는 이렇게 말한다.

> 너희는 나를 따랐으니 새 세상이 와서 사람의 아들이 영광스러운 옥좌에 앉을 때에 너희도 열두 옥좌에 앉아 이스라엘 열두 지파를 심판하게 될 것이다.(마태 19:28)

이것을 보면 분명 예수는 이스라엘 열두 지파를 이끌 책임자로 뽑은 것을 알 수 있다. 그런데 여기서 말하는 이스라엘은 함족이나 셈족 같은 특정한 종족이 아니라 새로운 약속으로 묶인, 즉 교회공동체를 말하는 것임을 알아야 한다. 제자들 가운데도 이것을 깨닫지 못한 이들이 적지 않았던 것 같다.

그런데 제자들의 면면을 한번 살펴본다면 자존심이 상할 만큼 형편없는(?) 사람들이다. 먼저 베드로는 어부였다. 당시 어부는 매우 낮은 평가와 대우를 받았던 사람이라고 한다. 그들은 일반 유대인들과는 달리 상당수가 글을 제대로 읽지 못하는 형편이었다. 이들은 또한 안식일을 지키지 못하는 경우도 많아서(배를 타고 나갔다가 돌아오지 못하는 경우가 많았기 때문이라는 설명도 있다) 온전한 유대인으로서의 의무도 다하지 못하는 사람들이었기에 천시받았다고 한다. 예전 우리의 못된 어법으로 말하자면 '뱃놈'쯤 되었던 모양이다. 그런데 이 시몬이라는 어부가 '큰 바위'라는 뜻을 가진 베드로라 불리고 제자들 가운데 으뜸으로 세워졌다니! 다른 사람들이 볼 때 상당히 부끄럽고 속상한 일이 아니겠는가? 잠시 베드로와 가상의 짧은 인터뷰를 나눠 보자.

복음뉴스 기자 : 베드로님께서는 어떻게 제자로 뽑히셨다고 생각하십니까? 그리고 그 제자로 뽑히려면 어떤 자격을 갖춰야 하나요?

베드로 : 글쎄요, 사실은 저도 잘 모릅니다. 저로서는 그냥 엉겁결에 그리 된 것 같습니다. 어느 날 제가 동생 안드레아와 함께 갈릴래아 호수에서 그물을 던져봤지만 허탕을 치고 허탈하게 돌아와 그물을 손질할 참이었습니다. 그런데 그때 선생님께서 마침 거기에 계셨던 모양입니다.

복음뉴스 기자 : 그때 예수를 알고 계셨나요?

베드로 : 왠걸요. 우리 같은 무식한 뱃놈들이 그런 분을 어찌 알겠습니까? 하지만 우리도 눈귀가 있는 사람들이니 소문은 익히 듣고

있었지요. 처음 그분과 눈이 마주쳤을 때 저는 뭔지 모를 소름이 돋는 걸 느낄 수 있었습니다. 그때 그분의 말씀을 들으러 제법 많은 사람들이 몰려들었어요. 갑자기 선생께서는 제 배를 땅에서 조금 떼어놓게 하시더니 고물(뱃머리)에 턱 걸터앉으시는 게 아니겠어요?

복음뉴스 기자 : 그래서 베드로님께서도 말씀을 들으시고는 감화되어 따르셨군요?

베드로 : 아뇨, 전혀 그렇지 않았어요. 사람들에게 뭔가 가르치시는 것 같아 저는 그저 묵묵히 옆에서 해진 그물코를 손보고 있었지요. 그런데 우리 같은 무지렁이 뱃사람이 들어도 그 양반이 하시는 말씀이 그냥 귀에 쏙쏙 들어오는 거 있죠. 그래서 그물은 손에 들고 있었지만 꿰매는 일은 잊게 될 지경이었답니다.

복음뉴스 기자 : 그토록 매력적이던가요?

베드로 : 글쎄 뭐라 말하기 어려운데요. 뭔가 놀라운 힘이랄까? 저를 당기는 어떤 힘이 느껴졌어요. 제 동생도 제 옆에서 입을 헤벌리고 그분의 말씀을 듣느라 정신이 없더군요.

복음뉴스 기자 : 그래도 예수를 따라나선 어떤 계기가 있을 거 아닙니까?

베드로 : 글쎄요, 뭐 계기랄 게 따로 있다기보다 이미 그렇게 될 운명이었달까요? 저항할 수 없는 힘이었어요. 그런데 말씀을 마치신 선생님께서 저에게 말씀하시더군요. "깊은 데로 가서 그물을 쳐 고기를 잡아라." 제 동생 안드레아는 기가 막혀서 제 얼굴을 쳐다보더군요. 저도 웃었죠. 그 녀석과 같은 생각이었으니까요. "선생님, 저희가 밤

새도록 애썼지만 한 마리도 못 잡았습니다" 했지요. 보통 그렇게 말하면 위로나 하고 말 일이잖습니까? 아, 그런데 그 양반은 못 들은 척하시며 거듭 재촉을 하시더라고요. 그런데 그 말도 안 되는 명령에 저항할 수가 없더라니까요. 할 수 없이 배를 다시 물로 밀어넣었죠. 동생 녀석은 입을 삐죽 내밀며 구시렁대더군요. 그래도 제가 눈을 찡긋하며 동조를 구했더니 금세 끄덕이더군요. 그 녀석이 제겐 여간 싹싹하지 않으니까요.

복음뉴스 기자 : 그래서 사도 루가가 기록한 것처럼 물고기를 엄청나게 잡으셨나요?

베드로 : 그럼요. 우리 둘만으로는 도저히 감당할 수 없어 다른 배에 있던 동료들까지 끌어와야 할 지경이었으니까요. 배 두 척이 가라앉을 만큼 가득 채웠죠. 지금도 그때 벌렁벌렁하던 감격을 잊을 수가 없네요.

복음뉴스 기자 : 정말 감동적이었겠군요. 그때 무슨 일이 있었나요?

베드로 : 동생과 저는 대박을 터뜨린 것에만 정신이 팔려 선생님께 고맙다는 인사도 미처 하지 못할 지경이었습니다. 그런데 갑자기 선생님께서 제게 불쑥 말씀하시는 겁니다. "이제 고기는 그만 낚고 나와 함께 사람을 낚는 어부가 되세." 저는 그 말이 무슨 말인지도 채 몰랐는데 그 말에 저항하지 못하고 주저 없이 따라가겠다고 나섰지요. 동생 안드레아는 그때까지 물고기에만 정신이 팔려 있었던 것 같은데 제가 그물을 던지고 나서자 황당했는지 멍하니 쳐다보더군요. 그런데 선생님께서 제 동생에게도 함께 가자고 하자 군말 없이 따라

오더라고요. 그 이상하고 극적인 상황은 지금도 어떻게 말로 설명할 수 없을 것 같네요. 제가 완전히 뿅 간 것은 후에 베싸이다로 가던 중에 풍랑을 만나 어쩔 줄 모르던 새벽 일이었죠. 갑자기 선생님께서 물 위로 건너오셔서 제게도 물 위로 걸어 나오라 하셨을 때, 아! 정말 제가 물 위를 걷는 게 아니겠어요? 물론 의심하는 순간 물속으로 그만 그대로 잠수하고 말았지만 말이죠. 그 순간을 지금도 잊을 수 없네요.

어째서 베드로는 그렇게 선뜻 예수를 따랐을까? 그리고 예수는 하필이면 왜 하찮은 어부를 당신의 첫 번째 제자로 삼았을까? 그건 아마도 예수가 가장 낮은, 그러니까 마구간에서 태어난 그 '밑바닥의 보편성'과 일맥상통하는 거라고 여겨진다. 낮고 천한 사람을 골라 당신의 복음을 깨닫고 그것을 전하게 한 것이다. 그의 신분이며 재산이 중요한 게 아니라 그의 사람됨과 진정성이 중요하다는 걸 모범적으로 보여주려는 뜻도 있지 않았을까? 우리가 제자들을 따르기 위해서는 우리 자신의 교만과 허위의 허물을 먼저 털어내야 한다는 속뜻이기도 하다.

예수에만 꽂혀 있으면 이 점을 보지 못한다. 지금이야 사도의 으뜸이며 교회의 첫 수장이자 교종敎宗('교황'이라고 부르는 게 일반적이지만, 나는 왠지 그 명칭이 부담스럽다. '교회의 황제'라니, 제국의 냄새가 난다. 영어 pope, 라틴어 papa, 그리스어 papas는 '아버지'라는 뜻이다. 그런데 이를 번역하면서 교계제도를 염두에 두고 '교황'이라 옮겼을 것이다. 교부敎父라

1부 쉽게 읽는 성경 /

117

고 해야겠으나 이는 또 다른 의미로 쓰이니 교종이라 부르고 싶다. 이렇게 부르는 걸 이해해주길 바란다)의 근거가 되는 베드로지만 그는 당시 대접받지 못하던 어부에 불과했다. 예수는 그의 엄청난 미션의 수행을 도울 제자이며 동료이자 도우미를 어째서 그렇게 변변찮은 사람으로 택했을까?

하기야 예수 자신도 열두 부족 가운데 대개 지도자들을 배출하는 레위 부족이 아니라 평범한 유다 부족의, 그것도 일개 목수의 신분이었으니 어쩌면 그게 어울리는지도 모르겠다. 하지만 이미 예수는 자신의 미션을 수행할 큰 걸음을 내딛는 참에 좀 근사하고 폼 나는 사람을 가려 뽑아야 하지 않았을까? 그래야 다른 사람들도 그를 존경하며 따르고 자연스럽게 예수의 말씀도 권위가 더 서지 않겠는가?

나 같은 속물의 눈으로 보면 그렇게 생각하는 것도 지나친 태도는 아니다. 하지만 예수는 가장 미천한 사람, 대우받지 못하는 사람, 심지어 세금징수원처럼 기피되는 인물들까지 당신의 사도로 삼았다. 아무리 봐도 그럴듯한 인물이 별로 없다. 가룟 사람 유다가 그중 배움도 제법 차고 사람들이 보기에도 그럴듯한 사람이었던 것 같다(실제로 대외적인 업무의 수행은 이 사람이 맡아서 했음을 알 수 있다. 그래서 어떤 사람은 유다가 로마인들과 유대인들로부터 돈을 주고받은 것은 그가 본디 그런 업무를 수행했기 때문이라고 말하기도 한다).

베드로가 주저하지 않고 예수를 따라나설 수 있었던 또 하나의 이유는 그가 '가난한 사람'이었기 때문일 것이다. 지위도 지식도 재산도 별로 없는 그였기에 기꺼이 버리고 떠날 수 있었을 것이다. 그러나 중요한 건 그 많고 적음이 아니라 그것에 대한 집착이 작았다는 점이다. 누구나 자신의 소유를 비우는 건 어렵다. 집착이 좋게 나타나면 열정이 될 수 있겠지만 지나치면 허물을 빚어낸다. 오로지 자신의 성취에만 매달린다. 가난한 사람이 부자보다 꼭 집착이 덜하다고 단정할 수는 없다. 누구나 그런 집착은 있다. 문제는 그 집착에만 매달려 사는 사람은 결국 자신을 비울 수 없고, 빈 공간이 없으면 새로운 것, 특히 복음을 받아들일 수 없다는 점이다. 과연 내가 지금 제대로 베드로를 따르고 닮고 있는지 반성해볼 일이다. 그런 의미에서 베드로는 '알몸으로' 예수를 만나고 따랐던 것이라 할 수 있다.

이렇게 제자들이 변변찮은 인물이었다는 건 예수의 복음 자체가 강자들을 위한 것이 아니라 약자들, 억압당한 사람들, 가난한 사람들, 병들고 아픈 사람들을 위한 것임을 상징적으로 그리고 압축적으로 보여주는 것이라 여겨진다. 탄생에서 이미 보여준 것처럼 다시 가장 낮은 모습으로 스스로를, 그리고 그 과업을 보여주고 나눠주려 했기 때문이다.

예수를 따라나선 제자들의 삶은 사실 빈곤했다

/

예수를 기꺼이 따라나선 제자들은 제각각 예수에 대한 태도와 기대가 달랐을 것이다. 하나의 뜻으로 뭉치긴 했겠지만 살아온 환경이 다르고 삶의 방식도 다른 사람들이 섞여 사는 건 쉬운 일이 아니다. 분명 나름의 거대한 기대가 그들을 이끌었을 것이다. 그러나 실제로 예수를 수행하는 건 고달픈 일이었다. 영예와 부귀는커녕 하루하루의 삶이 고달팠을 것이고 때로는 멸시와 탄압을 견뎌야 했을 것이다. 그들은 가난했고 수중에 돈도 없었다. 돈을 벌어오는 사람은 아무도 없었고, 오로지 예수를 따르며 도왔으니 어쩌면 당연한 일이었다.

그러나 그보다 더 견디기 어려웠던 것은 사람들의 오해와 편견, 그리고 멸시와 온갖 견제와 억압들이었을 것이다. 스승인 예수도 내세울 것 없는 목수였고, 제자들도 어부나 세금징수원 등 당시 사회에서 천시받던 이들이 많았다. 특히 예수를 못마땅하게 여기는 율법학자들에게 예수보다 어수룩하고 이론적으로 달리는 제자들은 그야말로 딱 좋은 먹잇감이었을 것이다. 도대체 그들이 칭송과 찬양을 받았다는 대목은 복음서 어디에도 별로 보이지 않는다. 제자들의 어려움을 구체적으로 진술한 것은 거의 없다. 그러나 〈루가의 복음서〉에 예수가 제자들에게 한 말을 통해 그들의 삶을 추론할 수 있을 것이다. "너희는 내가 온갖 시련을 겪는 동안 나와 함께 견디어 왔으니"(루가 22:28)라는 대목이 바로 그것이다. 스승도, 제자들도 멸시와 탄압이라는 시련을 함께 겪어야만 했던 것이다.

복음서에는 짧게 언급되었을 뿐이지만 실제로 그들의 빈곤한 삶을 추론할 수 있는 대목이 있다. 바로 그들이 마을 입구의 길가에서 잠을 해결하는 장면이다. 이는 노숙자의 삶과 크게 다르지 않다. 어째서 그들은 길에서 한뎃잠을 자야 했을까? 그 모습을 머릿속에 한번 그려보자. 예수와 제자들이 어떤 마을을 방문했다. 그의 복음을

더 많은 것들을 위한 인문학 /

120

기다리는 이들이 제법 많아졌다. 아직까지는 메시아라는 확신보다는 그럴지도 모른다는 기대뿐이지만, 정신을 번쩍 들게 하고 희망을 줄 뿐 아니라 자애롭기까지 한 위로를 아끼지 않는 위대한 스승이라는 존경이 있었을 것이다. 그런 분에게 편안한 잠자리와 음식을 제공하는 건 마땅한 일이고 기쁨일 것이다.

그러나 예수 한 사람이 아니다. 제자들이며 따르는 수행자들까지 치면 보통 일이 아니다. 마을에 그들을 모시고 대접할 만한 부자가 있다면 모를까 대부분은 가난한 사람들이었다. 예수가 늦은 저녁 어떤 마을에 들어가지 않는 건 바로 그들에 대한 배려 때문이었을 것이다. 사랑의 가장 일차적인 반응과 표현은 바로 배려다. 그걸 보지 못하면 이 대목은 까막눈으로 읽는 것일 뿐이다. 그런데 예수는 당신의 소명이 어떤 것인지 알았고 사랑의 실천을 위해 세상에 왔으니 기꺼웠을지 모르겠지만 제자들의 경우는 기가 막히지 않았을까?

'이게 뭐야? 아무리 내가 어느 정도는 각오했지만, 이건 너무 하잖아. 높은 자리는 고사하고 이건 거렁뱅이나 노숙자 신세잖아? 아무래도 내가 헛다리 짚었나 봐.'

영광은커녕 굴욕과 참담함의 연속에 배고픔까지 이어졌을 때 제자들이 견뎌야 할 어려움과 괴로움은 생각보다 훨씬 깊고 아팠을 것이다. 그러나 그런 그들이 당당하게 맞설 수 있었던 건 바로 스승 예수와 그의 복음에 대한 절대적 신뢰와 존경이 있었기 때문이다. 그리고 스승 예수가 마을에 들어가지 않고 길섶에서 하룻밤을 지내려는 게 바로 가난한 사람들에 대한 사랑의 배려라는 걸 생생하게 느꼈기 때문에 가능했을 것이다. 어쩌면 예수가 보잘것없는 사람들을 제자로 가려 뽑은 건 그런 어려움을 견뎌낼 수 있는 내성을 가진 강인한 사람들을 염두에 뒀기 때문인지도 모르겠다는 생각이 들 정도로 그들의 삶은 각박했다.

과연 나는 그런 신뢰와 존경으로 예수의 복음을 따르고 있을까? 예수를 믿으면 천당 간다는 일념으로, 그리고 덤으로 이 세상에서 큰 복을 얻는다는 기대로 예수를 외치며 매달리고 있지는 않은가? 그렇다고 무조건 예수를 믿는 데에는 고난을 각오해야 한다고 윽박지를 일은 아니다. 그저 있는 그대로 제자들의 삶을 느껴보고 생각할 수 있도록 해야 한다. 과연 나는, 한국의 교회는 그런 삶을 살고 있다고 당당하게 말할 수 있을까?

교회공동체도 사람이 모이는 곳이기 때문에 시기와 갈등, 반목이 없을 수는 없다. 그러나 그게 바깥 사회와 크게 다르지 않다면 도대체 무슨 의미가 있겠는가? 교회공동체는 복음의 선포와 실천의 출발점이어야 한다. 그런데 오로지 예수 믿으면 천당 가고 복 받는다는 일념에만 몰입하다 보면 자칫 그 실천을 놓치기 쉽다. 일찍이 본회퍼 Dietrich Bonhoeffer(1906~1945)*가 지적했듯이, 그건 실천이 없는 천박한 신앙일 뿐이다.

사람들이 훗날 교회의 지도자가 된 제자들의 위상만 보고 있는 건 아닐까? 안타깝게도 그들이 어떻게 살았고, 어떻게 예수를 따르며

---

* 독일의 신학자 겸 목사. 히틀러 암살미수 사건으로 1945년 4월 9일 나치정권 붕괴 직전 교수형을 당했다. '독일의 양심'으로 불린 그는 이념과 제도, 그리고 기복적 태도에 몰두한 신앙생활을 비판했다.

변모하였는지에 대해서는 별로 주목하지 않는다. 제자들 가운데는 분명 어떤 세속적 목적을 가진 이들도 있었다. 자신의 스승이 왕이 되면 높은 자리 하나쯤은 마련될 거라는 바람을 가진 이도 있었다. 하지만 예수는 제자들의 그런 점을 가리거나 탓하지 않았다. 자신과 함께하면 그들이 어떻게 변할 것인지 잘 알고 있었기 때문이다. 그리고 결국 그렇게 변했다. 이들은 예수의 가르침을 가장 가까이에서 보고 듣고 따른 사람들이며, 그런 의미에서 우리의 모범이기도 한 사람들이다.

그러나 그들이 사도로서 존경받는 모습만 바라보는 사람들은 그들이 겪은 어려움은 보지 못한다. 그러면서 말로만 예수 타령을 반복한다. 예수를 믿는다는 건 예수의 삶을 따른다는 것이다. 제자들처럼 예수를 따라 살면 하느님나라에 갈 수 있지 않을까? 적어도 그건 따라 해야 하지 않을까? 이념과 교조로만 건조하게 남은, 또는 오로지 기복祈福과 청원의 신으로서의 예수가 아니라 진정 사람의 아들로 세상에서 함께 살며 겪은 모범을 따른 가장 가까운 위치에 있던 제자들의 삶의 진면목을 통해 나의 실천 신앙을 다잡아야 한다.

잘나야 대접받는 오늘날 교회

/

그런데 지금 여기 나는 어떤가? 어떤 공동체에서든 대개 으뜸이 되는 사람은 높은 자리에서 권력을 쥔 사람, 학식이 뛰어난 사람, 유명한 사람, 돈이 많은 사람 등이지 않은가? 심지어 신앙공동체 안에서도 그렇다. 여러분들은 사목회의나 장로회의 혹은 신도회의 지도자나 분과장들이, 농부나 목수 혹은 마트 계산대에서 일하는 여성인 경우를 보셨는가? 그렇다면 그건 큰 행운이다. 마음속으로는 그러고 싶어도 실제로 그런 사람들을 우리의 리더로 세우기에는 권위도 서지 않고 자존심도 상한다고 생각해서 정작 이들을 리더로 선택하지 못하는 경우가 많다. 입으로는 사랑 평등 떠들면서 말이다. 하지만 예수는 어떠했는가? 당신의 미션을 수행하기 위한 첫걸음에서 참으로 보잘 것없는 사람들을 뽑았다. 거기에는 어떠한 권위도 과거의 타성도 겉모습뿐인 존경도 모두 발붙이지 못했다.

흔히 말하는 잘난 사람들은 신앙공동체에서도 자신들이 대접받아야 한다고 은근히, 혹은 아예 노골적으로 드러내기까지 한다. 만약 자신이 그런 자리에 앉지 못한다면 적어도 자신보다 나은 사람이 세워져야 인정한다. 그런데 그 자리(그래 봤자 그건 감투도 벼슬도 아니고 단지 신앙공동체에 대한 봉사 직분일 뿐인데)에 목수나 용접공이 앉혀졌다면 어떨 것 같은가? 아마 난리가 날 거다. 심지어 불쾌해서 그 공동체에 나가지 않고 멀더라도 다른 곳으로 옮기는 이들도 있을 것이다. 그러니 공동체 내에서도 감히(!) 그런 사람들을 뽑아 세울 생각을 하지 못한다. 굳이 분란을 자초할 그런 일을 저지를(?) 교회지도자들은 흔치 않을 것이다. 이러저러한 이유를 대면서 어쩔 수 없이 그런 선택을 해야 하는 현실을 이해해달라고 하겠지만. 그리고도 사람들은 예수의 삶과 죽음과 부활을 믿는다고 천연덕스럽게 신앙고백을 한다.

부끄러운 일이다. 이제 적어도 그런 모습은 버리고 살아야 하지 않을까? 더 이상 미루지 말아야 한다.

흔히 교종의 권위는 베드로의 후계자라는 데서 오는 것으로 받아들이고 있다. 그런데 나는 이 제자들을 보면서 우리가 이 사람들이 예수에 의해 제자로 뽑히고 예수의 삶과 죽음과 부활의 증언자며 지도자가 된 것에만 몰두하고 있지 않은가 하는 생각이 든다. 그래서 다시 무엇보다 이 사람들이 정말 보잘것없는, 때로는 천대받는 사람들이었다는 점에 관심이 쏠린다. 그리고 이러한 사실은 예수의 가르침이 단박에 대박 난 그런 선풍적 상황은 아니었음을 의미한다. 그러니까 예수의 가르침은 처음에는 매우 많은 난관을 겪었을 것이다. 그러니 이미 언급했던 것처럼 제자라도 좀 더 근사한(?) 사람을 뽑아서 그 사람들에 대한 신뢰를 통해 사람들을 모아야 하지 않았을까? 여전히 속물적인 나는 자꾸만 이런 생각에 머물러 있다. 하지만 우리의 교회공동체에서 예수의 제자 같은 '찌질한' 이들이 봉사직의 앞자리를 차지하는 경우가 별로 없는 걸 보면 나만 그렇게 생각하고 있는 건 아닌지도 모르겠다.

아랫사람 섬기는 법을 배우는 교회

/

이미 언급했던 것처럼 예수의 제자들은 화려한 스펙도, 빛나는 가문도, 넘치는 재산도 없는 사람들이었고 심지어 멸시와 천대를 받던 사람들이다. 그런데 스승 예수를 따르면서 뿌듯함을 느꼈을 것이다. 물론 기대한(?) 것처럼 부귀도 영화도 전혀 없었지만 그보다 훨씬 더 값지고 소중한 가르침에 깨우침을 얻는 행복을 느꼈기 때문이다. 수많은 사람들이 스승의 말씀을 듣기 위해 몰려들었다. 호가호위狐假虎威는 아니더라도 평생 느껴보지 못한 관심을 느꼈을 것이다. 무시받던 사람들로서는 더더욱 은근히 뿌듯한 일이었을 것이다. 비록 여전히 춥고 배고프고 힘들었겠지만 보람과 뿌듯함은 넘쳤을 것이다. 그러나 무엇보다 스승 예수를 따르면서 자신의 삶이 달라지고 있음을 느꼈을 것이다. 그게 바로 제자공동체의 바탕이었다. 서로 출신과 성분과 생각이 다른 사람들이 함께 모여 섞이면서 새로운 삶의 의미와 태도도 깨닫게 되었을 것이다.

나는 토마스(도마)를 통해 이들 제자공동체가 얼마나 성숙했는지를 우회적으로 느낀다. 잘 알고 있는 것처럼 토마스는 의심이 아주 많은 사람이있다. 그는 여간해선 믿지 않았다. 우리와 많이 비슷하다. 아마 과학적이고 실증적인 사고의 소유자가 아니었나 싶기도 하다. 어쨌든, 예수가 정말 비참하게 죽고 난 후, 제자들의 낙심과 불안은 이루 말할 수 없었을 것이다. 그런 상황에서 죽음으로써 무덤에서 끝이 난 줄 알았던 스승 예수가 부활했다는 것을 알았을 때, 이들이 얼마나 기쁘고 행복했겠는가? 그런데 우리의 의심쟁이 토마스는 곧 이듣지 않았다. 자기 눈으로 보고 만져서 확인하지 않고는 결코 믿지 못하겠다고 어깃장을 놓았다. 이런 토마스의 김 빼는 태도에 다른 제자들이 얼마나 허탈했을까? 나라면 우격다짐으로 윽박지르거나 아님 내쳐버렸을 것이다. 요즘으로 친다면 왕따 중의 왕따가 되었겠다. 그런데 제자들은 의심하는 토마스에게 허물을 따지지 않았다.

왜 그랬을까? 물론 예수 부활에 대한 확신이 있었기에 가능했을 것이다. 자기들끼리 그 믿음을 확실하게 공유하지 못하면 신념도 흔들리는 것을 우리는 세상사에서 많이 보고 겪지 않는가? 다른 제자들도 그렇게 초 치는 토마스가 은근히 미웠을지도 모른다. 한 대 쥐어박고도 싶었을 것이다. 그러나 제자들은 토마스를 감쌌다. 왜 그랬을까? 첫째는 스승 예수의 부활이 확실한 마당에 그의 의심은 찻잔 속의 태풍에 불과하다는 것을 알았기 때문이었다. 기다리면 저절로 토마스의 의심도 풀릴 것이라고 믿었기 때문이다. 둘째는 자기 동료에 대한 본질적 믿음과 사랑이 있었기 때문일 것이다. 나는 이 두 번째 이유에 마음이 끌린다. 제자공동체의 힘은 바로 이러한 믿음과 사랑이었다. 오늘 우리 공동체의 힘은 무엇인가? 함께 있지만 작은 허물을 캐내어 부풀리기도 하고 퍼뜨리기까지 하면서 그를 탓하고 따돌리는 경우가 얼마나 많은가? 새삼 제자공동체의 말 없는 웅변이 우리의 영혼을 울린다.

예수의 죽음이 제자들에게 가져다준 절망의 무게는 이루 말할 수 없을 만큼 컸을 것이다. 어떻게 보면 자신의 삶 전체를 올인한 제자들이 아니었겠는가? 각자의 바람이 무엇이었든 간에 예수에 대한 그들의 투신이 한순간에 수포로 돌아간 마당에 도대체 자신이 무엇에 홀려서 그런 바보 같은 투자(?)를 했을까 하는 자괴감을 느끼고 후회했을 법도 하다. 하지만 이들은 예수의 죽음을 무섭고 떨리는 마음으로 받아들이면서도 그의 부활에 대한 믿음을 버리지 않았다. 하기야 제자쯤 되면 그래야 되는 것 아니겠는가? 하지만 아무리 제자라 해도 그런 신념을 곧추세우기란 그다지 쉽지 않았을 것이다. 눈앞에서 펼쳐진 스승의 비참한 죽음. 거기에 삶 전체를 건 자신들. 비참하게 처형된 수괴의 추종자들로 몰린 그들의 운명은 바람 앞의 촛불과도 같았을 것이다. 자칫하면 자신들까지 체포되어 처형될지 모른다. 절망스럽다 못해 당혹스럽기까지 했을 것이다.

게다가 그렇게 철두철미하지도 투철하지도 않았던(예수 최후의 날에 겟세마네 동산에서 기도할 때 제자들은 모두 자고 있었다. 수석 제자라는 베드로도 스승이 처형된 직후 예수의 제자임을 세 번이나 부인하지 않았는가?) 제자들이었음을 기억해보라. 그런데 이들에게는 그 무엇도 어찌할 수 없는 힘이 이미 내재되어 있었다. 그것은 바로 예수의 삶이었고 가르침이었다. 그들이 목격하고 함께한 예수의 삶이 이들을 이미 근본적으로 바꿔놓았던 것이다. 물론 제자들이었으니까 다른 사람보다 더 많은 기적과 능력을 보았을 것이고, 왕이 될 스승에 대한 기대가 있었기에 그렇다고 할 수 있겠지만. 그러나 오늘 내가 눈여겨보아야 할 것은, 정말 보잘것없고 하찮은 존재였던 제자들이 예수의 삶에 녹아들어 완전히 새로운 사람들로 거듭났다는 사실이다. 그래서 그들은 스승이 처형된 후에도 뿔뿔이 흩어지지 않고 공동체를 유지했고 의심하는 동료까지 보듬었던 것이 아닐까?

나는 어떤가? 예수의 삶과 죽음과 부활을 믿고 따른다는 신앙의 고백을 한 나는 예수를 통해 새로워졌는가? 그건 제자들의 몫이라고 치부해버릴 것인가? "나도 제자쯤 되면 그렇게 할 거야. 하지만 난 그냥 평범한 보통사람이잖아." 그러니 그렇게 몽땅 바뀔 것까지야 없는 거 아닌가?

하지만 제자들의 면면과 그들의 삶을 현장 속에서 들춰보면 나의 그런 모습이 얼마나 부끄러운 것인지 금세 알 수 있게 된다. 제자들은 나보다 훨씬 미천한 상황에서 용감하게 예수를 따랐고, 전적으로 그에게 모든 것을 맡김으로써 새로운 삶으로 거듭나고, 결국에는 예수를 증거함으로써 나에게 그의 복음을 알 수 있게 하는 놀라운 일을 했다. 내가 예수를 따른다는 본보기가 바로 이 제자들을 통해서 세워지는 게 아닐까? 이 사람들은 예수의 승천 이후 각자의 소임지로 떠나 예수를 증언했다. 어디서고 환영받으며 자리 잡지는 못했을 것이다. 가는 곳마다 구박을 받았을 것이고, 심지어 목숨을 위협받기도 했고, 살해당하기도 했다. 그럼에도 불구하고 이겨냈다. 오늘 예수를 믿고 따른다는 나는 과연 어떤 제자의 모습일까?

그들은 많은 사람들로부터 존경은커녕 멸시와 하대를 받았던 사람들, 속된 말로 더 이상 잃을 것이 없었기에 주저하지 않고 예수의 뒤를 따를 수 있었던 사람들이다. 그야말로 '가난한 사람들'이었다. 나는 많은 매듭 속에 스스로를 얽매고 산다. 재력, 권력, 명예, 욕망 어떤 것 하나도 쉽사리 내려놓지 못하고 이고 지고, 물고 끌고 간다. 그리고 그 욕망의 실현도에 따라 다른 사람을 평가하고 재단한다. 참 부끄러운 짓이다. 그러나 제자의 선택과 파견의 의미가 가지고 있는 모든 물질적인 것을 무조건 버리라는 것은 아닐 것이다. 그보다는 오히려 편견과 아집, 배타와 독점에 대한 미련을 버리라는 따끔하면서도 따뜻한 가르침이 아닐까? 예수의 부름에 주저하지 않고 따라나섰던 제자들을 닮기 위해서 나는 무엇을 내려놓아야 할까?

예수는
페미니스트였다

해방의 **복음**은 **낮은 자**에게 필요한 것이다

/

댄 브라운의 소설 《다빈치 코드》가 영화로 만들어졌을 때 교회가 떠들썩했던 기억이 지금도 생생하다. 이른바 팩션의 당혹스러움이다. 그냥 재미로 보면 될 것을 마치 사실인 양 설왕설래하며 허둥대는 모습이 안타깝기도 했다. 결과적으로는 교회가 그 영화의 노이즈 마케팅을 훌륭하게 해준 꼴이 되고 말았다.

그 작품의 실마리는 레오나르도 다빈치의 〈최후의 만찬〉이라는 그림에서 예수의 왼편에 앉은 사람이 아무리 봐도 여성임에 틀림없다는 것이었다. 그림을 유심히 살펴보면 정말 여자 같지 않은가?《다빈치 코드》는 바로 이 그림의 그 부분에 대해 집요하게 물고 늘어지면서 사람들의 시선을 끌고 간다. 그런데 사람들은 왜 최후의 만찬에 여자가 있어서는 안 된다고 생각할까? 그 확신에 대해서는 생각해보았을까?

댄 브라운의 시선과 무관하게 이 그림에 대해 그런 궁금증이 생기는 것은 당연하다고 여겨진다. 일반적으로 그 인물은 요한으로 알려졌다. 요한은 예수가 특별하게 아끼고 사랑했던 제자다. 그런데 그림 속 인물은 아무리 봐도 여성에 가깝다. 어쩌면 레오나르도 다빈치가 의도적으로 여성을 그린 것인지도 모른다.

예수를 따르던 이들 중에는 아마 여자들이 많았을 것이다. 지금이야 사람들의 의식이 많이 깨었고(이것도 그냥 생긴 것은 아니다. 세상의 방식이 바뀌었기 때문이고, 수많은 '투쟁'을 통해 얻어진 것이다), 남녀의 평등이 일반화되었지만(그러나 여전히 온전하고 실질적인 남녀평등은 아니다) 예전에야 여자가 어디 제대로 사람 대접이나 받고 살았는가? 지금도 그런 악습이 횡행하고 있는 판인데 예전에야 어디 말할 필요조차 없다.

하물며 2,000년 전, 그것도 대부분의 세상이 그랬지만, 유독 그 차별이 더 심했던 서아시아에서, 예수가 수많은 여자들을 만났다는 것은 그 자체만으로도 충분히 센세이셔널한 스캔들이었을 것이다. 인간다운 삶을 박탈당한 여자들. 오로지 염색체 배열이 다르기 때문에 생긴 남녀의 성차일 뿐인데, 무슨 원죄나 되는 양 단지 여자라는 이유 하나만으로 온갖 차별과 억압 속에 살아야만 했다. 오늘날 개념으로 말하자면 생리적 성인 섹스sex로나 사회적 성인 젠더gender로나 철저하게 무시된 비인격적 존재에 불과했다. 유대인들이 그토록 충실하게 지켜야 한다고 주장하는 안식일도 여자들에게는 해당되지 않았다. 왜냐하면 여성이 부엌일을 해야 먹고살 수 있기 때문이었다. 여성은 단지 자손을 생산하는 도구이며, 집안일을 하는 수단이고, 남자들의 요구를 따라야만 하는 수동적 존재에 불과했다. 정도의 차이만 있었을 뿐, 당시 거의 모든 세상이 그랬다. 너무나 자연스럽게(?) 여자의 낮은 위상이 정해져 있었다. 그러니 아무도 여기에 저항할 수 없었을 것이다.

그런데 예수는 이러한 현실에서 아주 무모해 보이는 도발(?)을 감행했다. 복음서에 기록된 것만 봐도 수많은 여성이 나타난다. 당시 여성이 처한 상황을 감안한다면 이렇게 기록되었다는 것 자체가 이미 파격이다. 얼마나 많은 여성들이 무리 지어 예수를 따랐으면 그렇게 흔하게(?) 아무 거리낌 없이 여인들의 일들이 기록되었겠는가? 복음서에 기록된 것을 꼼꼼하게 살펴보면 거의 모든 모임에 여자들이 빠지지 않았음을 알 수 있다. 다만 기록되지 않았을 뿐이다(당시 여자들은 아예 셈에서 제외되었으니까. 성인 남자들만 사람으로 계산되었다). 그러니 기록된 숫자의 두세 배는 여자들이라고 짐작해도 지나치지 않을 것이다. 나는 예수가 여자들에게 던진 메시지와 관심이야말로 하나의 혁명이라고 생각한다. 그런 점에서 개혁가reformer로서 예수의 면모가 확실하게 드러났다.

수많은 여인들 가운데 유독 나의 관심을 끄는 이들이 있다. 그 하나는 마르타와 마리아 자매고, 다른 하나는 사마리아 여인이다. 특히 마르타 자매의 예는 예수의 여성관을 가장 상징적으로 보여준다. 잘 알고 있는 것처럼, 마르타와 마리아는 다름 아닌 라자로의 누이들이다. 베타니아에 살고 있던 이 자매 가운데 마리아는 이미 〈마태오의 복음서〉와 〈마르코의 복음서〉에 극적으로 기록되었던 여인이었다. 그녀가 바로 예수가 나병환자 시몬의 집에 머물러 있을 때 찾아와 아주 값진 순 나르드 향유가 든 옥합을 가져와서 그것을 깨뜨리고 향유를 예수에게 부은(〈마르코의 복음서〉에는 예수의 머리에 부었다고 기록된 반면 〈요한의 복음서〉에는 발에 부었다고 기록되어 있다. 자신의 머리카락으로 닦았다는 점을 감안한다면 후자가 맞을 것 같다. 머리와 발이라는 것은 극단적 상징이기도 하고 혹은 두 사도 중 누군가가 헷갈려서 그랬을 수도 있을 것이다), 그 센세이션의 주인공이었다. 그러니 예수께서 그 자매를 사랑하고 오라비에게 각별한 정을 느낀 것은 어쩌면 당연한 일이겠다. 이들 자매들에게는 죽었던 그녀들의 오라비 라자로를 살려낸 선생님이었으니 예수의 존재감은 이루 말할 수 없었을 것이다.

그런 그녀들의 집에 예수가 찾아왔다. 으레 그랬던 것처럼 언니는 귀한 손님 대접하느라 부엌에서 바삐 움직이고 있었다. 그런데 마리아는 그런 언니는 본 체 만 체 예수의 발치에 앉아 이야기를 듣고 있는 게 아닌가? 참다 못한 언니 마르타는 마침내 예수에게 달려갔다.

주님, 제 동생이 저에게만 일을 떠맡기는데 이것을 보시고도 가만두십니까? 마리아더러 저를 좀 거들어주라고 일러주십시오.(루가 10:40)

착한 언니 마르타가 오죽 했으면 그랬을까 하는 생각에 나도 마르타 편이었다. 어쩌면 얄미운 동생 마리아보다 그런 동생을 두고 보는 예수가 더 야속했을지도 모르겠다. 그러니 동생을 야단치지 않고 엉뚱하게(?) 예수에게 푸넘 섞인 요청을 했을 것이다. 그렇게 생각하니 예수의 편애가 마음에 걸렸다. 언니는 일하는데 동생은 쪼르르 달려와 발치에서 귀만 쫑긋거리고 있으니 보기에도 좋지 않다. 그러니 동생에게 잘 타일러 언니를 도우라고 해야 하지 않겠는가? 그런데 예수의 대답은 마르타의 기를 쏙 빼놓는 매정한 것이었다.

> 마르타, 마르타, 너는 많은 일에 다 마음을 쓰며 걱정하지만 실상 필요한 것은 한 가지뿐이다. 마리아는 참 '좋은 몫'을 택했다. 그것을 빼앗아서는 안 된다.(루가 10:41-42)

세상에! 어떻게 그렇게 박절하게 말할 수 있는가! 나는 순간적으로 예수의 부당한 처사에 은근히 부아가 치솟는다. 당신을 위해 음식 장만하느라 정신없는 마르타를 위로하고 어린 마리아를 잘 달래서 함께 일하도록 해야 하지 않는가? 당신이 심심할까 봐 마리아를 붙잡아두려는 건 아니었을까? 도대체 예수의 처사는 쉽사리 납득되지 않는다. 참 이해할 수 없는 일이다. 게다가 예수는 분명 당시에 보기 드문 페미니스트였지 않은가?(엄밀하게 말하면 페미니스트가 아니라 휴머니스트라고 해야 한다. 나는 오늘날의 페미니즘도 사실은 휴머니즘이라고 불러야 한다고, 시작도 끝도 그것이라고 생각한다).

그러나 여기에는 아주 중요한 의미가 담겨 있다. 예수가 마르타에게 자칫 서운하게 들릴지도 모를 말을 한 까닭은 과연 무엇이었을까? 그것은 당신이 그 집에 머문 이유, 더 확대하면 당신이 세상이 온 이유를 역설적으로 재확인하는 것이었기 때문이다. 자매의 집에 들른 것은 단순히 휴식하고 음식을 대접받기 위해서가 아니었다. 당신의 말씀으로 억압과 부당한 비인격적인 태도를 지닌 당시 사람들이 그 굴레를 벗어나도록 하기 위해서 그런 말을 한 것이다. 마리아는 그런 예수의 복음의 본질을 꿰뚫고 있었다! 안타깝게도 언니 마르타는 관습적으로 귀한 손님 대접하기 위해 음식을 장만해야 하는 게 더 중요하다고 여겼을 뿐이다.

당시의 눈으로 볼 때 그것은 지극히 마땅하고 옳은 일이었겠지만, 솔직히 우리는 지금도 그러고 있지 않은가? 그 관습 때문에 마르타는 정작 예수의 진면목을 온전히 깨닫지 못한 셈이 된 것이다. 예수의 다소 뜬금없는, 혹은 쌀쌀맞은 대답은 바로 그런 의미였을 것이다. 마르타를 실책하는 게 아니라 마리아의 지혜를 칭찬한 셈이라고 하면 섭섭함이 조금은 덜어지려는지.

바로 앞에서 〈루가의 복음서〉를 인용하면서 나는 일부러 '좋은 몫' 이라는 말에 작은따옴표를 붙였다. 도대체 좋은 몫이란 무엇일까? 이 문제는 양성평등과 인격성이라는 큰 전제를 이해하지 못하면 엉뚱하게 해석되기 쉽다. 마리아도 '여자로서' 해야 할 일을 모르는 바는 아니었다. 그러나 그녀는 예수 복음의 실체를 언니보다 더 정확하게 깨달았던 거다. 그러므로 좋은 몫이란 관습적 봉사와 헌신보다 복음의 진의를 깨닫고 자아를 주체적으로 발견하고 실현하는 것이라고 봐야 하지 않을까?

우리는 어떠한가? 물론 물질적으로 육체적으로 헌신하는 모습은 정말 아름답고 칭찬받아 마땅한 일이다. 그것도 제대로 하지 못하는 사람들이 얼마나 많은가? 하지만 그것으로 스스로를 위로하고 만족하고 기특해함으로써 정작 중요한 복음은 소홀히 하거나 가볍게 여기거나 귀를 제대로 열지 않아 들어도 듣지 못하는 경우가 얼마나 많은가? 지금 우리는 정작 중요한 것은 잃고 사소한 것에 매달리고 있지 않은가?

해방의 복음은 권력자에게 필요한 것이 아니다. 그것이 필요한 사람들은 바로 억눌린 사람, 멸시받는 사람, 고통받는 사람들이다. 그렇다면 그 시대에 가장 많은 피억압자는 누구였을까? 다름 아닌 여자들이었다. 신분 고하를 막론하고 오로지 여자라는 이유 하나 때문에 모든 차별과 억압을 감당해야 했다. 그 악습은 지금도 여전히 남아 있다. 그리고 아직도 많은 여성들이 마르타와 같은 생각에서 크게 벗어나지 못한 상태로 세상을 살아가고 있는 것 같아 안타깝다. 마리아는 복음의 의미를 깨달아 스스로 올바른 선택을 했고 그것을 빼앗기지 않을 만큼 성숙해졌지만, 마르타는 그렇지 못했다.

물론 모양새는 조금 어색한 것이 사실이다. 마리아가 정말 복음의 중요성을 깨달아 예수에게 다가가 그 말씀을 들었다면, 왜 언니 마르타는 데려가지 않았을까? 그 점은 솔직히 마음에 걸린다. 일종의 극적 대비를 위해 그렇게 서술했는지는 모르겠지만 자유와 해방의 복음을 들을 거라면 같은 여자로서 마땅히 언니도 함께했어야 하는 거니까. 그런 제의를 했다면 언니가 손을 뿌리치지는 않았을 것 같다. 그래서 살짝 마리아가 야속하다. 오늘 우리 주변에는 너무나 많은 착한 마르타들이 있다. 헤르만 헤세가 《데미안》에서 말했듯이, 스스로 껍질을 깨고 알에서 나와야 새가 된다는 점을 잊지 말아야 하겠다.

교회와 성불평등의 역사

/

거다 러너Gerda Lerner는 차이와 차별의 역사적 과정을 설명하면서, 차이의 어느 한쪽에 반복적으로 열등감을 심어주는 행위가 이어지면서 저절로 차별이 생겨났다고 말했다. 그녀는 또한 여성 스스로 자신들의 역사를 기록하지 못했기 때문에(금지되었다는 게 정확한 표현일 것이다) 가부장제 이데올로기는 여성의 자신감을 손상시키는 데 활용되었고 끊임없이 여자의 순응을 강요해왔다고 비판했다.

오늘 우리는 어떠한가? 남녀의 평등이라는 게 현대에 들어서야 비로소 조금씩이나마 인식되고 이행되고 있다. 하지만 아직도 구태의연하고 반시대적인 남성 우월적 권리 포기를 꺼리며 이 핑계 저 핑계로 미루고 감추고 있지는 않은가? 남성에 의한 세계의 지배구조의 근거는 단지 예전의 삶의 방식, 즉 노동과 전투의 수행이 주로 남성의 근육 운동에 의해서 이루어졌기 때문일 뿐이다. 남성의 근육은 분명 여성의 그것보다 훨씬 강하고 크다. 그러니 전쟁이나 노동 같은 일은 남성들이 맡았던 것이다. 이렇게 근육에 의존한 전쟁과 경제활동을 통해 삶의 지배권을 자연스럽게 남성이 독점했을 뿐이다. 그러면서 여성은 단지 노동력을 제공하고 자손을 번식하며 안정된 먹을거리를 제공하는 수단에 불과하도록 가둬버린 것이다.

그러다가 18세기 산업혁명 이후 기계의 동력이 인간의 노동의 몫을 덜어주면서 근육의 독점성이 무너져 여자들도 공장에 취업하여 조금씩 독립적인 경제활동을 할 수 있게 되었다. 이후 계속해서 과학이 발전하고 새로운 기계들이 속속 만들어지면서 점차 인간의 근육 의존도는 낮아지게 되었다. 이러한 변화가 비로소 조금씩이나마 여자들을 대등한 인격으로 자리 잡게 만들었다. 요즘 대부분 일은 컴퓨터에 의해 수행되는 것들이다. 즉 거의 비근육운동이란 뜻이다. 여자들도 대등하게 일을 할 수 있다. 그게 바로 현대인의 생활방식이다.*

그런데도 여전히 여자들은 부당하게 대우받고 있다. 양성평등이 이미 시행되고 있다거나 법률적으로 평등이 보장되어 있고 심지어 이제는 여성들이 사회적으로 높은 자리를 차지하는 경우도 있으니 도대체 뭐가 문제냐고 결기를 세우는 이들도 있을 것이다. 하지만 아직도 그건 단지 선언적 절차에 불과할 뿐이거나 소수의 예외에 불과할 뿐이지, 여전히 우리들의 사고에는 차별과 억압의 습성이 남아 있다.

오늘날까지도 가톨릭교회에서 성직자는 오로지 남성들로만 국한

---

* 나는 동요 〈뽀뽀뽀〉를 어린아이들에게 가르치지 말아야 한다고 생각한다. '아빠가 출근할 때 뽀뽀뽀, 엄마가 안아줘도 뽀뽀뽀'라는 가사는 남자와 여자의 일을 고정시킨다. 그렇다고 2절에 '엄마가 출근할 때 뽀뽀뽀, 아빠가 안아줘도 뽀뽀뽀'라는 가사가 있는 것도 아니다. 어린아이들에게 성 고정관념을 심어주는 이런 가사가 얼마나 위험한지 생각조차 하지 않을 만큼 우리는 여전히 양성평등에 둔한 편이다.

되어 있다. 개신교회들도 실질적으로는 크게 다르지 않다. 여성 성직
자들이 약간 있기는 하지만 여전히 그들은 주류에서 벗어나 있고, 신
자들도 미쁘게 따르는 것 같지 않다. 어느 교회가 당당히 여성 목사
를 초빙하는지 찾아보라. 어째서 그래야만 하는가? 익숙해서 그런 것
일 뿐 성직 수행은 오로지 남성만 할 수 있다는 것은 시대착오적이며
반복음적인 어리석은 생각이다. 언젠가는 여성 사제가 나와야 할 것
이다. 아무리 교회가 그 낡은 틀을 고수하려 해도 그 어리석음을 깨
닫게 될 것이다.* 곧 그리될 것이다. 나는 그렇게 생각한다. 빠르면 빠
를수록 좋다. 이제는 그런 것쯤은 감당할수 있을 만큼 사람들의 생각
이 여물지 않았을까?

어떤 이는 남녀의 차이(분명 그들은 대놓고 '차별'이라는 말을 하지는
않는다)를 말하면서 〈창세기〉에 따르면 남자인 아담이 먼저 만들어지
고 그의 갈비뼈로 여자인 하와를 만들었다며 의기양양해한다. 치사
한 변명일 뿐이다. 그것은 오로지 〈창세기〉를 '남성이 기록했다'는 의
미 그 이상도 이하도 아니다. 실제로 〈창세기〉에 크게 영향을 준《길

* 요한 바오로 2세가 선종하기 여러 해 전 여성 사제를 교회에서 '영원히' 받아들일 수 없다고 선언한
것은 안타까운 일이다. 그리고 더 한심한 것은 거기에 교황의 판단에는 오류가 있을 수 없다는 낡은 생
각인 교황무류권(교황무류설)까지 들먹였다는 사실이다. 그것은 오히려 교황무류설에 대한 회의만 키
워줄 뿐이다. 도대체 무슨 근거로 그가 '영원히' 금지한다고 선언할 수 있다는 말인가. 합리적으로 사고
했다면 교회가 지금까지 지키고 따른 전통이었기에, 당장에 바꾸는 것은 자칫 혼란을 초래할 수 있으
므로 시간을 두고 점진적이고 전향적으로 검토하겠다고 했어야 했다. 당위는 인정하지만 당장에는 혼
란이 있을 수 있으니 시간을 두고 논의해야 한다고 천명했어야 했다. 이런 권면 정도가 그가 할 수 있
는 최선이었다. 이러한 비판이 반反교회적이라고 한다면 나 개인적으로는 교계제도의 전면적 회의는
아니지만 상당한 회의를 품지 않을 수 없다. 후임자인 보수주의자 베네딕토 16세도 마찬가지였다. 새
로운 교황 프란체스코는 다소 유연한 듯하지만 그도 여전히 여성 사제를 반대한다는 점에서는 크게
다르지 않다.

가메시 서사시》에서는 남자와 여자가 동시에 만들어진다. 그런데 놀랍게도 서양의 근대 초기 해부학이 허용되었을 때조차 남자는 여자에 비해 갈비뼈 하나가 부족하다는 것이 당연한 사실로 받아들여졌다고 한다. 정말 경악스러운 일이다. 심지어 지금도 그렇다고 믿는 사람도 있다. 그 사람들은 여전히 성경은 문자 하나하나 그대로 절대적 사실이며 진실이라고 믿기 때문일 것이다. 그러니 '메타포'로서 〈창세기〉의 의미를 제대로 파악하지 못하면서 글자에만 매달려 남성이 여성보다 우월하다거나 여성은 남성에 종속적이어야 한다는, 말도 안 되는 한심한 생각부터 버려야 한다.

미셸 푸코는 《성의 역사》에서 성의 역할을 나누고 권력을 독점해 온 방식에 대해 날카롭게 비판했다. 푸코는 성의 역할을 고정시키고 한쪽만 권력을 행사한 것은 인간의 근원적 계급성에서 오는 것이라고 비판했다.* 성차별은 가장 오래된 차별의 역사이다. 예수는 그 옛날 철옹성 같은 남성 주도 사회에서도 과감하게 여성의 인권과 인격을 존중했다. 예수는 정치 경제적 차별은 물론이고 사회적, 종교적으로 차별받고 있던 여인들이 그 종교적인 규율과 사회적 관습을 타파하도록 격려했다. 그래서 그는 여인들에게 시선을 땅바닥에 내리깔고 있기보다는 똑바로 일어서라고 권유했던 것이다.

이러한 예수의 여성에 대한 태도와 대우로 인해 초기 교회에는 뛰

---

* 푸코는 《감시와 처벌》에서 근대 초기 정신병원은 치료의 목적이 아니라 정상인과 비정상인이라는 이분법으로 계급을 나눠 상대적 우월성을 유지하려는 방편에서 만들어졌다고 비판한다. 이는 결국 차별을 통해 자신의 권력을 정당화하거나 확장하려는 비겁한 속성의 발로일 뿐이다. 그런 점에서 여성에 대한 차별도 같은 속성을 지닌다.

어난 여성 교회지도자들이 많이 나타났다. 완고한 남성주의자였던 바오로(바울)조차 여교우 페베를 겐크레아교회의 봉사자로 천거했다.(로마 16:1-2) 또한 안드로니고와 유니아를 가리켜 '잘 알려진 사도들'이라고 했다.(로마 16:7) 〈사도행전〉에는 두 사람이 부부로서 25년 이상 같이 전도여행을 했다고 적혀 있다. 이처럼 초기 교회에는 여성 사도들이 있었음은 분명하다. 그러나 교회가 제도화되면서 점차적으로 여성들이 성직계급에서 제외되었던 것이다. 어려운 초기 전도 과정에서는 여성들이 분명 큰 역할을 했음에도 불구하고 거대한 권력으로 성장하자 언제 그랬냐는 듯 여성들의 자리를 박탈했던 거다. 그것이 오늘날까지 그대로 관습적으로 이어져온 것일 뿐이다. 예수의 삶과 거리가 먼 어리석음이 아닐 수 없다. 교회도 시대와 사회적 상황에서 아무리 벗어날 수 없다고 하더라도 그런 양성불평등의 태도가 정당화될 수는 없는 노릇이다. 게다가 이미 사회는 양성평등으로 향해 가고 있는데 어리석게도 교회는 여전히 불평등을 고수하고 있거나 모른 척 눙치고 있는 건 아닌지 묻고 싶다.

한국 가톨릭교회에서 서울대교구가 여성 복사服事(미사 때 사제를 도와 시중을 드는 사람)를 공식적으로 허용한 게 1994년이다. 믿어지지 않겠지만 사실이다. 놀라운 일이다. 처음에는 여자 복사 때문에 분심이 들어 미사에 집중할 수 없다는 어르신들이 많았다. 어떻게 여자가 제단에 오를 수 있느냐며 펄쩍 뛰는 사람들도 있었다. 그러나 얼마 지나지 않아 그걸 시비하는 사람도, 그 때문에 미사에 집중할 수 없다고 불평하는 사람도 없어졌다. 처음에만 어색할 뿐이다. 그러나 시간이 지나고 익숙해지면 어째서 그걸 고수했는지 스스로 부끄러워질 때가 많다. 1965년 이전에는 가톨릭교회에서 전례를 라틴어로 하는 게 당연하게 여겨졌지만, 지금 그것을 그리워하거나 옳다고 생각하는 사람은 없다. 마찬가지다. 라틴어 전례가 아니라 자국어 전례가 마땅한 것처럼 하느님의 자녀로서 남녀의 차별을 공공연하게 인정하고 유지한다는 건 재고할 일이다.

여성 복사를 인정한 제2차 바티칸공의회 정신을 기억한다면 한국 교회의 이러한 반여성적인 태도는 외부의 비판 이전에 스스로 반성하고 환골탈태했어야 할 일이다. 오랫동안 이어온 전통이고 신자들에게 익숙할 뿐 아니라 교회법상 성문화된 것이라고 묵살할 문제가 결코 아니다. 공의회 정신이 단순한 20세기 중반의 선언이 아니라 여전히 유효한 실천명제라는 점을 고려한다면(그런 점에서 후반기의 요한바오로 2세와 베네딕토 16세는 사실 제2차 바티칸공의회 정신을 의도적으로 외면한 교황들이다. 공의회를 소집한 요한 23세와 선포한 바오로 6세의 이름을 각각 조합한 그의 교황명은 공의회 정신을 계승 실천하겠다는 상징적 의미였음에도 불구하고 말이다) 그 외면은 반복음적이고 반공의회적이라고 할 수 있을 것이다.

물론 1,000년 넘게 이어온 전통을 하루아침에 바꾸기는 쉽지 않을 것이다. 그러나 시간을 두고 점진적으로 검토하고 개방해서 그 진통을 최소화시키는 방안을 모색해야 한다. 그것을 단순히 교회의 전통 때문이라고 한다면, 예수를 따르던 이전의 여제자들이나 초대 교회를 이끌던 여사도들의 모습은 뭐라 설명할 것이며, 예수가 여자들에 대한 태도의 변화를 촉구했던 것은 과연 어떻게 설명할 수 있을 것인가? 지금까지 교회가 그런 전통을 지켜온 것은 상황적 문제일 뿐이지 결코 본질적인 문제가 아니다.

이러한 점에 비추어 여성신학의 대두는 바람직하다. 사실 여성신학에 대한 관심이 높아진다는 건 그만큼 교회가 지금까지 여성들에 대한 신학적 또는 복음적 접근과 이해에 등한시했다는 반증이다. 그나마도 최근 관심이 높아졌을 뿐 예전에는 관심도 거의 없었다. 남녀의 온전한 평등이 실현된다면 여성신학의 필요성도 스스로 사라질 것이다. 물론 교회 내에서 남녀의 평등이 완전하게 이뤄지더라도 여성의 교회 내에서의 복음적 역할의 필요성과 당위성은 존재할 것이다. 그러나 지금 나타나는 여성신학에 대한 관심의 고조는 분명 남성 위주의 신학적 태도에 대한 반성적 접근이라는 점에서 볼 때 여성신학의 필연성은 분명 달라질 것이다.

오늘날 사회는 완전한 성평등성 실현의 방향으로 나아간다. 교회가 그 선구적 역할을 하기는커녕 오히려 반동적 입장을 고수한다면 그것은 올바른 태도가 아니다. 교회에서의 완전한 성평등성이 신자들의 가정과 사회에서 올바른 성평등성으로 이어진다. 그건 바로 예수 실천의 당위다. 그것은 진정으로 복음에 따른 삶이며 복음을 실천하는 삶이다. 남자와 여자는 영원히 화해할 수 없는 평행선이 아니라 똑같은 인격적 존재요, 하느님의 자녀로서 복음을 실천하는 주체다. 따라서 교회에서 가장 먼저 실현할 수 있고 실현해야 하는 당위로서의 남녀평등은 지금보다 몇 배의 관심과 노력이 필요하다.

사회에서는 양성불평등이 허물어지고 있는데, 부끄럽게도 교회에서는 여전히 그 불평등이 뱀처럼 똬리를 틀고 버티고 있으니 안타까운 일이다. 우리 머릿속에 드리워진 유리천장을 이제는 거둬내야 하지 않을까?

마르타와 마리아, 그리고 유리천장
/
나는 지금도 우리 교회 내에서 너무나 태연하게 이뤄지는 남녀불평등과 차별을 보면 분노하게 되고 가슴이 아프다. 물론 하루아침에 변하지는 않을 것이다. 또한 변화란 것도 시대의 상식의 궤에서 크게 벗어날 수는 없을 것이다. 오늘날도 우리는 흔히 페미니즘이라는 것을 '꼴 같지 않은 것들의 도발적 반란'쯤으로 치부하려는 남성들 때문에 그것의 진정성이 훼손되는 것을 많이 본다. 사실 페미니즘은 반남성주의도 아니고 전투 선언도 아니며 휴머니즘의 다른 이름일 뿐이다. 일찍이 예수는 그것을 몸소 실천하였다. 그 옛날 철옹성 같던 남성 주도의 시대에 이미 예수는 단호하게 맞서 싸웠다. 그런데 현대를 사는 우리는 어떤가? 그러고도 입으로는 예수를 따른다고 넙죽대는가? 부끄러운 일이다.

우리가 예수의 삶에서 가장 따라 하기 쉬운 것이 바로 남녀의 평등이 아닐까? 흔히 남성들은 양성평등을 자신의 권위와 독점적 권력을 박탈당하는 것으로 착각하고 방어적으로 움츠러드는 경우가 많은

데, 사실 그가 그토록 집착하는 그 권위 때문에 얼마나 불필요한 짐을 자초하고 있는지를 깨닫는다면 그것이 얼마나 어리석은지를 알게 될 것이다. 남자와 여자는 완전히 동등하고 서로 사랑하며 서로 의지하는 주체적 인격체다. 그리고 그것은 바로 예수 삶의 실천의 출발이다. 도대체 이것보다 쉬운 실천이 어디 있을까?

머뭇거릴 일이 아니다. 올바른 판단이 선다면 주저하지 않고 시작해야 한다. 교회도 신자도 빨리 남녀차별이라는 이 올무에서 벗어나야 한다. 물론 너무 한꺼번에 봇물 터지듯 밀어붙여 스스로 화를 자초하거나 감당하기 어려운 속도에 가속도까지 붙어서 견디지 못하고 주저앉아서는 안 될 것이다. 이미 1960년대 미국에서 벌어졌던 여성해방운동이 그 허실을 잘 보여주었다. 하지만 감당할 수 있는 정도까지는 치고 가야 한다. 왜냐하면 지금까지 너무나 오랫동안 그리고 무심하게 끌어온 비인격적인 처사를 타파해야 할 의무가 우리에게 있기 때문이다. 하기야 그걸 견디지 못할 현재도 아니다. 그런데도 더 망설일 까닭이 있을까?

최소한 중립적이거나 혹은 적어도 지금까지 여성이 받아온 불이익을 보완해준다는 의미에서 여성들에게 한시적으로나마 우선권을 주는 건 어떨까. 그것마저 고까워하면 안 된다. 오히려 지금까지 억압해온 관습을 반성해야 한다. 입장을 바꿔보면 쉽게 깨달을 수 있다. 이른바 역지사지易地思之의 시선만큼 양성평등에서 중요한 건 없다.

이런 예를 들어보면 어떨까. 어떤 어머니가 아들과 딸을 출가시켰는데, 어느 날 딸집에 들렀더니 사위가 설거지를 하고 있었다. 그 모습을 본 어머니는 사위 잘 얻었다는 생각이 들어서 흐뭇해했다. 혹은 똑똑한 딸을 키웠다며 뿌듯할지도 모를 일이다. '역시 요즘 것들은 달라도 예쁘게 달라졌네' 하면서. 그리고 돌아오는 길에 아들 집에 들렀다. 그런데 아들 녀석이 반바지 차림에 땀을 뻘뻘 흘리며 청소기를 끌며 집 안을 청소하고 있는 게 아닌가. 이 어머니, '그래 내가 역시 아들 잘 키웠구나' 하셨을까? '아니 며느리라는 년은 대체 뭐하는 게야? 내가 저렇게 만들려고 아들놈 키운 줄 알아? 못된 년 같으니.' 씩씩거리며 뒤도 돌아보지 않고 나오지는 않았을까?

사람은 제각기 서 있는 곳에 따라서 세상을 다르게 보며 산다. 지금까지 남자와 여자는 그렇게 각기 다른 곳에 서서 살았다. 심리적으로나 생리적으로, 그리고 사회 문화적으로 성적인 차이는 있을 수 있다. 그러나 '차이'는 있지만 '차별'은 없어야 한다. 물론 남성과 여성이 바라보는 세상과 삶, 그리고 상대에 대한 이해는 조금 다를 수 있다. 오죽하면 《화성에서 온 남자, 금성에서 온 여자》라는 책 제목까지 있을까? 그러나 입장을 바꿔보면 서로를 쉽게 이해할 수 있다. 굳이 역지사지를 들먹이지 않아도, 인격적 사고만 할 수 있으면 충분히 가능할 수 있는 일이다. 예수는 일찍이 2,000년쯤 전에 그런 모범을 보였다.

마르타와 마리아 자매의 이야기를 읽다 보면 처음에는 예수의 태도가 야속하고 이해할 수 없다고 여겨졌지만 여러 차례 되풀이해 읽으면서, 그리고 당시의 사회적 상황을 짚어보면서 그 속내가 무엇인지 깨달을 수 있었다. 오늘날도 가사家事는 여성의 몫이다. 손님이 찾아왔는데 남자가 과일을 깎아 내오고 커피를 대접하는 경우를 본 적이 있는가? 남자의 일과 여자의 일이 따로 있다는 것도 편견이다. 마르타는 예수를 존경했지만 그 말씀의 참뜻은 아직 덜 깨달았다. 마르타에게 던진 예수의 말은 바로 그런 인식의 한계에 대한 따뜻한 깨우침이다. 그런데도 여전히 우리들의 집이나 교회에서는 마르타만을 요구한다. 그러니 이 구절이 제대로 읽힐 까닭이 없다.

오늘 우리는 예수를 따르노라 말하는 사람들을 많이 본다. 그 사람들은 정말 열심히 예수의 삶과 죽음과 부활을 믿고 따른다. 하지만 약간 삐딱하게 알거나 그릇되게 믿거나 멋대로 실천하는 사람들이 아직도 많다. 사실 입으로는 예수를 따른다, 또 따르라 하면서도 정작 삶으로는 전혀 그렇지 않은 경우가 많다. 마르타와 마리아 자매의 이 이야기를 제대로 읽지 못하는 경우와 교회의 여전한 양성불평등을 생각해보면 정작 교회 내에서 예수 따르기가 얼마나 허술한지 알 수 있다. 먼 데서 찾을 것 없이 나 자신도 여전히 그리고 아직도 그런 사람이다. 복음서를 수없이 읽으면서도 그것이 '지금' '여기' '우리의 삶 속에서' 어떻게 지각되고 실천되어야 하는지 미처 깨닫지 못하고 있는 일상이 얼마나 많은지, 하도 흔해서 그것이 전혀 이상하거나 잘못되었다는 것도 깨닫지 못할 지경이다.

앞머리에서 잠깐 언급한 《다빈치 코드》로 돌아가보자. 성경에 기록된 것은 열두 명의 남자 제자들이었지만 거기에 여자 제자들이 있을 수도 있지 않겠는가? 레오나르도 다빈치의 그림을 아무리 봐도 여자로밖에 보이지 않는다며 의문의 눈길을 주지만, 나는 오히려 그 사람이 여성일 수 있다는 것이 훨씬 더 자연스럽다. 여성에 대한 예수의 파격적인 태도에 비춰볼 때 거기 여자 사도가 있는 것은 가능한 일이 아닐까? 그렇다면 우리가 눈여겨봐야 할 것은 예수께서 그렇게 여성에 대한 자유와 평등의 적극적 태도의 복음을 전한 본의에 맞게 우리가 그렇게 살고 있는가에 대한 반성과 새로운 추구가 아닐까?

당연히 남자일 것이라는 생각이 여성의 존재 가능성 제기로 흔들리면서 그 책에서 제기되는 나머지 수많은 사실들에 대한 묘사(성배라든지, 시온수도회, 오푸스데이 등에 대한 어처구니없고 어설픈 설명 등)에 대해서도 반신반의하면서 받아들이게 되는 것이 문제가 아닐까? 그것은 하나의 규약code처럼 받아들이고 있는 사실이 풀어지면서decode 겪게 되는 일종의 지적 공황일 뿐이다. 만약 사람들이 예수의 제자 가운데 여성이 있을 수 있다는 사실을 적극적으로 수용한다면, 《다빈치 코드》로 빚어진 혼란은 그야말로 한낱 '찻잔 속의 태풍'에 불과했을 것이다.

나는 오히려 이 책을 통해 예수의 여성에 대한 적극적이고 인간애적인 가르침을 되새기는 것이 오늘 우리가 예수를 따르며 그의 복음을 실천하겠다는 진취적이고 적극적인 태도의 실마리가 될 것이라고 생각한다(물론 거듭 말하지만, 그 소설에 나타난 어설프고 견강부회적인 억지는 일일이 따지고 논쟁할 가치도 없는 것들이 많다). '마르타와 마리아' 이야기를 다시 꼼꼼하게 읽어보기 바란다.

포도밭 일꾼과
품삯 이야기의 숨은 뜻

성경 속 오해를 빚을 수 있는 비유들

/

복음서를 읽다 보면 가끔 예수의 언행 가운데 선뜻 이해가 되지 않거나 생뚱맞아서 이상하게 느껴지는 부분들이 있다. 거기에는 최소한 몇 가지 이유가 있지 않을까 싶다. 하나는 상황에 대한 나의 이해 부족 탓이다. 사실 내 탓만이라기보다는 복음서 서술자들의 탓도 있다고 해야 공정할 것이지만, 또 전적으로 그들만의 허물은 아닐 것이다. 왜냐하면 당시 사람들은 복음서가 어떤 상황에서 혹은 어떤 문화적 배경에서 이뤄지고 쓰인 것인지를 알기 때문에 굳이 그 내용을 소소하게 기술할 필요를 느끼지 못했을 것이다. 그러니 중요한 핵심만을 언급하는 것으로 충분했을 것이다.

복음서를 양으로 따지면 뜻밖에 적다. 그리고 대부분 겹친다. 아마도 크로스체킹cross-checking의 역할도 하고 각각의 복음서를 쓴 사도들이 속한 공동체의 정치적, 문화적, 인종적 배경들이 다르기 때문이기도 할 것이다. 그만큼 중요하기 때문에 세 개의 복음서가 같은 사건을 함께 다루었을 것이다. 공관복음이라는 명칭이 그렇게 해서 생겨난 것이니까. 어쨌거나 그 복음서를 기술할 당시의 사람들은 그런 이해를 자연스럽게 공유하고 있었기에 서술이 단순하고 간결하지 않았을까 싶다. 그런데 시간과 공간 그리고 문화에서 크게 차이가 있을 수밖에 없는 지금의 우리로서는 그런 문맥과 배경의 어떤 부분을 온전히 공감하기란 어려울 수밖에 없다.

분량이 적은 또 다른 이유가 있다면 복음서를 기술하고 그것을 읽었던 사람들의 화법이 갖는 독특성도 있다. 어떤 민족이든 나름의 독특한 화법을 갖는다. 특히 비유는 구체적이고 자세한 설명을 필요로 하지 않기 때문에 간결하다. 이런 화법도 한몫했을 것이다. 물론 성서는 아주 오랫동안 서술되었고(여기서는 성서가 하느님이 쓴 절대적인 것이라는 섬은 삼시만이라도 접어두자) 각각의 언어로 옮길 때 꼼꼼하고 세심하게 다뤘기 때문에 그런 독특한 화법 때문에 생기는 맹점은 그리 크지 않을지 모르지만, 그럼에도 불구하고 나는 그런 여지가 분명히 있을 거라고 본다. 그 간극을 허무는 게 우리들의 몫이다.

나는 예수의 비유 가운데도 그런 게 있다고 생각한다. '포도밭 일꾼과 품삯'의 이야기가 바로 그것이다. 〈마태오의 복음서〉에 나오는 이 비유를 처음 읽었을 때가 아마도 초등학교 시절, 그러니까 주일학교 유년부 때였던 것으로 기억한다. 그때는 아주 어렸을 때여서 어렵지 않게(?) 이해했던 것 같다. 뒤늦게 온 일꾼은 나중에 교회 나온 사람이라며 먼저 교회에 다녔다고 해서 천당 가는 게 아니라는, 대충 그런 뜻이었다. 나중에 고등학생 때에도 대략 그런 뜻으로 받아들였고, 실제로 설교도 그런 식이었던 것 같다. 하지만 대학에 들어간 이후 이 대목을 읽을 때마다 뭔가 석연치 않은 느낌이 들었다. 아무리 비유라고 하지만 어느 정도의 논리적 설득력이 있어야 할 텐데 억지스러운 느낌이 들었던 거다. 그렇다고 해서 그 부분이 명료하게 설명될 기회도 별로 없었기에 그냥 불편한, 그래서 이 대목에 대한 설교나 강론은 은근히 피하고 싶은 구절이 되었다.

성경을, 혹은 복음서를 읽지 않은 이들을 위해 간략하게 그 이야기를 정리해보면 이렇다. 예수는 하늘나라를 이렇게 비유했다. 어떤 포도밭 주인이 일꾼을 얻으려고 이른 아침에 나갔다. 거기서 일꾼을 데려오면서 품삯을 한 데나리온으로 정했다. 그리고 아홉 시쯤 또 가서 다른 일꾼을 데려왔다. 그도 품삯을 한 데나리온으로 정했다. 열두 시와 오후 세 시쯤 또 다시 일꾼을 데려오면서 같은 품삯을 정했다. 오후 다섯 시쯤 또 나가 보니 여전히 사람들이 있었다. 그는 사람들에게 물었다. "왜 당신들은 하루 종일 이렇게 빈둥거리며 서 있기만 하오?" 그들이 대답했다. "아무도 우리에게 일을 시키지 않아서 이러고 있습니다." 주인은 그들도 포도밭으로 데려갔다.

날이 저물어 주인이 나중에 온 사람부터 품삯을 주는데 처음 온 사람에게도 똑같은 삯을 주었다. 그러자 맨 먼저 온 사람이 따졌다. "막판에 와서 한 시간밖에 일하지 않은 저 사람들과 온종일 뙤약볕 밑에서 수고한 우리들을 똑같이 대우하십니까?" 그러나 주인은 품삯은 자신이 정한 것이니 따질 일이 아니라고 일축했다.

비유의 속뜻을 헤아릴 줄 알아야

/

설교나 강론에서 '포도원 일꾼과 품삯'의 비유를 거론할 때마다 대부분의 경우 "이와 같이 꼴찌가 첫째가 되고 첫째가 꼴찌가 될 것이다"(마태 20:16)라는 끝 구절을 강조한다. 그러면서 남보다 일찍 교회공동체에 들어왔다고 해서 자만하지 말아야 한다고 가르친다. 맞는 말이다. 불가에서 말하는 초발심初發心, 즉 초심을 잃지 말아야 한다는 것이다. 처음 세례를 받았을 때의 감동과 다짐이 어느새 닳고 무뎌져서 그냥 타성으로 사는 경우가 많다. 이 이야기는 그렇게 습관적인 신앙생활에 따끔한 죽비가 된다. 때로는 하늘나라에 가기 위해서는 늦게 온 사람보다 더 열심히 살아야 한다면서 은근히 경쟁을 부추기는(?) 면도 없지 않다. 틀린 말은 아니니 시비 걸 일은 아니다. 다만 그것을 선교의 열정 혹은 헌금이나 봉헌의 각성을 촉구하는 식의 변주變奏는 자의적인 해석이 아닐까 싶다.

　나도 나이가 들어가고 세상을 겪게 되면서 이 비유의 속뜻을 이제야 조금은 헤아리게 되는 것 같다. 물론 나의 해석이나 이해가 전적으로 옳다고 강변할 생각은 없다. 다만 여러분들도 함께 고민해보길 바랄 뿐이다. 왜 포도밭 주인은 가장 늦게 온 일꾼에게 가장 먼저 온 일꾼과 똑같은 품삯을 지불했을까 생각할 때마다 그의 처사는 불공정하고 불합리하게 느껴졌다. 먼저 온 일꾼의 항의가 잘못된 것일까? 과연 내가 그의 입장이라면 포도밭 주인의 처사를 아무 불평 없이 받아들일 수 있을까? 품삯을 정한 대로 주지 않았느냐며 "내 것을 내 마음대로 처리하는 것이 잘못이란 말이오? 내 후한 처사가 비위에 거슬린단 말이오?"(마태 20:15)라는 포도밭 주인의 말에 고개를 끄덕일 수 있을까? 아무리 주인이라 해도 피고용자가 그 판단과 결정에 동의할 수 있는 합리성을 지녀야 하는 건 당연한 일이다. 그렇지 않으면 그는 자의적이고 독재적인 사람일 뿐이다.

하지만 이 비유에 나오는 포도밭 주인이 비합리적이고 자의적이며 더 나아가 독재적인 사람일 것 같지는 않다. 왜냐하면 그는 그저 돈만 많은 소유주가 아니라 전혀 다른 존재를 상징하기 때문이다. 그렇다면 이 포도밭 주인의 판단에는 분명 대화에 나타나지 않는 깊은 속뜻이 담겨져 있을 것이다. 그게 과연 뭘까? 만약 그걸 제대로 읽어내지 못한다면 이 비유의 진정한 의미를 파악한 것일까? 자칫 엉뚱한(?) 해석으로 신자들에게 더욱더 교회에 충성해야 한다며 윽박지르는(?) 위험을 받아들이기 전에 다시 한 번 생각해봐야 하겠다.

이미 여러 차례 말했듯 갈릴래아라는 지명의 뜻은 '이방인의 땅'이라고 한다. 사실 지금의 이스라엘과 팔레스타인이 있는 땅은 그다지 비옥한 땅이 아니다. 적어도 우리 눈으로 볼 땐 그렇다. 하지만 그 지역 사람들에게는 비옥한 땅이었다. 갈릴리 호수가 있는 곳은 낮고 농업용수도 상대적으로 풍부한 곳이라서 적어도 그 지역에서는 곡창지대라고 할 수 있는 곳이다. 그러니 꽤 중요한 지역이고 당연히 땅값도 제법 비쌌을 것이다. 아마 경제적으로 여유가 있는 사람들이 그 땅을 차지했을 것이다. 예루살렘에는 부자들이 많았다. 모든 이스라엘 사람들이 그곳을 순례해야 하니 자연스럽게 상업이 발달하고 부가 축적되었을 것이다. 물론 그 상업이 번창하게 된 배경에는 종교, 즉 교회가 있었을 것이고 이 두 세력이 이스라엘의 경제적 강자였을 것이다. 이들이 바로 곡창지 갈릴래아의 많은 땅을 샀을 것이다.

복음서에 나오는 농장이나 과수원 등의 주인들은 바로 그런 부재지주不在地主가 많았을 것이다. 가난한 사람들은 그곳에 가서 품을 팔아 생계를 유지할 수 있었다. 그러니 타지 사람들이나 다른 부족 사람들이 뒤섞여 살았을 것이다. 갈릴래아라는 지명은 그렇게 해서 얻어진 이름이 아닐까 싶다. 그렇게 부재지주와 소작인의 결합 방식이 갈릴래아의 보편적 상황이었을 것이다. 마치 지금 우리나라 국토의 상당 부분이 이른바 서울 강남의 부자들 소유인 것처럼.

품을 팔아야 하는 사람들(요즘 식으로 말한다면 일용직 근로자들이거나 비정규직 노동자들)은 이른 아침부터 자신에게 일감을 줄 사람을 기다리고 있었다. 자신이 하루 열심히 일해야 가족들이 먹고살 수 있다는 생각뿐이었다. 운이 좋은 사람은 일찍 뽑혀 갔다. 그에게는 힘겨운 노동에 대한 싫증보다는 하루 일당을 벌 수 있다는 기쁨이 앞섰을 것이다. 노동의 신성함은 몸을 놀려 일한 사람의 입에서 나올 때 진정성을 갖는 것이지 불로소득자들이 입을 놀려 뱉은 말은 착취를 정당화하는 허울일 뿐이다. 그러니 그에게는 이렇게 신성한 일감을 일찌감치 얻은 것이 행복한 일이다. 남은 사람들은 그의 행운을 부러워한다. 그렇게 차례로 한 사람씩 자리를 떠났다.

그런데 점심때가 지나고 오후가 되어서도 주인을 만나지 못한 일꾼이 있다. 그의 심정이 어땠을까? 일할 수 있다는 게 그들에게는 가장 큰 행운이다. 돈을 벌어서 저녁에 돌아올 자신을 기다리고 있을 가족들 생각뿐이었을 것이다. 가장으로서의 책무가 앞선다. 그래도 운이 좋은 사람은 오후 세 시쯤 주인을 만났다. 절망이 희망으로 바뀌는 환희의 순간이었을 것이다. 그런데 아직까지도 남은 사람이 있다. 그에게 더 이상 희망은 없어 보인다. 어느덧 오후 다섯 시가 되었다.

그 시간까지 끝내 자리를 떠나지 못한 사람은 어쩌면 하루 일당은 진작 포기했지만 그래도 누군가 잠깐 짐을 옮겨달라거나 소소한 심부름이라도 시킬지 모른다는 일말의 희망을 붙잡고 발을 동동 구르며 있었을 것이다. 그러면 죽이라도 끓여 먹어 그저 급한 대로 끼니를 해결하는 흉내라도 낼 수 있을 거라는 희망으로. 하지만 그런 희망이 이루어질 약간의 기미조차 보이지 않는다. 이미 일이 거의 끝나가는 시간이니 말이다. 입은 바싹 타고 마음은 시커멓게 멍들고 있을 것이다. 그런데 그때 그에게 포도밭 주인이 찾아왔다. 게다가 그 늦은 시간에 하루치 일당을 주겠다는 것이다. 그 사람의 기쁨이 어땠을지는 어렵지 않게 짐작할 수 있다.

하루의 일을 마치고 품삯을 셈하는데 포도밭 주인은 모든 일꾼들에게 똑같이 한 데나리온을 주었다. 지금처럼 야간 조명까지 켜대며 일하지는 못했을 테니 해질 때까지 고작해야 두어 시간밖에 못했을 것이다. 도대체 말이나 되는가? 만약 여러분이 이른 아침부터 일한 일꾼이라면 어떤 심정이겠는가? 그가 부당한 처사를 따지는 것은 정당하다. 그런데도 주인은 품삯을 정하는 건 자기라며 일축한다. 아무리 주인이 마음대로 품삯을 정한다지만 기본적인 상식은 통해야 하지 않을까? 오후 늦게 온 일꾼이 미안한 마음에 정말 열심히 일했다 치더라도 도무지 주인의 처사는 이해할 수 없는 노릇이다.

하지만 여기서 나는 뭔가 뜨끔한 생각이 들었다. 문제의 핵심은 바로 그 '한 데나리온'이다. 데나리온은 로마의 은화로 1데나리온의 무게는 3.8그램이며, 통상 일꾼들의 하루 품삯이었다고 한다. 요즘 식으로 해석하면 그것은 바로 최저임금 혹은 최저생계비와 어금버금 비슷하지 않을까 싶다. 그러니까 포도밭 주인이 모든 일꾼들에게 똑같이 한 데나리온의 품삯을 지불한 것은 노동 단위 시간당 얼마라는 효율성을 근거로 한 셈법이 아니라 누구나 최소한 생계는 해결해줘야 한다는 상징적 비유다. 그렇다면 포도밭 주인이 모든 일꾼들에게 무조건 같은 품삯을 주었다는 데에 방점을 찍을 게 아니라 가장 늦게 온 사람에게도 삶의 방편은 마련해주었다는 데에 초점을 맞춰야 이 비유의 참뜻을 알 수 있는 것이다.

물론 먼저 와서 열심히 일한 사람에게 인센티브를 주었다면 불평을 살 일도 없었겠지만. 그런 점에서는 포도밭 주인의 처사가 약간은 서운하게 느껴지기도 한다. 그러나 늦게까지 일을 얻지 못해 조바심과 불안으로 근심하던 일꾼의 마음 고생을 생각하면 다행스러워 보이기도 한다.

최소한의 방편은 마련해주고 더불어 행복할 수 있어야

/

갈수록 삶의 질이 나아져야 함에도 불구하고 오히려 더 각박해지는 현실이다. 신자유주의니 뭐니 하면서 자본가와 기업가의 이익 추구에 걸림돌이 되는 것은 생뚱맞게도 나라에서 나서서 치워주는 것을 당연한 것처럼 여긴다. 심지어 노동자를 위해 일해야 하는 고용노동부조차 노동자보다는 기업의 권익 보호에 앞장서는 형편이다. 그만큼 강자 위주의 사회라는 의미다.

불행하게도 세계 경제마저도 얼어붙어 힘없고 가난한 사람들의 삶은 하루하루가 불안하다. 그렇다고 내일의 희망이 보이는 것도 아니다. 게다가 직업을 가지고 있다고 해서 그 자리가 일정 기간 보장된 것도 아니다. 걸핏하면 경영 합리화니 구조조정이니 하면서 일자리를 빼앗는다. 마치 모든 경영 부실이나 위기가 근로자들의 책임이라도 되는 양, 자신들은 책임지지 않으면서 몽땅 약자들에게 전가한다. 갈수록 '나쁜 일자리'만 늘어날 뿐이다. 이제 '비정규직'이라는 신조어조차 마치 예전부터 있던 말처럼 느껴질 정도로 취업 시장은 악화되고 있다.

젊은이들에게 꿈을 꾸라고 하지만 지금의 현실에서는 꿈꿀 여유조차 그들에겐 허용되지 않는다. 잠도 못 자는데 어찌 꿈을 꿀 수 있겠는가? 사회안전망은 형편없고 최소한의 지원책도 지리멸렬하다. 권력과 부를 소유한 사람들에게는 그들의 삶의 불안과 각박함이 보이지 않는 건지, 알면서도 외면하는 건지, 자기 일이 아니어서 아예 모르는 건지 도무지 알 수 없을 만큼 척박하다. 내일의 희망은커녕 당장 오늘 무엇을 해서 어떻게 먹고살아야 할지 그게 걱정이다.

젊은이들만 그런 건 아니다. 어설픈 나이에 일터에서 쫓겨난 중년의 가장들은 더욱 심각하다. 어느 자동차 공장의 해고 노동자들이 스무 명 넘게 목숨을 잃거나 스스로 삶을 마감하는데도 눈 하나 꿈쩍하지 않는 강심장과 철면피만 존재한다. 공권력조차 그들을 보호하기보다는 마치 그들이 사회불안을 일으키는 불온 세력인 양 떼밀며 막고 가둔다.

더 야만적인 것은 없는 것들(그들의 눈에는 그저 '것'으로만 보이겠지만)끼리 맞서서 싸우게 만드는 일이다. 해고 노동자들뿐 아니라 그들과 맞서 싸우는 이른바 공권력의 말단들도 삶이 각박한 것은 마찬가지다. 그이들에게도 그건 그저 자신의 일자리일 뿐이다. 그렇게 '없는 것들끼리' 싸우게 하면서 정작 책임을 져야 하는 자들은 멀찌감치 물러서서 팔짱 끼고 관망한다. 고가의 프랑스산 포도주를 홀짝이면서 말이다. 요즘으로 따지면 일용직 근로자, 비정규직 노동자, 그리고 취업하지 못하고 시급 아르바이트로 하루를 연명하는 젊은이들이 바로 오후 늦게 포도밭에 와서 일한 일꾼들이다. 그런데 지금 이 사회의 약자들에겐 반 데나리온이나마 얻을 기회조차 없다.

먼저 온 일꾼의 불만을 이해하지 못하는 건 아니라는 말은 앞에서 했다. 나는 대기업 근로자들(물론 정규직 노동자들이다)이 자신들과 똑같이 혹은 더 힘들고 험한 일을 하면서 급여는 고작 절반도 제대로 받지 못하고 4대 보험 혜택도 받지 못하는 비정규직 혹은 파견직 근로자들을 그들이 먼저 차별하고, 심지어 노조를 앞세워 그들을 배척하는 현실에서 바로 그 먼저 온 일꾼의 모습을 본다. 노동조합이라는 게 본디 노동자들의 권익을 지키기 위한 것임에도 불구하고 자신들보다 더 열악한 노동자들을 차별하는 걸 보면 안타깝다. 자신들이 올라온 사다리로 다른 이들이 올라올까 봐 그 사다리를 발로 걷어차는 야박한 우리들의 자화상이다. 아침에 온 일꾼이 늦은 오후에 데려온 일꾼을 내쫓으려는 것과 무엇이 다른가?

다시 포도밭 주인의 입장으로 돌아가보자. 그는 왜 늦은 오후에 일꾼을 구하러 왔을까? 고작 두어 시간밖에 일하지 못할 걸 뻔히 알면서, 그런데도 왜 하루 일당을 똑같이 치르겠다고 했을까? 정말 그렇게 시급한 일이고 일손이 달려서 그랬을까? 그도 아니면 어설픈 바보였을까? 아마도 점심 무렵에 일손이 필요해서 나갔을 때 여전히 일을 얻지 못하고 동동거리며 기다리고 있던 일꾼들을 보았을 것이다. 늦은 오후가 되었을 때, 혹시 아직도 남아 있는 불운한 일꾼이 혹여 있을까 걱정스러웠을 것이다. 그래서 다시 찾아간 것이 아닐까? 셈에 무딘 나로서도 그가 그 늦은 시간에 일꾼을 구하러 나간 건 합리적으로 이해할 일이 아니다 싶다. 포도밭 주인에게서 우리가 배워야 할 가르침은 바로 측은지심이다. 그것은 바로 사랑이다. 사랑은 나누면 나눌수록 더 행복해진다.

족한상심足寒傷心이란 말이 있다. 발이 차가우면 심장이 상한다는 뜻이다. 그저 발 관리를 잘해야 건강해진다는 뜻으로 가볍게 생각할 말이 아니다. 입술이 없으면 이가 시린 법이다. 함께 행복할 수 있어야 더 큰 행복을 누릴 수 있다. 그런데도 우리는 여전히 다른 사람이 고통을 받건 말건 나만의 이익을 위해 달려간다. 심지어 남의 것을 빼앗아서라도 나만 행복하면 된다고 생각한다. 그러니 함께 달리던 사람이 쓰러지면 일으켜 세우기는커녕 오히려 밟고 넘어가는 게 당연한 것처럼 여긴다. 그 속에서 인격성이니 삶의 존엄성이니 따위는 그야말로 허튼소리에 불과하다.

크리스천의 의무는 이 땅에 하느님의 나라를 구현하는 일이다. 그런데 약자들은 내팽개치고 우리끼리만 무리 지어서 그런 하느님의 나라가 이루어지게 할 수 있을까? 물론 기업가가 자선가는 아니다. 그러나 남의 고통을 무시하면서 자신만의 행복을 추구하는 것만은 결연하게 거부할 수 있어야 한다. 내 기업이 성장한 것이 나의 자본이나 경영 능력 때문만은 아니다. 많은 사람들이 노동을 제공해주었기에 가능한 일이다.

기업가들 가운데 크리스천이 많다. 분명 건전하게 기업을 경영하는 이들이 더 많을 것이다. 그러나 교회에는 충성하면서도 정작 자신을 위해 일해주는 근로자들에게는 인색하거나 매정한 이들도 많다. 노조의 요구가 부당하다고 억압하거나 탄압하는 이들도 많다. 물론 과도한 요구로 시달리는 경우도 있을 것이다. 하지만 조금이라도 입장을 바꿔 생각해보려는 너그러움을 갖춰야 한다. 그게 진정한 크리스천의 모습이다. 포도밭 주인이 왜 오후 늦게 일꾼을 찾아 나섰는지, 왜 그에게도 똑같은 품삯을 주었는지 곰곰이 생각해볼 일이다.

가진 것을
모두 털어넣는 충성심보다
중요한 것

그릇된 미화는 본질을 놓친다

/

〈마르코의 복음서〉와 〈루가의 복음서〉에는 아주 감동적인 사건이 기록되어 있다. 바로 '과부의 헌금' 이야기다. 어느 날 부자들이 와서 헌금궤에 돈을 넣었는데 가난한 과부 한 사람이 와서 겨우 렙톤 두 개를 넣었다.(마르 12:41-42) 렙톤은 대략 데나리온의 120분의 1에 해당되는 가치라고 한다(물리학에서도 렙톤lepton은 경입자輕粒子, 즉 강한 상호작용을 하지 않는 소립자를 뜻한다. 그만큼 아주 작은 단위를 뜻하는 것이다). 우리 돈으로 얼추 환산하면 700~800원쯤 된다고 한다. 그러니까 과부가 봉헌한 헌금은 500원짜리 동전 두세 개쯤 될 것이다. 혹은 넉넉하게 잡아도 1,000원짜리 지폐 하나와 동전 몇 닢에 지나지 않는 아주 작은 돈이다.

그 모습을 지켜본 예수는 이렇게 말한다. "나는 분명히 말한다.

저 가난한 과부가 어느 누구보다도 더 많은 돈을 헌금궤에 넣었다."
(마르 12:43) 그리고 그 까닭을 이렇게 설명한다. "저 사람들은 모두 넉넉한 데서 얼마씩을 예물로 바쳤지만 이 과부는 구차하면서도 가진 것을 전부 바친 것이다."(루가 21:4) 〈마르코의 복음서〉에서도 예수가 언급한 것처럼 그 과부는 자신이 도움을 받아야 할 처지에 가지고 있는 걸 몽땅 다 털어넣었으니 생활비를 모두 바친 셈이다.

참 갸륵한 과부고 본받아 마땅한 여인이다. 부자들은 넉넉한 재산 가운데 얼마쯤 떼어 바쳤지만 그녀는 자신의 모든 것을 바쳤으니 전 재산을 바친 셈이다. 사람들은 흔히 사람을 평가할 때 그가 가진 것으로 재단하는 경우가 많다. 열심히 노력해서 얻은 그의 결실을 때론 부러워한다. 그리고 그 사람처럼 성공하기 위해 더 열심히 살아야겠다고 마음먹기도 한다. 때론 그 사람 곁에서 알짱거리며 적당한 아부나 아첨으로 비위를 맞춰서 행여 떡고물이라도 생기기를 바라기도 한다. 그러니 교회에서도 그런 판단의 기준이 전혀 없다고는 할 수 없을 것이다. 돈을 많이 벌어서 많이 봉헌하는 사람들을 교회도 교회공동체 구성원들도 고마워한다. 배금주의적 태도가 만연해 있다. 하지만 복음서에서는 정작 가난한 과부의 봉헌을 더 높이 평가한다. 말로는 황금을 배척한다는 배금排金이면서 실제로는 황금 앞에 엎드려 절하는 배금拜金인 경우가 얼마나 많은가? 이는 그런 어리석음에 대한 일침이다.

물론 그 가르침은 그 자체로 깊고 큰 의미와 가치를 지니고 있다. 하지만 달리 생각해볼 필요도 있겠다. 과부를 폄하하려는 건 결코 아니니 행여 그 문제로 딴죽 걸지는 말아달라고 미리 당부하고 싶다. 과부에게 렙톤 두 닢은 전 재산이자 하루 혹은 한 끼니의 생계비용을 뜻할 것이다. 아마도 힘겹게 폐지를 모아서 번 하루의 일당일지도 모르겠다. 어쩌면 누군가에게 자선을 구해서 얻은 건지도 모른다. 그녀가 그 돈을 헌금궤에 넣으면서 어떤 생각을 했을까? '내가 가진 걸 몽땅 바쳤으니 더 큰 복을 주십시오' 그랬을까? 아마 남들은 저리 많은 돈을 내는데 자신은 고작 푼돈 두 냥밖에 내지 못해서 '손부끄러워'했을 것이다. 정말 중요한 건 그 마음이다. 강요한 것도 아니다. 부자들처럼 과시할 일도 아니다. 그렇다고 자신의 봉헌금이 적다고 부끄러워하지는 않았을 것이다. 그저 손이 부끄럽다는 소박하고 겸손한 마음뿐이었다.

예수가 칭찬한 것은 과부의 그 마음 아닐까? 가진 것을 몽땅 털어넣은 행위가 아니라. 마치 남 보란 듯 교회의 기둥에 머리를 대고 껍데기뿐인 기도를 하는 율법학자들의 허식을 비판하고, 자신이 죄인이라며 눈물 흘리는 사람들의 겸손한 기도를 칭찬한 것처럼 말이다. 그런데 우리는 자꾸만 '가진 것을 몽땅 털어넣는' 충성심만 강조하고 있지는 않은지, 혹은 아예 노골적으로 강요하고 있지는 않은지 궁금하다.

나는 이 대목에서 혹시 우리가 간과하는 점이 있지 않을까 싶어 되짚어본다. 가난한 과부의 동전 두 닢의 감동에만 취할 게 아니라는 것이다. 유대공동체는 전통적으로 약자에 대한 사회적 연대와 지원에 대한 일종의 불문율을 지녀왔다. 고아, 과부 등 경제적 사회적 약자를 공동체가 연대하여 지원하는 것이다. 구약의 예언서를 읽다 보면 그런 연대의식이 사라지는 것을 매섭게 비판하는 대목들이 많다.

서인석의 《성서의 가난한 사람들》은 우리 사회의 바로 그런 점에 대한 날카로운 분석과 성찰이 번뜩였던 책이다. 그가 의도했는지 어땠는지는 모르겠으나 1970년대 후반과 1980년대 초반의 암울했던 한국의 사회적 정치적 상황에서 매서운 메시지를 던졌다. 물론 그 책 때문에 저자는 고초를 겪기도 했다. 그런데 이 책은 어쩌면 지금 우리를 다시 돌아볼 메시지가 아닐까 싶다.

과부에게 무슨 저축할 게 있었을까? 그저 하루하루 끼니 챙기면서 넘어갈 일이 급히 꺼야 할 불이었을 뿐. 오죽하면 '가진 것 전부'가 달랑 동전 두 닢이겠는가. 그나마도 그녀에게 그 돈은 당장 다음 끼니를 해결할 돈인데 말이다. 그녀가 그렇게 가진 것 전부를 봉헌한 것은 가상한 일이다. 하지만 동시에 눈여겨봐야 하는 것은 가진 것 전부가 달랑 동전 두 닢뿐이었다는 점이다. 도대체 얼마나 가난하면 전 재산이 달랑 동전 두 닢일 수 있는가? 그 지경이 되었는데 아무도 대책을 마련하지 않았다는 말인가? 이 현실을 가슴 아프게 읽어내야 한다. 유대공동체에서 그런 사람을 챙기고 돕는 것은 일종의 사회적 의무였다. 남 보란 듯 많은 돈을 헌금궤에 넣은 부자들은 과연 그런 사람들에게 무엇을 했을까? 착한 과부의 봉헌에만 눈길이 가거나 그것을 지나치게 미화하면서 자칫 중요한 것을 놓치지는 않고 있는지 두렵다. 과연 우리는 그런 사회적 연대를 예수의 사랑 안에서 느끼고는 있는지 모르겠다. 그건 자선이 아니라 의무인데도 말이다.

부자가 하느님나라에 들어가기는 어렵다?

/

〈마르코의 복음서〉에는 부자 청년이 예수에게 찾아와 어떻게 해야 영원한 생명을 얻을 수 있는지 묻는 장면이 나온다. 아마도 그 청년은 스스로 매우 모범적으로 살았다고 자부했던 모양이다. 많은 규범을 지키고 있다고 대답하는 걸 보면 분명 그럴 법하다고 여겨진다. 예수도 그 청년을 대견해한 걸 보면 틀림없이 그랬던 것 같다. 그런데 그 청년이 예수의 다음 말씀을 들었을 때 그는 낙담하여 돌아갔다.

> 너에게 한 가지 부족한 것이 있다. 가서 가진 것을 다 팔아 가난한 사람들에게 나누어주어라.(마르 10:21)

그 청년은 바로 부자였기에 그 말씀에 그만 울상이 되어 근심하며 떠나간 것이다. 예수는 제자들에게 이렇게 덧붙여 말했다.

> 부자가 하느님나라에 들어가는 것보다는 낙타가 바늘귀로 빠져나가는 것이 더 쉬울 것이다.(마르 10:25)*

* 이 속담은 메소포타미아에서 널리 퍼졌던 것이라고 한다. 바빌로니아에 끌려갔던 유대인들도 그 속담을 알게 되었을 것이다. 그들이 나중에 성서를 기록하면서 밧줄gamla을 낙타gamta로 오기했을 가능성이 높다. 그리스어에서도 kamilon과 kamelon이 비슷하여 착각하기 쉬웠을 것이다. 이 속담은 일종의 과장법인데 수사학에서 과장의 묘사도 상응관계에 맞아야 한다. 메소포타미아에서 아무리 낙타가 흔했다 하더라도 그것이 바늘귀와는 별 상관이 없다. 그런 점에서 밧줄이 맞을 것이다. 그러나 오랜 역사를 이어 오는 성경에 실제 번역상의 오류가 있었다면 진작 고쳤을 것이라는 점에서 이 주장은 신빙성이 없다는 반론도 만만치 않다.

복음서를 읽다 보면 부자들이 참 안쓰럽다는 생각이 들 정도로 그들에 대한 예수의 따끔한 비판들이 많다. 그렇다고 무조건 부자를 비판하거나 재물을 야단친 건 아니다. 다만 정당한 부의 획득과 올바른 부의 행사를 강조했다고 보는 편이 옳다. 그러니 교회 열심히 나가고 기도 열심히 하면 복 받아 부자된다는 믿음은 참 유치한 신앙이 아닐 수 없다. 그런데도 우리들의 기도에는 여전히 그런 바람과 청원이 큰 몫을 차지한다.

우리의 기도는 우리가 최선을 다하게 해달라고, 혹시 부당한 방법의 유혹이 있더라도 이겨낼 수 있게 해달라고, 그래서 떳떳한 부자가 되게 해달라고 해야 한다. 다만 한국 교회에서 깨끗한 부자를 지나치게 옹호하는 논리, 즉 이른바 청부론淸富論 때문에 멍들고 골병드는 일이 생겨나는 것은 경계해야 할 일이다. 자기 번 돈에서 십일조 등으로 교회에 일정 부분 기부하면 그 나머지에 대해서는 전적으로 자신의 마음대로 써도 된다는 천박한 생각 말이다. 그것은 자칫 교회가 면죄부를 주는 것과 다르지 않다.

물론 남의 약점을 이용하거나 유산 같은 불로소득으로 부를 축적한 게 아니라, 남들 흥청망청 쓸 때 아끼며 현명하게 투자해서 부자가 된 경우가 많을 것이다. 그러니 그것은 비난할 일이 아니다. 그것마저 비난하는 것은 공정하지 못한 시샘이거나 사회의 유기적 관계성 등을 무시하는 일일 뿐이다. 부자들이 하느님나라에 들어가는 게 낙타가 바늘귀 통과하는 것보다 어렵다며 도매금으로 넘길 일이 아니다.

하지만 냉정하게 따져볼 일이다. 물론 한 끼쯤 굶는 건 참을 수 있는 일이다. 내일은 조금 더 열심히 일해서 일당을 벌충할 수도 있을 것이고, 적선을 받아 해결할 수도 있을 것이다. 과부의 동전 두 닢은 딱 그 정도의 돈이다. 그러니 어쩌면 눈 딱 감고 몽땅 털어넣을 수도 있었을 것이다. 하지만 만약 그녀가 엄청난 부자였다면 과연 모든 재산을 다 털어넣을 수도 있었을까? 그 절반의 절반이어도 어려울 것이다. 부자에게 가진 걸 모두 내놓지 않는다고 비난할 일이 아니다. 문제는 자기 공동체 안에 수중의 돈이라고 해봐야 겨우 동전 두 닢인 과부가 있는데도 그녀를 돌보지 않았다는 점이다.

눈이 거기에 머물지 못하면 자꾸만 과부의 텅 빈 지갑을 마른 수건 쥐어짜듯 짜내는 교묘한 논리만 남는다. 중요한 것은 부자의 교만과 허세, 그리고 과부의 손부끄러워 하는 선하고 소박한 마음씀의 차이다. 그것조차 분별하지 않고 무조건 그 과부의 모범을 따르라고 한다면 그야말로 자칫 혹세무민하기 딱 좋다. 실제로 그런 수법(?)으로 신자들 등골 빼먹는 사이비 종교가 얼마나 많은가? 그러나 솔직히 말해서 사이비 종교에만 해당된다고 자신 있게 말할 수 있을지 모르겠다.

사회적 약자를 보호하라

/

사실 사회적 약자를 보살피는 데에 교회만큼 열성적인 곳도 없다. 한국전쟁 후 대부분의 고아원이 종교단체에서 운영되었다는 점만 봐도 쉽게 알 수 있다. 지금도 그 점은 마찬가지다. 예전의 교회에 비하면 지금은 신자의 수나 규모에 있어서 비교가 되지 않을 만큼 커졌다. 예전에는 정말 끼니도 해결하지 못하는 절대빈곤층이 많았다. 나라도 가난하고 사회도 마찬가지였다. 이를 교회가 상당 부분 떠안고 해결했다. 한국 교회의 도덕적 사회적 우월성은 바로 그런 점에서 크게 성장했다. 물론 지금도 여전히 교회가 사회적 약자를 돌보고 있다고는 하지만 그 열정과 초심은 상대적으로 크게 줄어든 것 같다. 그런데도 여전히 사회적 기여를 하고 있다고 여기는 건 자기변명이나 심각한 착각일 뿐이다.

요즘은 고아도 줄었고, 과부도 예전처럼 경제적으로 완전히 무방비 상태는 아니다. 그러면 요즘의 사회적 약자는 누구일까? 가장 먼저 독거 노인들이 떠오른다. 그래서 교회마다 독거 노인들을 위한 지원에 나선다. 가상한 일이다. 또 누가 있을까? 해고 노동자나 비정규직 노동자, 그리고 취업하지 못한 젊은이들이 사회적 약자들이다. 그들을 위해 교회가 무엇을 할 수 있는지, 무엇을 했는지 생각해봐야 한다. 사회적 환경과 프레임이 바뀌었는데도 여전히 과거의 패러다임 속에 갇힌 채 사회적 불의와 부의 양극화는 외면하면서, 그저 라면 몇 상자 건네고 쌀 몇 말 보내는 일처럼 눈에 띄고 보람도 곧바로 느낄 수 있는 일에만 잠깐 신경 쓰고 자기 교회 몸집 불리는 데에만 앞장선다면 복음서의 이 대목을 읽을 자격이 있을까?

해고 노동자나 비정규직 노동자, 그리고 미취업 청년은 꼭 참여해야 할 모임에도 참가비가 없어서, 혹은 부담되어 참석하지 못하는 경우가 허다하다. 그들에겐 교회 헌금도 부담이다. 말로는 마음이 중요하다면서 정작 헌금을 많이 내는 신자들을 챙기고 대우하는 모습에 절망하고 소외감을 느낀다. 그러면서 교회가 커지고 신자 수가 증가하는 데에 만족을 느낀다. 그걸 은혜라 치부한다.

〈루가의 복음서〉에서 '부자와 라자로'의 이야기가 떠오른다.(루가 16:19-31) 값진 옷을 입고 날마다 즐겁고 호화로운 생활을 하던 부잣집 대문간에 라자로라는 거지가 종기투성이의 몸으로 앉아 그 부자의 식탁에서 떨어지는 부스러기로 주린 배를 채우려 했다. 그런데 두 사람이 죽었을 때 두 사람의 처지는 뒤바뀌었다. 우리는 이 부자의 탄식을 기억해야겠다. 교회가, 바로 예수가 비판한 그 부자들이 되고 있지는 않은지 반성해야겠다. 그런데도 과부의 헌금만 미화하면서 은근히 쥐어짜고(?) 있지는 않은지 복음서의 이 대목을 읽을 때 생각해보면 좋겠다. "주님, 주님! 우리가 주님의 이름으로 예언을 하고 주님의 이름으로 마귀를 쫓아내고 또 주님의 이름으로 많은 기적을 행하지 않았습니까?"라고 물었을 때 "나는 너희를 도무지 알지 못한다" (마태 7:21-23, 루가 13:25-27)고 책망했던 예수의 질책이 우리 몫이 되지 않을까 두렵다.

제발 과부와 청년의 이야기를 통해 '가진 것 모두 바치는' 데에만 방점 찍는 얍삽함(?)을 버려야겠다. 약자를 보호하고 부자는 가난한 이들에게 나눠줄 수 있는 '부드럽고 따뜻한' 심장을 갖도록 하는 게 나의 몫이다. 가진 것 모두 바치는 곳이 행여 교회여야 한다고, 헌금

궤라고 강변하는 어리석음은 이제 그만 그쳐야 한다. 정작 내가 그들에게 어제보다 더 큰 사랑을 베풀어야 하는 '사랑의 진화'에 마음 써야 한다.

교회를 신전이 아닌
시장으로!

예수는 왜 **성전**에서 **상인**들을 쫓아냈을까?

/

예수가 예루살렘에 입성한 뒤 성전을 찾아갔다. 그런데 거기서 뜻밖에도 크게 화를 내며 야단치는 장면이 보인다. 복음서를 읽다가 예수가 그렇게 화를 낸 경우를 본 적이 없기에 매우 충격적이기까지 하다. 이를 두고 성전 정화나 예언자들의 상징 행동 가운데 하나라고 설명하거나 혹은 종교적 활동에 그친 것이 아니라 정치적 활동이었다고 해석하는 신학자들도 있다. 그러나 여기서 그런 이론들은 거론하지 않는 게 이 책의 성격과 맞는다고 생각하기에 그냥 넘어가도록 하자.

복음서에서 이 사건은 생각보다 짧게 기술되어 있다. 그나마 그 중 가장 자세하게 다룬 게 〈마르코의 복음서〉인데 그대로 옮겨보자.

그들이 예루살렘에 도착한 뒤, 예수께서는 성전 뜰 안으로 들어

1부 새로 읽는 성경 /

173

가 거기에서 사고팔고 하는 사람들을 쫓아내시며 환전상들의 탁자와 비둘기 장수들의 의자를 둘러 엎으셨다. 또 물건들을 나르느라고 성전 뜰을 질러 다니는 것도 금하셨다. 그리고 그들을 가르치시며 "성서에 '내 집은 만민이 기도하는 집이라 하리라'고 기록되어 있지 않느냐? 그런데 너희는 이 집을 '강도의 소굴'로 만들어 버렸구나!" 하고 나무라셨다.(마르 11:15-17)

도대체 예수는 왜 성전에서 상인들을 그렇게 호되게 야단쳤을까? '기도하는 집'에서 장사를 했기 때문일까? 이 사건을 제대로 이해하기 위해서는 그 배경을 살펴봐야 한다. 앞서 갈릴래아라는 지명의 배경과 포도밭 주인에 대해 말하면서 '부재지주'를 언급했다. 아마도 그런 사람들 대다수는 예루살렘의 부자들이었을 것이다. 그리고 그 부자들은 상인과 제사장 등 교회와 관련된 인물들이 많았을 것이다. 상인은 이해할 수 있지만 교회 관련 인물들이 많았다는 건 얼핏 이해하기 어려워 보인다. 그 내막은 이렇다.

이스라엘인들은 이집트 탈출 사건을 기억하는 과월절/유월절(파스카, 가톨릭에서는 과월절過越節, 개신교에서는 유월절逾越節로 부른다) 절기를 예루살렘에서 지키는 풍속이 있었다. 심지어 외국에 나가 사는 사람까지 그 순례의 행렬에 합류할 정도였으니 그 규모가 대단했을 것이다. 요즘으로 치면 무슬림들의 메카 순례를 연상하면 된다. 이미 그 자체로 예루살렘은 특수를 누렸을 것이다.

순례자들에게는 두 가지 의무가 있었다. 하나는 성전세고 또 다른 하나는 제물이다. 스무 살이 넘은 이스라엘 사람이면 누구나 성전세를 바쳐야 했다. 원래는 과월절/유월절 한 달 전에 전국의 세무서를 통해 납부했지만 부득이 내지 못한 사람 혹은 꼭 예루살렘에서 내겠다는 사람들은 예루살렘 성전에서 직접 납부했다. 그런데 성전세는 반드시 특별 제작한 은전으로 내야만 했다. 통상적으로 유통하는 화폐가 아니었으니 반드시 환전을 해야 했다. 그래서 성전 주변에 환전소가 있었던 것이다. 복음서에 '환전상'을 언급한 건 바로 그런 때문이다. 환전할 때 수수료를 받았는데 그게 상당한 금액이었다. 그런 이권이 있으니 나중에는 제사장들도 눈독을 들여 환전상과 결탁했다. 그러니까 환전상에게 독점권을 주고 그 이익을 나눴던 것이다.

파이를 나누면 이익이 줄 것 아닌가? 그러니 독점권을 획득한 환전상들은 수수료를 더 높게 책정할 수밖에. 그만큼 사람들이 부담해야 하는 몫이 컸을 건 뻔한 일이다. 그 폐해가 엄청난 건 공공연한 사실이었고 불평의 대상이었지만 대놓고 따지지는 못했던 것 같다. 어찌 감히 그 막강한 교회에 따지겠는가? 복음서에서 예수의 질책을 서술하면서 '강도의 소굴'에 작은따옴표가 있다는 점에 유의해야 하는 건 그 때문이다. '도둑'이 아니라 '강도'라고 한 건 그야말로 칼만 안 들었지 날강도와 뭐가 다르냐는 비판을 대변한 것이다.

문제는 거기에 그친 게 아니다. 두 번째 의무, 바로 희생번제를 위한 제물이다. 모든 제물이 그렇지만 성전에 바치는 제물이니 가장 온전하고 흠결이 없는 제물이어야 했다. 그걸 누가 구별하고 판단했겠는가? 바로 제사장, 그러니까 즉 교회가 했던 것이다. 따라서 마음만 먹으면 얼마든지 꼬투리를 잡을 수 있었다. 양이나 비둘기를 고향에서 가지고 오는 것도 힘들지만 설령 가지고 왔다 해도 제사장이 흠이 있는 제물이라고 딴죽을 걸면 아무 소용이 없는 셈이다. 그러니 성전 근처의 '제사장 공인' 따위의 선전 간판을 내건 가게에서 사야 뒤탈이 없었던 것이다. 물론 그 뒷배에는 바로 제사장들이 버티고 있었을 것이다. 당연히 이권이 결탁된 것이고 독점과 다르지 않았으니 가격은 그야말로 부르는 게 값이었고 가난한 순례자들은 울며 겨자 먹기로 그걸 사야만 했을 것이다. 같은 복음서의 바로 뒤에 있는 구절을 유심히 읽어봐야 한다.

> 이 말씀을 듣고 대사제들과 율법학자들은 어떻게 해서라도 예수를 없애버리자고 모의하였다. 그들은 모든 군중이 예수의 가르침에 감탄하는 것을 보고 예수를 두려워하였던 것이다.(마르 11:18)

'모든 군중이 예수의 가르침에 감탄'한 까닭은 무엇일까? 그것은 바로 예수가 교회의 불의에 맞서 비판하고 책망했기 때문이다. 교회의 권위와 세력이 두려워서 감히 입도 떼지 못했지만 불만은 가득했다. 누구나 옳고 그름은 나름대로 분별한다. 그런데 교회의 권위는 워낙 막강하다. 중세에는 그 자체가 엄청난 권력이었기 때문에 그랬겠지만 지금도 교회가 자신들의 영혼과 미래를 좌지우지한다고 여기는 까닭에 그 잘못에 대해 결기를 세우는 것을 꺼린다.

그렇다고 해서 허물을 모르는 것은 아니다. 그런데도 잘못된 성직자에 대한 존경과 그저 나만 충성해서 천당 가면 된다는 이기적 생각 때문에 입을 다문다. 무조건 대형교회를 욕하면 안 되겠지만, 장사꾼보다 못한 목회자들이 이끄는 대형교회의 신자들을 보면 의아하게 여겨질 때가 많다. 도대체 그들은 자기 교회의 문제가 전혀 보이지 않는 것일까? 궤변과 협박에 가까운 설교와 목회자의 부도덕한 점들이 불편하거나 부끄럽지 않은 걸까? 예언자가 별로 없는 한국 교회에서 그런 외침이 크지 않다고 자만하다가 어느 선에 가면 무너질 것이다. 이미 그 임계점에 거의 다다랐다는 것을 명심해야 한다.

타락의 **임계점**은 스스로 자각하지 못한다

/

사실 처음부터 교회 혹은 제사장들이 돈에 눈이 어두워 그런 야바위짓을 한 건 아니다. 처음에는 일종의 서비스로 교회 근처에 시장을 마련했던 것이다. 시골에서 올라온 순례자들이 대도시의 시장을 찾아다니는 것도 수월하지 않거니와 자칫 바가지 쓰기 십상이었을 것이다. 제물로 쓰기 위해 어린 양을 끌고 오는 것도 힘든 일이니 그런 어려움을 덜어주기 위해서 교회가 배려했던 것이다. 물론 이익을 좇는 상인들이 일찌감치 교회 주변으로 몰려들기도 했다.

하지만 여기에서 교회의 '배려'라는 점에 상상의 방점을 찍어보자. 처음부터 순례자들을 등쳐먹기 위한 게 아니었을 것이다. 어떻게 처음부터 교회나 제사장들이 그런 못된 생각을 품었겠는가? 그러나 이 내 그게 꽤 짭짤한 수익모델이란 걸 알아챘다. 메뚜기도 한철이라고, 순례 기간에 크게 한몫 당길 수 있는 기회를 놓칠 수는 없는 노릇이다. 상인과 교회가 결탁하는 데에는 그리 오랜 시간이 걸리지 않았을 것이다. 대다수의 사람들이 처음부터 못된 생각을 품지는 않을 테지만 이익을 깨닫는 데에는 그리 많은 시간이 걸리지 않는다. 이권이 걸리고 욕망이 얽히면 그 경계선을 스스로 허물어버린다.

처음에는 약간의 이익만 얻었을 것이다. 이를 사적으로 전용하려는 게 아니라 교회의 유지비를 위해서 어쩔 수 없이, 혹은 상인들이 자신들의 이익 가운데 일정 부분을 교회에 '기부'한다니 기특하게 받았을 것이다. 하지만 한번 그 유혹에 빠지면 액수는 점점 더 커지고 나중에는 아예 자신들이 더 나서서 설치게 되는 게 일반적인 과정이다. 타락의 임계점은 결코 스스로 자각하지 못하는 법이다. 일단 그 맛을 본 제사장들과 교회는 아예 자신들이 팔 걷고 발 벗고 나서게 된다. 그렇게 되면 아무도 막을 길이 없다.

'비둘기 장수들의 의자를 엎었다'는 언급도 눈여겨볼 대목이다. 제물은 크게 양과 비둘기였다. 양은 부자들이 바칠 수 있는 제물이다. 보통사람들에게는 너무 큰 부담인 제물이었다. 그래서 이들에게는 비둘기를 바치게 했다. 우리 식으로 바꿔보면 암송아지 한 마리와 닭 한 마리쯤으로 생각하면 되겠다. '양과 비둘기 장수'라고 하지 않고 오직 비둘기 장수의 의자만 엎었다는 건 바로 가난한 사람들 등쳐먹는 모리배들에 대한 준엄한 비판이었던 셈이다. 이들은 가난한 사람들이 만만했을 것이다. 대들고 따지지도 못하고 울며 겨자 먹기로 따라야 하는 가난하고 힘없는 불쌍한 사람들. 예수가 그들의 의자를 엎었다는 건 바로 그 가난하고 힘없는 사람들의 얄팍한 지갑마저 털어먹으려는 탐욕에 대한 회초리인 셈이다.

교회는 세상의 빛과 소금의 역할과 기능을 수행해야 한다. 처음에는 좋은 뜻으로 시작했던 것이 인간의 욕망 때문에 삿된 일이 행해지는 교회는 더 이상 존재의 의미가 없다. 아니, 독이 될 뿐이다. 해독제도 없는 독이다. 그런데도 안타깝게도 자신들은 여전히 빛과 소금인 줄 안다. 양의 탈을 쓴 늑대보다 더 위험하고 무서운 건 바로 자신이 양인 줄 착각하는 늑대다. 불행히도 지금 여기의 많은 교회와 종교지도자들 가운데 그런 이들이 제법 있는 것 같다.

교회는 '제대로' 된 시장이어야 한다
/

이렇게 그 내막을 잘 살펴보면 예수가 성전에서 '장사를 했다고' 막무가내로 화를 내며 야단치고 엎어버린 게 아님을 알 수 있다. 그런데도 앞뒤 관계나 상황은 전혀 살펴보지 않은 채 교회에서는 절대 장사하면 안 된다고 굳게 믿는 사람들이 많다. 성서를 그저 문자 그대로만 해석하고 받아들이기 때문이다. 사실 교회는 '제대로' 시장의 역할을 해야 한다. 그럼 교회가 장사를 해서 돈을 벌어야 한다? 물론 그런 뜻은 아니다.

건강한 시장은 소통과 상호이익의 장이다. 고대 그리스의 민의의 광장인 아고라agora가 시장이었다는 사실도 그런 의미에서 상통할 것이다. 그렇다면 교회는 어떻게 건강한 시장의 기능을 수행할 수 있을까? 예를 들어보자. 여러 성당이나 교회에서 농촌 살리기 운동을 하고 있다. 김장용 무와 배추, 된장이나 미역도 팔아준다. 우리밀도 팔아준다. 피폐해지는 농촌을 돕기 위한 따뜻한 마음은 가상한 일이다. 그러나 솔직히 대부분 일회적 이벤트에 그칠 뿐이다.

가령 이렇게 생각해보자. 농촌이 피폐해지는 가장 큰 원인 가운데 하나는 늘 '을'의 입장에서 불이익을 받는다는 점이다. 유통업자인 '갑'의 횡포와 농간에 놀아날 수밖에 없는 구조다. 풍년에는 값이 폭락해서 울상이고 흉년이면 거둘 작물이 없으니 낭패다. 그러니 농부는 풍년에는 똥값에 울고 흉년에는 기근에 죽는다. 시장의 가격은 수요와 공급에 의해 결정된다.

불행히도 우리나라 농사라는 게 어떤 작물이 잘된다 싶으면 전부 그쪽으로 몰려서 결국 풍요 속의 빈곤을 맛보게 된다. 왜 합리적으로 예측을 못하느냐 비난할 일이 아니다. 그들이라고 그걸 몰라서 그럴까? 아니다. 그렇게라도 해야 가까스로 현상유지가 가능하기 때문이다. 일단 작물을 거둬 수매해야 당장 급한 빚이라도 돌려 막을 수 있기 때문이다. 그러니 배추가 풍년이면 밭을 갈아엎는 수밖에 없다. 아주 불안정한 시장구조인 셈이다. 공급자가 제 가격을 받으려면 그 상관관계에서 주체가 되어야 하지만 농가에서는 저온냉장창고가 없으니 할 수 없이 헐값에 내팔 수밖에 없다. 설령 저온냉장창고가 있다 해도 비용이 너무 비싸서 엄두를 내지 못한다. 그게 엄연한 현실이다.

그렇다면 그저 어쩌다 김장용 배추를 팔아주는 걸로 생색내며 자위할 게 아니라 농촌에 저온냉장창고를 지어주면 어떨까? 아무리 도시의 부유한 대형교회라 해도 그걸 단일 교회에서 감당하기는 어렵다. 그러나 지역의 여러 교회들이 교파 상관없이 합심하면 불가능할 일도 아니다. 그런 활동을 통해 갈라진 교회들이 서로 힘을 합치고 소통하면서 화해하고 화합할 수 있는 계기도 될 것이다. 나라도 하지 못하는 것을 어찌 교회에서 하느냐 반문할 이도 있겠다. 하지만 앞서 말했듯이 나라가 못하기에 교회가 나서서 할 수 있고 해야 하는 일이다. 게다가 여러 교회가 연합하면서 자연스럽게 교통하게 되고 서로를 존중할 수 있는 배려도 얻게 될 것이다. 지금이라도 늦지 않았다. 한 번쯤 머리 맞대고 신중하게 논의해볼 일이다.

　이런 방법도 생각해볼 수 있을 것이다. 학교나 병원을 운영하는 종교단체들이 많다. 그런데 그곳에도 예외 없이 비정규 노동자를 고용한다. 경영합리화니 뭐니 하면서. 그래서 청소나 경비 등은 거의 외부용역으로 아웃소싱한다. 그러나 이는 경영합리화를 내세운 꼼수에 불과하다는 걸 스스로도 잘 알고 있는 형편이다. 불편한 진실은 외면한다고 해서 지워지지는 않는다. 그런데도 비정규직 노동자들이 생존권을 위해 권리를 요구하면 자신들은 모르는 일이니 용역회사에 따지라거나, 미운 털이 박히면 아예 그들을 해고하고 다른 이들과 계약을 맺는다. 비정규직 노동자들이 착취당하고 비인격적 대우를 받으며 불안한 삶을 사는데도 무관심 무반응이다. 세상이 그런 걸 교회인들 어쩌겠느냐는 투다.

그러나 정말 교회인들 어쩌겠냐는 반문이 타당한가? 도대체 그럴 거면 왜 교회에서 그걸 운영하는지 되묻고 싶다. 물론 그런 단체나 기관들도 경영을 해야 하니까 온전히 현실을 무시할 수는 없을 것이다. 말 못할 어려운 점들도 많을 것이다. 때론 아니 할 말로 '본때를 보여주고' 싶겠지만 종교라는 배경 때문에 눈치가 보여 참는다고 항변하거나 푸념할 부분도 있을 것이다. 그러나 결코 그게 합당한 변명은 될 수 없다. 오히려 제대로 경영하고 비합리적인 요소들을 솎아내면 그 사람들을 정규직으로 고용할 수 있다는, 혹은 조금 더 적극적으로 말하자면 그런 고용관계로 발전할 수 있다는 가치와 신념을 마련해야 한다.

삼육대학교는 그런 점에서 아주 모범적 사례라 할 수 있다. 그 대학의 청소미화원들은 정식 직원으로 신분이 보장되고 합리적인 급여를 받는다. 불가능한 일이 결코 아니라는 걸 확실하게 반증하는 사례다. 그걸 본받아야지 왜 건전하지 않은 시장의 논리만 내세우며 비인격적인 일들을 태연히 자행하는지 모르겠다. 그런 모범적 사례가 있음에도 불구하고 외면하면서 돈 버는 병원이나 등록금으로 장사하려는 대학과 똑같은 짓만 하고 있지는 않은지 자문해봐야 한다. 그러면서 교회가 사회적으로 도덕적으로 옳고 좋은 일을 한다면서 자랑하고 있는 건 아닌지 돌아볼 일이다. 그건 자랑할 일이 아니라 오히려 부끄러워해야 할 일이다.

교회가 운영하는 병원이나 학교들이 불필요한 낭비를 줄이고 합리적으로 경영해서 비정규직을 정식 직원으로 채용하는 모범을 보임으로써, '이걸 봐라. 의지와 노력만 있다면 못할 일도 아니다. 당신들도 의지를 가지고 노력해보라'며 이 모진 사회에 죽비를 가해야 하지 않을까? 그것은 기회이지 부담이 아니다. 어쩌면 그게 바로 오늘날 교회가 운영하는 병원이나 학교가 존재해야 하는 이유가 아닐까? 생각을 바꿔야 한다. 그렇지 않을 거라면, 그것조차 하지 못하겠다면 차라리 때려치우는 게 낫다!

교회가 건강한 시장 기능을 수행할 때 사회도 건강해지고 도덕적일 수 있다는 점을 생각해보면, 그것이야말로 가장 시급한 사랑의 실천이고 바람직한 사회적 책무라 하지 않을 수 없다. 그런 시장의 기능을 제대로 수행하는 교회가 되어야겠다. 비정규직 노동자를 스스로 양산하는 그런 병원이나 학교 또는 기관들을 운영하는 교회를 보고 예수가 뭐라 하실지 생각해봐야 하지 않을까?

예수가 재림하면 가장 먼저 어디로 갈 것 같은가? 교회? 천만에! 나는 예수는 바로 해고 노동자, 비정규직 노동자, 달동네에 재림할 것이라고 확신한다. 베들레헴의 가장 누추한 마구간에서 태어난 것처럼 말이다. 더 이상 부끄러움도 모르는 뻔뻔한 교회가 되지 않도록 늘 경계해야 한다. 그러니 교회는 진짜 제대로 된 시장이 되어야 한다. 복음서의 이 구절을 읽으면서 내 심장의 굳은살을 도려내고 부끄러움을 자각하며 진짜 사랑을 실천하도록 다짐해야 한다.

무엇이
참된 우정인가

남의 집 지붕까지 벗겨낸 우정

/

사람이 살아가면서 갈수록 소중해지는 건 벗의 존재다. 남자건 여자
건 마찬가지다. 처음부터 죽이 잘 맞는 친구도 있지만 때론 오랜 사귐
을 통해 맺어지는 우정도 있고, 심지어 치고받고 싸우면서 움트는 괴
팍한 우정도 있다. 복음서를 읽다가 뜻밖에도(?) 참된 우정이 어떤 것
인지 만나는 행운을 누려본다.

〈마태오의 복음서〉에서는 이렇게 간략하게 설명한다. "예수께서
배를 타시고 호수를 건너 자기 동네로 돌아오시자 사람들이 중풍병
자 한 사람을 침상에 누인 채 예수께 데려왔다. 예수께서 그들의 믿
음을 보시고 중풍병자에게 '안심하여라, 네가 죄를 용서받았다'하고
말씀하셨다."(마태 9:1-2) 이를 〈마르코의 복음서〉에서는 훨씬 더 드라
마틱하게 서술하고 있다.

예수께서 집에 계시다는 말이 퍼지자 많은 사람이 모여들어 마침내 문 앞에까지 빈틈없이 들어섰다. 그리고 예수께서는 그들에게 하느님의 말씀을 전하고 계셨다. 그때 어떤 중풍병자를 네 사람이 들고 왔다. 그러나 사람들이 너무 많아 예수께 가까이 데려갈 수가 없었다. 그래서 예수가 계신 바로 위의 지붕을 벗겨 구멍을 내고 중풍병자를 요에 눕힌 채 예수 앞에 달아 내려보냈다. 예수께서는 그들의 믿음을 보시고 중풍병자에게 "너는 죄를 용서받았다" 하고 말씀하였다.(마르 2:1-4)

놀라운 점이 두 가지 있다. 먼저 예수가 왜 그 환자에게 "일어나 걸어가거라" 하지 않고 "너는 죄를 용서받았다" 라고 했는가 하는 점이다. 이상하지 않은가? 그 까닭은 이렇다. 당시 유대인들은 장애를 지녔거나 큰 병에 걸린 사람은 그가 큰 죄를 지었거나 그도 아니면 조상들이 그럴 만한 죄를 저질렀기 때문이라며 기피했기 때문이다. 참 고약한 생각이다. 당시 교회마저 아무렇지도 않게 그런 식의 상처를 가했다. 장애를 겪거나 큰 병에 걸린 것도 서러운데 그들을 보호하고 지원하기는커녕 오히려 따돌리고 죄 때문이라고 외면하는 건 일종의 이중처벌이다.

그 사람들은 몸도 아프지만 마음이 더 아팠을 것이다. 이들은 다른 사람들을 만나는 것조차 두려웠을 것이다. 자칫 상처가 더 커질 수 있으니까 말이다. 지금 우리는 그렇지 않다고 반론할지 모르지만 다른 형태로 여전히 그런 몰인정을 자행하고 있지 않은가? 어쨌거나 예수가 그의 병을 치유했다고 하지 않고 안심하라고, 죄를 용서받았다고 한 것은 바로 그런 맥락을 살펴봐야 비로소 제대로 이해할 수 있다. 예수는 바로 그러한 악습에 대해 언급하는 셈이다.

또 하나 놀라운 건 친구들의 마음씀이다. 다른 사람들은 죄인이라고 기피했지만 친구들은 그럴 수가 없었다. 어찌 그렇지 않았겠는가. 늘 가까이 친하게 지냈던 친구가 몹쓸 병에 걸렸다. 그 친구가 몸이 불편한 것도 안타까운데 죄인 취급을 당하고 있으니 더더욱 마음에 쓰였을 것이다. 그러던 차에 풍문으로 예수의 기적을 들었다. 예수가 누군지 그들에겐 중요하지 않았을지도 모른다. 오로지 자기 친구의 병을 낫게만 할 수 있다면 마다할 일이 없다고 여겼을지 모르겠다.

반신반의하며 갔는데 아뿔싸! 사람들이 구름처럼 모여들어 도저히 자기들 차례가 오지 않을 것 같았다. 그렇다고 친구를 생각하면 그냥 돌아갈 수도 없는 노릇이었다. 예수가 그곳에 계속해서 머물 거라는 확신이나 보장도 없지 않은가? 혹은 그들이 사는 곳은 멀리 떨어져 있어서 다시 오고가는 것은 어려웠는지도 모른다. 그래서 네 친구들은 병든 친구를 들쳐 업고 지붕에 올라가, 그 지붕을 벗기고 구멍을 내 친구를 요에 눕힌 채 예수에게 내려보냈던 것이다. 상식적으로 이해하기 어려운 일이다. 그러나 그들에겐 하나의 생각뿐이었다. 오로지 불쌍한 자기 친구를 위해서 해야 할 일만 생각했다. 재산 손괴에 대해서는 나중에 보상해주겠다고 마음먹었을 것이다. 놀라운 우정이 아닐 수 없다.

전도가 중요한 게 아니다

/

가끔 이 구절을 인용하면서 하느님은 당신이 다른 사람을 하느님께로 데리고 올 정도로 충성스러운지 보고 계신다며, 계속해서 더 많은 불신자들에게 손을 뻗어야 하느님이 계속해서 복을 주신다고 설교하는 경우가 있다. 내가 까칠해서 그런지 모르지만 이건 아니다 싶다. 선교나 전교를 탓하는 게 아니다. 그런데 모든 상황을 그런 쪽으로만 해석하고 몰아가는 건 아쉽다. 교회의 신자들이 자신들의 교회가 더 이상 커질 필요가 없다고 말하는 순간, 그들은 세상에 대해 관심이 없다고 말한 것이며, 그렇게 되면 하느님은 그 교회로부터 복을 거둬 가실 것이라는 해석이야말로 이젠 거둬들였으면 싶다. 자꾸만 더 큰 교회 더 많은 신자 수에 집착하게 되면 사랑의 복음 실천은 밀려나게 된다. 그게 지금 한국 교회의 불치병이 되었다.

물론 이 친구들이 병에 걸린 자기 친구를 데려온 것을 하나의 상징으로, 그러니까 병에 걸린 친구를 불신자 혹은 비신자로 받아들일 수도 있다. 그게 진정한 우정이고 사랑이라고, 그러니까 정말 그 친구를 사랑한다면 마땅히 교회로 인도해야 한다고 강조하는 것이다. 하지만 여기서 정말 중요한 건 그게 아니라 그 친구들의 소박하고 따뜻한 마음이며, 당시의 편견과 악습에 의연하게 맞서는 우정이다. 그게 바로 참사랑이다. 예수는 바로 '그들의 믿음을 보시고' 중풍병자를 낫게 한 것이다. 그들이 예수를 믿어서도 아니다. 상황을 소박하게 살펴보면 그 우정과 따뜻한 사랑의 마음씨를 칭찬한 것이다.

스스로 하느님의 자녀라고 고백했다는 점에서 교회공동체 구성원은 형제이자 친구이다. 그런데 사실은 그 안에서 시기와 질투, 반목과 갈등이 그치질 않는다. 물론 그나마 다른 조직보다는 덜하다. 하지만 다르게 본다면 교회공동체에서는 다른 사회의 조직과는 달리 위계질서에 의한 조정과 수용 등의 장치가 없어서 충돌과 갈등이 훨씬 더 노골적일 수도 있다. 사회적 지위가 높거나 돈이 많은 사람들은 그렇지 못한 사람들을 은근히 무시하거나 깔보기 일쑤고 반대로 그렇지 못한 사람들은 권력자나 부자들이 교회 안에서도 설친다며 못마땅해한다. 물론 그 어느 곳보다 교회 안에서는 겸손한 권력자와 부자들이 훨씬 더 많다. 그러나 흰옷에 얼룩이 쉽게 눈에 뜨이듯 교회 안에서 그렇지 못한 사람들의 무절제와 교만, 그리고 그런 사람들에 대한 비판과 질시는 도드라져 보일 수밖에 없다.

말로는 형제며 벗이라 떠들면서도 자신과 생각이 조금이라도 다르거나 지위나 재산의 차이가 크면 서로 반목하고 뒷공론을 일삼는다. 새로운 사람들을 교회로 인도하는 것도 좋지만 적어도 복음서의 이 대목에서는 교회 안에서 반목하고 갈등하는 우리 자신의 좀스러움과 천박함을 반성하고 서로 화해할 수 있는 계기로 삼아야 하지 않을까?

중풍환자를 꺼리지 않고 예수에게 데려간 친구들의 우정은 이미 그것만으로도 칭찬받을 일이다. 사람들이 길게 줄을 지어 있으니 어쩔 수 없이 돌아가더라도 그 우정을 탓할 수 없는 상황이었다. 하지만 그들은 끝까지 포기하지 않았다. 오직 친구를 위한 일만 생각했기 때문이다. 동의도 없이 멀쩡한 지붕을 헐어내는 일은 남의 재산에 피해를 입히는 그릇된 일이다. 이 친구들이라고 그걸 몰랐을 리는 없다. 하지만 몸이 아픈 것으로도 모자라 그 때문에 사람들로부터 외면과 비난의 시선을 받아서 마음까지 아픈 친구를 위해서라면, 나중에 주인에게 잘못을 빌고 배상을 하더라도 마다할 일이 아니라고 여겼을 것이다.

그게 우정이고 참된 사랑이라는 걸 깨닫고 적어도 교회공동체 안에서라도 실천해야 한다는 자성이 우선임을 다시 한 번 생각해봐야 한다. 교회공동체라고 사람 사는 곳인데 서로 생각과 판단이 각양각색이지 않겠는가? 하지만 교회공동체는 달라야 한다. 그런데도 그냥 시늉으로만 보듬는 척 이해하는 척하고 넘기면서 속으로는 여전히 꽁한 마음 품고 있지는 않은지 자문해볼 일이다.

나부터 그런 벗이 되어야 한다

/

나는 가방에 늘 엽서 몇 장을 담아 다닌다. 책을 읽다가, 혹은 음악을 듣다가 그것을 전해주고 싶은 이가 떠오르면 그 자리에서 휘휘 몇 자 적어 보내준다. 그러면 그는 마치 뜻밖의 선물을 받은 듯 좋아한다. 적어도 그날 하루를 행복해한다. 요즘은 직접 손글씨로 쓴 편지나 엽서를 받는 경우가 거의 없을 것이다. 그래서 누군가 그런 편지를 받으면 부럽고 왜 내겐 그런 편지 보내는 사람 없냐고 아쉬워한다. 하지만 그러기 전에 내가 먼저 보내면 된다. 실제로 엽서를 쓰다 보면 그렇게 내 엽서를 받아줄 이가 있어서 그 사람이 참 소중하고 고맙게 느껴진다.

《논어》 첫머리, 그러니까 〈학이편〉 맨 처음은 '배우고 익히면 또한 기쁘지 아니한가學而時習之不亦說乎'로 시작되고 이어서 '먼 곳에서 벗이 찾아오면 또한 즐겁지 아니한가有朋自遠訪來不亦樂乎'라는 구절이 나온다. 먼 곳에서 친구가 찾아오면 분명 즐겁다. 그러니 반가워서 버선발로 뛰어가 맞지 않겠는가?

이 대목에서 우리는 상상력을 발휘해야 한다. '그냥 멀리서' 온 친구가 아니다. 요즘은 교통이 발달해서 아무 때고 마음만 먹으면 서울에서 부산까지 불과 세 시간이면 찾아갈 수 있다. 하지만 공자가 살았던 시대, 그러니까 2,500여 년 전쯤으로 돌아가 생각하면 이것이 결코 쉬운 일이 아님을 알 수 있다. 그 먼 길을 마음에 그리워하던 친구를 찾아나선다. 몇 날 며칠이 걸릴지도 모른다. 그런데 오직 그 친구 하나를 만나기 위해 그렇게 먼 길을 나섰다. 얼마나 그리우면 그 먼 길을 나섰을까? 그 우정의 깊이는 최소한 이런 상상을 통해서만 실감난다.

상상력을 조금만 더 발휘해보자. 두 친구 가운데 누가 더 행복하고 즐거웠을까? 나는 찾아온 친구를 맞은 이보다 그를 찾아간 친구가 더 행복하다고 생각한다. 예를 들어 내가 시골에서 감 농사를 짓는다고 치자. 농사라는 건 논일이건 밭일이건, 혹은 과수원일이건 다 힘들다. 엄청난 노동이다. 가을, 나는 무르익은 감을 열심히 딴다. 힘들다. 그런데 갑자기 감을 유난히 좋아하는 내 친구가 떠올랐다. 그래서 그 친구에게 줄 감을 따기 시작했다. 이상하게도 힘이 들지 않았고 오히려 즐거웠다. 그렇게 딴 감 중 좋은 것을 잘 골라내 곱게 담아 길을 나선다. 이미 감을 딸 때부터 즐거웠는데 나서는 길은 더 즐겁다. 마치 여행갈 때 실제로 여행 자체보다 여행 전의 설렘이 더 즐겁고 행복한 것처럼. 하루 종일 혹은 이틀 동안 걷는 길이 전혀 지루하거나 힘들지 않다. 점점 그 벗에게 가까이 가고 있다는 즐거움이 피로마저 물리친다.

그렇게 먼 길을 걸어 마침내 친구 집에 도착했다. 얼마나 행복할까? 나를 맞은 친구가 행복해지는 건 바로 나를 보는 순간부터다. 그에 반해 나는 벌써 며칠 동안 그 행복을 누리고 있었다. 감을 딸 때도, 그것을 곱게 담을 때도, 그걸 들고 먼 길을 오면서도 내내 행복했다. 사랑은 받는 것보다 주는 것이 더 행복하다. 우정도 마찬가지다. 참된 우정에는 아무런 셈도 이해타산도 없다. 나의 기쁨보다 친구의 기쁨을 더 먼저 생각하는 것 자체가 이미 기쁨이다.

왜 내겐 그런 벗이 없냐고 한탄할 게 아니다. 내가 그런 벗이 되면 된다. 그게 사랑이고 우정이다. 그게 바로 믿음이다. 사랑은, 우정은 내가 이타적인 존재가 될 수 있다는 것을 느낄 수 있는 놀라운 기적이다.

이해하지 못하면 사랑도 없다

/

다시 복음서로 돌아가보자. 흔히 믿음의 대표적 인물로 꼽는 백인대장의 경우도 그렇다. 그 백인대장의 하인도 중풍에 걸렸던 모양이다. 백인대장이 예수를 찾아와서 자기 하인이 괴로워한다며 사정하자 예수가 "내가 가서 고쳐주마"라고 하며 찾아갈 태세였다. 그런데 그 백인대장은 "주님, 저는 주님을 제 집에 모실 만한 자격이 없습니다. 그저 한 말씀만 하시면 제 하인이 낫겠습니다" 하고 사양한다.

참 놀라운 일이다. 백인대장 혹은 백부장百夫長이라고 하는 사람은 말 그대로 100명의 부하를 거느린 장교이다. 요즘의 인구 대비로 계산해보자면 대대장쯤 되는, 그러니까 중령쯤 되는 제법 높은 계급의 장교라 할 수 있다. 그런데 그가 자기가 아픈 것도 자기 가족이 아픈 것도 아니고 하인이 아파서 찾아왔다. 하인은 가족의 자산이었으니 아까워서 그랬을까? 그랬다면 부하를 시켜서 예수에게 보냈을 것이다. 그런데 직접 찾아온 걸 보면 그 하인의 고통을 안쓰러워하는 마음 때문이었을 것이다.

이런 말도 덧붙인다. "저도 남의 밑에 있는 사람입니다만 제 밑에도 부하들이 있어서 제가 이 사람더러 가라 하면 가고 또 저 사람더러 오라 하면 옵니다. 또 제 종더러 이것을 하라 하면 합니다." 예수가 그 말을 듣고 감탄하였고 "가 보아라, 네가 믿는 대로 될 것이다"(마태 8:5-13, 루가 7:1-10)라고 말했다. 아마도 그는 예수의 능력을 전적으로 신뢰하고 존경했던 사람이었던 것 같다. 그가 중풍환자를 데려온 네 친구들보다 훨씬 더 강한 믿음을 갖고 있었던 건 틀림없어 보인다.

그런데 우리가 여기서 눈여겨봐야 할 것이 또 하나 있다. 바로 예수에 대한 백인대장의 배려다. 민중들과 함께하는 예수가 로마 주둔군의 장교인 백인대장의 집을 찾아오게 되면 혹여 그의 세평에 금이 갈까 싶어서 찾아와주십사 청을 하지 않았을 수도 있다. 그러나 그 백인대장은 자기 하인의 처지를 이해하고 사랑해서 직접 예수를 찾아왔으며 또한 예수를 믿고 배려했던 것이다. 그런데도 우리는 백인대장까지 예수를 찾아올 만큼 예수가 위대하다거나 혹은 그의 순종적인 믿음과 존경만 강조하고 있는 건 아닌지 되묻고 싶다.

백인대장에 대한 예수의 배려도 주목할 필요가 있다. 예수는 그가 높은 지위에 있어서 그의 집에 가겠다고 한 것이 아니라, 사람들의 경원의 대상이었을 그의 집에 찾아감으로써 그가 사람들에게 친구로 여겨질 수 있게 하려는 의도였을 것이다. 자칫 자신의 명예에 손상이 될지 모르는데도 말이다.

다시 중풍환자와 그 친구들로 돌아가보자. 그 친구들인들 다른 사람들의 눈치를 전혀 보지 않을 수는 없었을 것이다. 병든 사람을 죄인 취급하는 게 옳건 그르건, 일단 하나의 문화가 되면 누구든 그 틀에서 벗어나기 어려운 법이다. 나중에 한참 지난 뒤 그게 얼마나 바보 같은 짓이었는지 알게 되었더라도 그때 용기 내서 잘못된 것이라고 외치지 못한 것을 부끄러워하기보다는, 어쩔 수 없었노라고, 심지어 남들도 다 그랬는데 왜 자기만 그 반성을 해야 하느냐고 외려 화를 내기도 한다. 그런 모습은 지금도 여전하다. 그런데 그 시절에 그 규범

속에서도 네 친구들은 끝내 불쌍하고 가련한 자기 친구를 택했다. 그들이 무슨 셈을 했을까? 그렇게 하면 자신들에게 무슨 혜택이나 득이 있어서 그랬을까?

어쩌면 이들은 자신들의 친구가 병이 온전히 나아서 다시 일상으로 돌아올 거라고는 확신하지 못했을지도 모른다. 그런데도 사람들이 많은 곳에 그런 친구를 데리고 간 것은 그리 쉬운 일은 아니었을 것이다. 그냥 마음속으로만 친구의 처지를 안타까워하고 가끔 찾아가 말벗이라도 되는 걸로 충분히 우정을 지킨 것이라 할 수 있었다. 사람들이 많은 곳에 중한 병에 걸린 친구를 데리고 갔으니 다른 사람들이 다 봤을 것이다. 수군대는 이들이 있을지도 모른다. 하지만 그들은 그런 것쯤은 개의치 않았다. 그들의 마음속엔 사랑과 우정만이 가득 차지하고 있었기 때문이다.

우리는 복음서의 이 사건을 읽으면서 아직도 예수의 치유의 기적에만 눈이 머물고 있는 건 아닌지 모르겠다. 그런 기적이 없어도 이미 예수의 능력과 위상은 드러났다. 그런데도 자꾸만 그런 기적에만 마음이 끌린다.

네 친구들이 자기 친구의 처지를 이해하고 공감하지 못했다면 결코 다가가지 않았을 것이다. 다른 사람들처럼 외면하거나 일정한 거리를 두었을 것이다. 하지만 그들은 친구의 어려움을 이해했기에 마음을 모아 행동에 옮겼다. 이해하지 않으면서 사랑할 수는 없다. 정말 우리가 기억해야 할 점은 바로 이것이다. 무작정 사랑한다 하는 것은 사실 전혀 사랑하지 않는다는 고백과 다르지 않다. 두려운 일이다.

그러니 먼저 이해하는 마음을 가져야 한다. "네 이웃을 네 몸처럼 사랑하라"는 가르침의 가장 확실하고 가까운 모범이 바로 이 사건 아닐까? 덧붙여, 또한 제대로 알지 못하고 제대로 이해하지 못하면 복음서조차 엉뚱하게 혹은 그릇되게 해석할 수 있다는 점도 기억해두어야 할 일이다.

치유의 기적?
측은지심부터 배워라!

왜 **성경**에는 **병자**를 고친 **기적**이 가장 많을까?

/

복음서의 수많은 기적 가운데 병들고 아픈 사람을 고친 것보다 더 많은 것이 있을까? 예수의 기적 가운데 거의 3분의 2는 치유의 기적이라고 해도 과언은 아니다. 먹을 것에 대한 기적보다 치유의 기적이 훨씬 더 크게 느껴지는 것은 먹는 일은 일회적이거나 돈이 있으면 해결할 수 있다고 느끼는 반면, 장애나 병은 전문적인 지식과 기술 혹은 초월적인 힘이 아니면 해결 불가능하다고 느끼기 때문일 것이다. 또한 병은 죽음과 아주 밀접한 관계를 맺고 있어서 그것이 바로 죽음과 거리를 둘 수 있는 것, 즉 삶으로의 건강한 회귀라는 점에서 생명의 신비를 담고 있기 때문이기도 하다. 그리고 이는 자연스럽게 예수의 부활 사건과 밀접한 관련성을 지니게 되는 것이기도 하다.

하지만 치유의 기적에서 놓치지 말아야 할 것은 그런 거창한(?)

것이 아니다. 나는 두 가지를 놓치면 안 된다고 생각한다. 하나는 병들고 아픈 사람들이 대부분 가난한 사람들이라는 점이다. 부자들은 아프면 일찌감치 병원을 찾아가 고칠 수 있지만 가난한 사람들은 약한 첩 제대로 써보지 못하고 속수무책으로 병을 키워 평생 떠안고 살아야 하는 경우가 허다하다. 또 한 가지, 기적의 대상을 성별로 구분해보면 여자들이 월등히 많다는 걸 쉽게 알 수 있다. 그러나 우리는 이 점은 거의 별로 신경 쓰지 않는 것 같다. 나는 이 점을 눈여겨봐야 한다고 생각한다. 고대 사회에서 여자들의 인권은 거의 무시되었다. '가난한 여자들'이 겪는 고통은 이루 말할 수 없었을 것이다. 그러니까 예수의 치유의 기적은 바로 그 가난한 민중들과 억압 속에 살아온 약자들에 대한 측은지심의 사랑, 그 자체라고 할 수 있다.

기적은 예수의 능력을 과시하기 위한 것이 아니었다. 이미 여러 차례 언급했지만 그것은 사랑의 실천적 모범이었다. '진정으로 나를 따른다 하면 너희들도 이렇게 하라'는 것이다. 하지만 어찌 우리가 그런 기적을 일으킬 수 있겠는가? 초능력자도 아닌데 말이다. 그러나 이는 기적을 전적으로 초월적 혹은 신비한 능력을 가졌기 때문에 가능한 것이라고 보는 탓이다. 예수는 '말씀'으로 기적을 보였다. 분명 그것은 아주 충격적이고 극적이다. 우리에게는 그럴 능력이 없다. 하지만 그런 측은지심과 사랑의 마음을 지니고 있고 그것을 실천할 의지만 있다면 함께 힘을 모아 따를 수 있는 일이다.

교회는 이미 그런 아름다운 실천을 따르고 있지 않은가? 병원을 지어 가난한 사람들을 고쳐주거나 다른 나라의 가난한 지역에 의료

지원을 함으로써 그 사랑을 실천하고 있다. 그게 바로 기적이다. 마음을 닫고 나만 생각하면 절대로 그런 일이 이루어질 수 없다. 그러나 복음을 듣고 예수를 따르기로 했기에 나 아닌 다른 사람들의 고통에 눈과 마음이 열린다. 그리고 그들을 도와줄 방법을 생각하고 힘과 뜻을 모은다. 고 장기려 박사가 그랬고 아프리카의 남수단에 직접 찾아가 병자들을 보살폈던 고 이태석 신부가 그랬다. 슈바이처 박사는 그런 대표적인 인물이었다. 그들은 예수의 뜻에 따라 실천했던 사람들이다.

그게 꼭 돈을 모으고 힘을 합쳐야 하는 거창한 일에만 해당되는 건 아니다. 나는 매 수업 때마다 과제 목록을 만들어 개강 첫날 학생들에게 나눠주었는데, 10개 항목의 과제에는 책(고전 세 권과 근간 세 권) 여섯 권을 읽는 것과 실천 과제 네 개가 포함되었다. 그 실천 과제 가운데 하나가 헌혈이다. 대략 400cc 가량의 피를 뽑는 건 자신의 건강에 아무런 영향을 주지 않는다. 그러니까 큰 희생을 하는 것도 아닌 셈이다. 하지만 피가 반드시 필요한 사람에게는 그것이 바로 생명의 밧줄이다. 실제로 우리는 헌혈증을 모아 필요한 사람에게 전달할 수 있는 NGO 단체 등에 기증했다. 우리가 죽은 사람을 살려낼 수는 없지만 죽어가는 사람을 살려낼 수는 있다. 얼마나 멋진 기적인가! 나보다 못한 처지(나보다 돈이 많다고, 높은 지위에 있다고 반드시 나보다 더 나은 처지는 아니다)의 사람을 도울 수 있다는 건 행복한 일이다. 그러니 그 기적은 바로 나의 행복이다.

진정한 의미의 기적은
사람을 온전한 인격체로 대하는 것이다

/

두 번째로 우리가 예수의 치유의 기적에서 놓치지 말아야 할 것은 바로 공동체의 반성과 사랑이다. 〈루가의 복음서〉에서 만나게 되는 '한센씨병(나병환자) 열 사람'의 이야기는 바로 그 점을 또렷하게 보여준다. 예수가 예루살렘으로 가는 길에 사마리아와 갈릴래아 사이를 지나게 되었는데 어느 마을에서 한센씨병 환자 열 사람을 만났다. 그들은 이른바 천형天刑을 받은 기피인물이었기에 예수에게 가까이 다가갈 수 없었다. 그래서 '멀찍이 서서'(루가 17:12) 크게 소리쳤다. "예수 선생님! 저희에게 자비를 베풀어 주십시오!"(루가 17:13) 삶의 아무런 희망도 없던 사람들에게 예수의 소식은 그야말로 귀가 번쩍 뜨이는, 문자 그대로 복음 그 자체였을 것이다. 그만큼 더 절박했을 것이다. 그래서 다른 사람들과 달리 예수를 '선생님'이라고 불렀다. 제자들의 마음과 다르지 않았던 것이다. 그러니 예사로운 호칭은 아니었다.

예수는 그들에게 "가서 사제들에게 너희의 몸을 보여라"(루가 17:14)라고 말했다. 고쳐주는 것도 아니고 사제들에게 몸을 보이라는 건 또 뭔가? 나는 이미 그들이 '선생님'이라고 불렀을 때 예수가 그들의 믿음의 깊이를 알았기에 그렇게 말했다고 생각한다. 그들도 왜 고쳐주지도 않고 사제에게 가라고 하느냐며 따지지 않았다. 예수에 대한 전적인 신뢰일 수도 있겠고, 절박한 그들의 처지 때문일 수도 있겠다. 그런 맥락이다. 그래서 사제들에게 가는 동안 그들의 몸이 깨끗해졌던 것이다. 그런데 왜 예수는 그들에게 사제에게 가서 몸을 보이라고 했을까? 여기서 다시 두 가지 문제를 살펴봐야 한다.

하나는 앞 장에서 말한 것처럼 당시 유대인들의 사고방식 때문이다. 장애나 질병은 자신의 죄 혹은 조상의 큰 죄 탓이라고 여겨서 장애인이나 큰 병에 걸린 사람들을 기피하고 비난했다. 때문에 그들은 몸도 마음도 상처투성이였을 것이다. 그들에겐 정상인(요즘 식으로 말하자면 비장애인)으로서, 즉 공동체의 일원으로 살아갈 수 있는 권리가 원천적으로 박탈되어 있었다. 때문에 사제에게 찾아가 정상적인 하나의 인격체로 인정을 받으라는 뜻이었다. 결코 당신의 능력을 과시하기 위한 것이 아니었다.

실제로 대부분의 경우 예수는 수많은 사람을 고쳐주면서 소문을 내지 말라고 당부했다. 정말 귀담아들어야 할 복음보다는 치유의 기적에만 마음이 쏠릴 것을 경계했기 때문이다. 달을 보라고 했더니 혹여 달을 가리키는 손가락만 바라보지 않을까 싶어서였다. 그런 예에 비해 사제에게 찾아가라는 건 매우 이례적으로 보인다. 그러나 이미 말한 것처럼 그것은 공동체의 일원으로서의 자격 박탈과 기피에서 벗어나 온전한 인격체로 공인을 받으라는 배려였던 것이다. 이 사건에서 꼭 살펴야 하는 핵심은 바로 이것이다!

우리가 주목해야 할 또 하나는 바로 그 사제들이다. 병이 나았다는 걸 사제에게 보여야 그가 판단하여 정상적인 사회 구성원으로 인정했다는 건, 뒤집어 말하면 장애인과 환자들을 사제가 혹은 교회가 차별하고 억압한 시발점이라는 사실을 미뤄 짐작할 수 있다. 물론 그걸 단순히 당시의 사제나 교회의 탓이라고만 돌릴 수는 없다. 오래전부터 내려온 그들 나름의 문화적 전통과 규범 탓이 더 크다. 하지만 그걸 고치려고 하기는커녕 오히려 그것을 결정하는 판관으로서의 권력을 누리고 즐기지는 않았는지 물어보고 싶다. 일종의 사회적 생사여탈권을 쥔 절대권력인 셈이다. 그가 어떤 판정을 내리느냐에 따라 한 사람의 사회적 삶의 존망이 달렸다. 교회가 모든 것을 좌지우지했던 서양 중세의 역사에서 그런 모습은 너무나 쉽게 찾을 수 있다. 잘못을 고치기는커녕 오히려 그것을 칼자루 삼아 망나니 춤을 추는 모습과 다르지 않다.

그걸 그저 과거의 일이라고, 지금은 그런 악습이 전혀 없다고 강변할지 모른다. 그러나 형태와 방식의 차이가 있을지는 모르지만 그러한 악습이 온전히 사라졌다고 자신 있게 말하기는 어렵다. 사회적 약자를 억압하고 차별하며 심지어 내쫓는 일은 여전히 일상사이다. 이른바 블랙리스트라는 걸 만들어서 자기들에게 한번 밉보이면 다시는 어디에도 일자리를 얻을 수 없게 만드는 일이 허다하다.

어떤 기업은 아예 자신들은 최고의 대우를 해주기 때문에 노동조합이 필요 없다며 그런 움직임의 낌새만 보여도 못살게 굴어서 결국 포기하게 하거나 그게 통하지 않으면 모든 수단을 동원해서 쫓아낸다. 마치 자신들이 이 나라의 절대권력인 듯 행세해도 이제는 아무도 그들을 야단치거나 제재를 가하지 않는다. 그들의 허물을 알아도 무서워서 말하지 못한다. 그걸 알고 그 기업은 안하무인이고 무소불위다. 세상 사람들 눈치 볼 것도 없고 사법기관조차 그들을 어찌 하

더 큰 용기를 위한 인문학 /

202

지 못하니 제 하고 싶은 대로 다 한다. 이젠 아예 국가권력에 대해서
도 감 놔라 대추 놔라 제 입맛에 맞게 조율하려 든다. 그러니 아예 그
들 자신이 옳고 그름을 판단하는 판관이자 집행관이다. 교회가 그들
의 횡포와 야만에 대해 비판하고 따끔하게 야단쳤다는 말을 별로 들
어보지 못했다. 적당히 눈 감고, 때론 그 약자들을 빨갱이라 비난하
면서 강자들에게 잘 보이기 위해 노력하는 경우도 허다하다.

　우리는 사람을 온전한 인격체로 대우하고 어떠한 조건을 달아서
배제하고 차별하지 않아야 한다. 그게 사랑이고 인간에 대한 예의다.
예수가 한센씨병 환자들에게 사제에게 찾아가 그들의 몸을 보여주라
고 한 깊은 뜻을 새겨봐야 한다. 그런데도 우리는 여전히 예수가 모든
질병을 고쳐준 놀라운 기적에만 눈과 마음이 머물러 오히려 태연하
고 뻔뻔스럽게 그런 약자들을 억압하거나 외면하고 있지는 않은지 돌
아볼 일이다.

감사의 마음을 전하는 것이 더 중요하다 여긴 사마리아인
/
열 명의 한센씨병 환자들은 사제에게 가는 도중 자신들의 몸이 나았
다. 그런데 여기서 우리의 관심을 끄는 사람이 하나 있다. 그 사람은
자신의 병이 나은 것을 알고 가던 길을 돌려 하느님을 찬양하면서 예
수에게 돌아와 그 발 앞에 엎드려 감사를 표했다. 게다가 그는 사마
리아 사람이었다.(루가 17:15) 왜 그 사람만 돌아왔을까? 다른 아홉 사

람은 파렴치한 사람들이었을까? 그렇지는 않았을 것이다. 굴레에서 벗어난 자신들의 모습을 사제에게 보여서 정상적인 삶을 공인받고 싶은 마음이 앞섰을 뿐이다. 게다가 예수가 사제에게 가라고 했으니 그들에겐 잘못이 없다고 할 수 있다. 다만 그들이 먼저 생각한 건 '자기 자신'이었다는 건 분명한 사실이다. 그런 점에서 그들은 자기중심적이었던 셈이다. 돌아온 사람은 유대인들이 불가촉천민처럼 여기는 사마리아 사람뿐이었다. 그는 사제에게 가는 것보다 자신을 낫게 해준 예수에게 가서 감사의 마음을 전하는 게 더 중요하다고 여겼다. 사실 예수가 "하느님께 찬양을 드리러 돌아온 사람은 이 이방인 한 사람밖에 없단 말이냐!"고 한 걸 한탄이나 야속함이라고 받아들이면 자칫 그릇된 해석이 될 우려가 있다. 예수의 말은 그렇게 돌아온 사마리아 사람에 대한 특별한 칭찬이라고 봐야 한다.

사마리아 사람은 요즘으로 따지자면 '교회 밖의' 사람이다. 이 점은 꼭 명심하고 있어야 한다. 사마리아 사람에 관한 이야기를 만날 때마다 기억하고 있어야 한다. 특히 '내 교회에 들어와야만', '예수를 믿어야만' 천당에 갈 수 있다고 외치는 사람들이 꼭 잊지 말아야 할 주인공들이다. 자기중심적이지 않았던 이 사마리아 사람은 아마도 다른 사람들을 위해 사랑을 베풀고 살았을 것이다. 그게 다른 아홉 사람과의 차이다.

서울 가리봉동의 '외국인 노동자 전용 의원'은 바로 그런 마음에서 비롯되었을 것이다. 복음서에 나오는 수많은 장애인과 병자들을 고쳐준 예수의 모범을 따른 아름다운 모습이다. 불법 체류자와 가난한 이주 노동자들에게 가장 무서운 것은 악덕업주의 패악도 체포와 추방의 공포도 아니다. 바로 병에 걸리는 것이다. 그들의 유일한 자산인 몸뚱이가 병들면 아무 일도 하지 못할 뿐 아니라 치료하려면 엄청난 돈이 든다. 그들에겐 의료보험 혜택도 없다. 그런데 이 병원은 예수의 기적이 지금 이루어지는 모습을 보여주고 있다. 병원을 세운 김해성 목사는 2012년까지 외국인 노동자 시신 1,600여 구를 수습했고 5년 동안 무료로 진료하고 치료해준 사람이 무려 17만 5,000명이나 된다고 한다. 그가 우리 시대의 예수이다. 그의 뜻을 따르고 지원해준 후원자들과 자원봉사자들이 예수의 제자들이다.

영등포에 요셉병원을 세워 노숙자나 영세민들에게 무료로 의술을 베푼 고 선우경식 원장 또한 이 시대의 예수요 제자이다. 그게 바로 기적이다. 사랑의 마음으로 자신을 변화시키고 다른 사람에게 손을 내밀어 함께 일어나 모두가 온전한 인격체로 설 수 있게 해주는 그 일들이 바로 기적이다. 돌아온 그 사마리아 사람의 마음 자세와 같다. 그 사람의 마음을 닮아가는 일이 내가 실천할 수 있는 사랑의 첫 단추가 아닐까? 그건 바로 삶의 예의고 의리다. 예수가 내게 던진 화두는 바로 그것이 아닐까?

공동체에 속한 사람들의 삶이란 무엇인가
/
거창할 것도 없다. 오늘 우리의 모습은 어떠한가? 내가 사는 동네에

장애아 학교가 생긴다는 소식을 들으면 온 주민이 피켓을 들고 시위하며 격렬하게 반대한다. 집값이 떨어진다고 난리다. 이른바 좋은 동네일수록 더 심하다. 오죽하면 특수학교들은 대부분 그린벨트(개발제한구역)에 있겠는가? 공기는 좋을지 모르지만 가뜩이나 몸도 마음도 불편하고 힘든 사람들이 접근하기에는 어렵다. 게다가 그들 중 상당수는 제때 치료 받지 못해 병세가 악화되어 장애를 안고 사는 경우다. 가난하기 때문이다. 그런데도 부자 동네 사람들은 그런 이들에게 그저 제 눈앞에서 사라져달라고 한다. 그리고 그걸로 끝이다.

한국 사회에 그리스도교 신자가 신구교 합쳐서 1,000만 명이 넘는다고 한다. 그렇다면 전체 인구의 4분의 1이 신자라는 계산이 나온다. 그런데 내 집값 떨어진다고 장애아를 위한 특수학교를 모두 변두리로 개발제한구역으로 내몰면서 우리가 그리스도교 신자라고, 예수를 따르는 삶을 산다고 말할 수 있을까? 예수의 기적만 떠들어댈 뿐 정작 그 본질인 사랑과 측은지심은 흉내조차 내려고 하지 않는다. 그저 나만 잘살면, 나만 건강하고 우리 가족 행복하면 그걸로 끝이라고 여기기 때문이다. 어쩌면 그것 때문에 교회에 나가는지도 모른다. 그러면서 어쩌다 그 사람들에게 경제적 도움을 주고 가끔 봉사 나가는 것으로 할 바를 다했다고 자위한다. 부끄럽고 안타까운 일이다. 정녕 이런 내가 그리스도교 신자고, 예수의 제자며 하느님의 자녀라고 자신 있게 말할 수 있을까?

백인대장에게서 배울 것은 치유된다는 믿음 이전에 자기 종이지만 그가 겪는 고통에 안타까워하면서, 그를 돕기 위해 겸손과 예의를 다 갖춰서 예수를 찾아간 그 마음이다. 그것이 진정한 그리스도 공동체에 속한 사람들의 삶이다. 예수를 믿는다고 떠들고 전도한다고 외치는 게 능사가 아니다. 신자 수가 늘었다고 하느님의 축복을 받았다고 행복해하지 말아야 한다. 단 한 명의 신자더라도 진정 하느님의 자녀답게, 예수의 복음을 실천하는 사람이 될 수 있음에 감사해야 할 일이다. 모든 이를 정당한 인격체로 대하는 것이 바로 그 사랑의 본질이다.

오병이어의 기적에 담긴
진짜 의미

모여든 **군중**과 지친 **제자들**
/

사람이 살아가는 데 필요한 것은 세 가지, 즉 의식주다. 그런데 집은 한번 마련하면 거의 일생을 버틸 수 있고, 옷은 몇 년 혹은 최소한 몇 달은 견딜 수 있다. 하지만 먹는 건 다르다. 하루에 꼬박꼬박 세 끼니를 챙겨야 사람이 살아갈 수 있다. 가난하던 시절이나 아주 옛날에는 두 끼를 먹었다고도 하지만 어쨌거나 끼니는 건너뛰기 어려운 매일의 급선무다. 가난한 사람에게 가장 서러운 것도 바로 먹는 문제다.

불과 몇십 년 전 보릿고개가 있을 때만 해도 사람들은 독에 쌀이 가득한 모습에 주체하기 어려울 정도로 행복했다. 자식들 밥 먹는 것 바라보는 것만으로도 부모는 흐뭇해하고 행복을 느꼈다. 지금은 남아도는 음식물 처리에 골머리를 앓고 있지만 여전히 한 끼 해결에 하루를 걸어야 하는 사람들이 많다. 음식에 대한 예수의 기적은 바로 그런 점에서 바라봐야 한다.

그런 기적 가운데 우리가 흔히 '오병이어의 기적'이라 부르는 것만큼 극적인 게 있을까? 모든 복음서마다 크게 지면을 할애하여 전하는 이 복음은 〈주의 기도(주기도문)〉에서 언급하는 '일용의 양식'과 연결되어 한층 그 행복과 의미가 도드라진다. 세 복음서에 당연히 이 사건이 빠질 수 없지만 적어도 이 사건을 제대로 이해하기 위해서는 〈요한의 복음서〉를 꼼꼼하게 읽어봐야 한다. 왜냐하면 다른 세 복음서와는 달리 이 복음서에는 빵 다섯 개와 물고기 두 마리의 본디 주인이 누구인지 명확하게 나타나기 때문이다.

그러나 이 '음식 뻥튀기'의 기적을 베풀기 전의 상황에 대해 제대로 살펴보기 위해서는 〈마르코의 복음서〉를 펼쳐봐야 한다. 다른 복음서들과는 달리 여기서는 그 부분이 짧게나마 묘사되어 있다. 예수와 제자들의 매일의 일상은 숨 돌릴 틈조차 없을 만큼 바빴던 것 같다. 그렇기도 했겠다. 예수의 복음을 들을 때마다, 예수의 놀라운 언행과 기적을 볼 때마다 사람들의 관심은 높아졌고 점점 더 많은 사람들이 그의 주변에 몰려들었다. 그러다 어느 순간 예수는 그냥 '선생님'이나 대예언자가 아니라 그들이 그토록 기다리던 메시아일지도 모르겠다는 생각이 들기 시작했을지도 모른다. 복음서를 읽다 보면 그들이 예수를 메시아로 받아들이는 변화를 찾아볼 수 있다. 물론 서민대중들에게 그랬다. 율법학자들이나 제사장들에겐 눈엣가시였을 뿐이다. 하지만 예수와 제자들은 그런 눈총쯤은 처음부터 안중에 없었다. 억압받는 불쌍한 사람들에 대한 사랑이 훨씬 더 컸기 때문이다.

사람들이 몰려올수록 예수와 제자들은 정신없이 바쁘고 지쳐갔다. 마침내 도무지 안 되겠다 여겼던 모양이다. "따로 한적한 곳으로 가서 함께 좀 쉬자"(마르 6:31)고 예수가 제자들에게 제안했다. 찾아오는 사람이 너무 많아서 그들은 음식을 먹을 겨를조차 없었던 것이다.(마르 6:31) 이러한 상황 설명은 〈마르코의 복음서〉에만 나타난다.

이는 하루 종일 사람들에게 시달리면서 아무런 대가도 없이(오죽하면 제자들이 배가 고파서 밀밭 사이를 걸어가다가 밀 이삭을 뜯어 먹었겠는가?〔마태 12:1〕) 봉사한 제자들이 안쓰러운 예수의 배려였다. 그들이 있던 곳은 갈릴래아 호수 곧 티베리아* 호수 근처였다.(요한 6:1) 그래서 예수와 제자들은 '배를 타고' 따로 한적한 곳을 찾아 떠났다.(마르 6:32) 왜 배를 타고 떠났을까? 아마도 육지로 이동하면 또 다시 많은 사람들이 따라와 도저히 쉴 수 없었기 때문이었을 것이다. 하지만 그마저도 제대로 누리지 못했다. 그 일행이 떠나는 것을 본 사람들이 그들이 예수의 일행이라는 것을 알고는 여러 동네에서 모두 달려 나온 것이다. 배가 어디로 향하고 있는지 짐작하고 아예 앞질러 가서 기다렸던 모양이다. 기가 찰 노릇이다!

제자들은 그런 상황이 질리기도 했을 것 같다. 처음에는 자기들처럼 보잘것없는 사람들이 예수를 따르면서 다른 사람들의 시선을 받는 것에 행복하기도 했을 것이다. 사랑의 복음에 감동하고 악습에 대해 예수가 매섭게 비판하고 사람들이 후련해하는 모습을 보면서 뿌

---

* 티베리아라는 명칭은 갈릴래아 호수 서쪽에 자리 잡은 갈릴래아 지방의 수도 티베리아에서 따왔다.

듯하기도 했을 것이다. 예수의 기적에 깜짝 놀라기도 했고 자연스럽게 예수의 제자가 되었다는 것이 얼마나 자랑스럽고 대단한 일인지 흐뭇하기도 했을 것이다. 하지만 그런 감동도 하루 이틀이지 가난과 피곤은 그들의 일상사였다. 오죽하면 스승 예수는 그런 제자들이 안쓰러워 피신하듯 배를 타고 한적한 곳으로 가려고 했겠는가.

그런데 또 다시 사람들이 구름처럼 모여든 것이다. 나중에 밝혀진 것처럼 남자만 해도 5,000명이나 될 만큼(분명 남자들보다는 여자들이 더 많았을 것이고 당연히 엄마를 따라 나온 아이들도 있었을 것이니 최소한 만 명은 넘었을 텐데, 당시 그 인원이면 엄청난 군중이다. 인구 1,000만 명이 넘는 서울에서도 시청 앞 광장에 그런 인원이 모이는 게 쉽지 않고, 거기에 만 명만 있어도 대단히 많아 보인다는 점을 비교해보면 엄청난 군중임은 틀림없다) 많은 사람들이다. 오죽하면 산등성이에 올라(요한 6:3) 자리를 잡았을까. 그만큼 사람들이 많았기 때문이다. 하지만 복음서 어디에도 이 사람들에 대한 불평이 없다. 오병이어의 기적에서 얼핏 그냥 넘기기 쉬운 이 대목에 주목해야 하는 까닭은 바로 그것이다. 피곤에 지친 제자들도 스승 예수의 사랑에 이미 크게 전염(?)된 까닭이다.

결국 예수와 제자들은 배에서 내렸다. 그리고 목자 없는 양과 같은 그들을 '측은히' 여기며(마르 6:34) 복음을 가르쳤다. 〈마르코의 복음서〉에서 우리가 찾아내야 하는 부분은 바로 이러한 모습들이다.

어떻게 **수많은 사람들**이 **빵 다섯 개**와
물고기 두 마리를 나누어 **먹을 수 있었을까**

/

그런데 시간이 훌쩍 지났다. 사람들은 예수의 말씀을 듣다가 시간 가는 줄도 모를 만큼 흠뻑 빠져들었던 모양이다. 그들은 예수의 한 마디 한 마디에 뜨거운 감동과 희망을 맛보았을 것이다. 그런데 설교가 끝날 무렵 저녁때가 되었다. 그곳은 외딴 곳이었다.(마르 6:35) 이제 각자 돌아가야 할 시간이 되었다. 자, 이제 본격적인 사건의 전개를 위해 〈요한의 복음서〉로 옮겨보자. 시기적으로는 유대인들의 가장 큰 명절인 과월절/유월절이 얼마 남지 않았을 때였다. 예를 들어 우리가 추석이나 설 명절을 앞두고 있다고 가정해보자. 준비할 것도 많고 해야 할 일도 많다. 여간해서는 다른 일로 집을 비우고 떠나지 않는다. 그런데 사람들이 구름처럼 모여들었다. 그것만으로도 예사로운 일이 아니다. 그런데 저녁때까지 사람들이 거기에 꼼짝도 않고 있었던 것이다. 얼마나 예수의 말씀에 푹 빠졌으면 그랬을까. 어쨌거나 저녁이 되었으니 모두 돌아가야 할 시간이다.

사람들은 급하게 달려 나와서 그랬는지 모르겠지만 먹을 게 없었다. 가난한 탓도 있었겠다. 그런데 예수는 뜬금없이 제자들을 불러 그 엄청나게 많은 사람들에게 뭔가 먹을 걸 주라고 했다. 아니, 자기 제자들도 먹을 게 없어서 밭의 밀 이삭을 훑어먹는 형편인데(그것도 안식일에!) 사돈 남 말 하는 격이 아닐 수 없다. 왜 그랬을까? 예수가 제자들의 주머니 사정을 몰라서 그랬을 리는 없다. 수입이라곤 없는

데 어찌 모를 수 있겠는가. 그런데도 예수는 생뚱맞게 그 많은 사람들에게 먹을 걸 주란다. 그 마음을 헤아려야 한다. 예수는 그들이 안쓰러워 제자들에게 먹을 걸 나눠주라 일렀던 것이다.

오병이어의 기적의 경이로움은 잠시 뒤로 미뤄두자. 뭔가 좀 이상하지 않은가? 저녁이 되었으면 자연스럽게 사람들에게 돌아가라고 하면 될 일이다. 그런데 왜 예수는 뜬금없이 군중들을 먹이려 했을까? 그것도 자기네 끼니도 제대로 챙기지 못하는 상황에서 말이다. 나는 이 부분이 이 사건에서 가장 중요한 메시지라고 생각한다. 거기에 모인 사람들은 가난한 사람들이었을 것이다. 하루의 끼니 자체가 늘 걱정거리인 사람들이다. 굶지 않는 것 자체가 최고의 행복이었을 것이다. 예수는 바로 그런 사람들에게 한 끼의 행복이라도 마련해주고 싶었던 것이다! 그게 예수의 측은지심이었고 사랑이었다.

만약 부자들이 모였다면 그러지 않았을 것이다. 끼니를 걱정하는 사람들이었기에 삶의 곤궁함에서 잠시라도 벗어나게 해주고 싶었던 배려다. 가난한 그들에게 한 끼라도 도움이 돼주고 싶었던 것이다. 그 한 끼니가 그들을 조금이나 행복하게 하고 그들의 고단한 삶에 작은 위로가 될 수 있었기 때문이다. 그게 바로 예수의 마음이다. 하지만 주머니 텅 비어 있기는 제자들도 마찬가지였다. 그런 사정을 뻔히 아는 스승 예수가 사람들을 먹이라 하니 기가 찼을 것이다. 심지어 예수는 필립보에게 그 사람들을 다 먹일 만한 빵을 어디서 사올 수 있냐고 묻는다.(요한 6:5) 황당하지 않았겠는가? 돈은 둘째 치고 그 '외진 곳'에 무슨 큰 가게며 식당이 있었을까?

아마도 제자들은 어이가 없었을 것이다. 그래서 뚱한 표정으로 되물었던 것 같다. "이 사람들에게 빵을 조금씩이라도 먹이자면 200데나리온 어치를 사온다 해도 모자라겠습니다."(요한 6:7) 계산에 따라 조금씩 다르기는 하겠지만 대략 1,000~2,000만 원쯤 되는 돈이다. 얼마나 황당했을까? 그리고 스승이 얼마나 야속했을까? 자기네들이 굶는 걸 뻔히 알면서도 그런 큰돈이 있냐고 묻는 건 그런 야속함의 표현이다. 그래서 시몬 베드로의 동생인 안드레아가 쐐기 박는 말을 했다. "여기 웬 아이가 보리빵 다섯 개와 작은 물고기 두 마리를 가지고 있습니다마는 이렇게 많은 사람에게 그것이 무슨 소용이 되겠습니까?"(요한 6:9) 안드레아의 말에는 '도대체 왜 이러시는 겁니까?'라는 항변이 묻어나는 것처럼 보인다. 야속함이 담긴 불평에 가깝다. 그런 상황이다.

자, 이제 사건의 핵심으로 들어가보자. 다른 복음서에는 나오지 않고 〈요한의 복음서〉에만 묘사된 건 바로 '어떤 아이가' 보리빵 다섯 개와 작은 물고기 두 마리를 가지고 있다는 대목이다. 상상력을 발휘해보자. 사람들은 예수가 배를 타고 가는 걸 보고 여러 동네에서 뛰어 나와 따라갔다고 했다. 그 사람들이 먹을 걸 들고 뛰어갔을 리 없다. 당연히 빈손이었을 것이다. 그런데 스승 예수가 먹을 걸 찾아보라 하니 제자들이 사람들에게 물었을 것이다. "누구 먹을 것 가지고 있는 사람 있소?"

당연히 없었다. 그런데 어떤 꼬마가 달랑 빵 다섯 개와 물고기 두 마리를 내밀었다. 꼬마가 혼자 왔을 리는 없고 아마도 엄마 손에 이

끌려 왔을 것이다. 그러니까 그건 엄마가 아이 손에 들려서 내민 것이다. 엄마는 준비성이 치밀한 사람이어서 혹은 아이를 데려갔기 때문에 먹을 걸 가지고 갔는지도 모른다. 어쩌면 두 사람의 끼니를 위해 시장에서 그것을 사서 집으로 가던 길이었는지도 모른다. 그러니까 그건 두 모자母子의 저녁거리였던 셈이다. '작은' 물고기 한 마리씩 먹고 빵은 세 개와 두 개로 나눠 먹으려 했을 것이다. 그런데 모자는 먹을 걸 찾는 제자들에게 주저하지 않고 그걸 내놓았다. 왜 그랬을까? 나라면 어땠을까 생각해본다. 나와 자식이 먹으려고 준비한 먹을거리였으니 그걸 내놓으면 우리 둘은 저녁을 굶어야 할지도 모르는 형편에서 선뜻 내놓지 못했을 것이다. 부끄럽지만 그게 솔직한 고백이다. 그러나 그 모자는 주저하지 않고 제자에게 자신들이 가진 식량 전부를 내놓았다.

예수의 복음을 듣고 얻은 희망과 기쁨이 물고기 두 마리와 빵 다섯 덩이를 기꺼이 내놓도록 했던 것이다. 아이의 엄마는 복음의 의미를 제대로 알아들었다. 그리고 실천했다. 자기도 배고팠을 것이다. 그리고 가난한 아낙이었을 것이다. '작은' 물고기를 사서 먹었다는 걸 보면 그랬던 것 같다. 그 여인이 예수의 복음을 듣고 자신의 삶이 확 변화하는 감동을 느꼈다. 그러던 차에 제자들이 먹을 것을 갖고 있는 사람이 없는지 물은 것이다. 가진 걸 내놓으면 자기는 먹을 게 없어지니 슬쩍 감추고 싶었을지도 모른다. 하지만 그보다 말씀의 행복이 더 컸다. 그래서 기꺼이 내놓았다. 그게 어떻게 될 거라는 것을 예상한 것도 아니다. 어쩌면 놀라운 복음을 전해준 선생님께 뭔가 드리고 싶었을지도 모른다. 중요한 것은 자기 것에 집착하지 않았다는 사실이다. 나는 복음을 들으면서도 그걸 못한다. 귀로만 듣지 마음으로 받아들이지 못한 까닭이고 그걸 실천할 의지가 모자라기 때문이다.

그러나 오병이어의 기적은 물론 예수의 측은지심과 능력, 은총의 결과지만 우리도 그 마음을 따르면 실천할 수 있는 기적이다. 그것을 따라 실천하라고 보여준 모범이지 않을까? 내 주머니만 생각하지 않고 함께 나누려는 마음을 마련하면, 모두가 그런 생각으로 움직인다면 가능한 기적이다. 교회공동체가 바로 그 힘을 발휘해야 한다. 그런 사랑을 실천하라고 교회공동체가 마련된 것이다!

오병이어의 기적은 바로 그렇게 시작된 사건이다. 내 소유에 집착하지 않고 기꺼이 내놓은 것은 복음을 듣고 변화한 그녀의 삶과 마음에서 비롯되었다. 그게 바로 기적이다. 나와 자식이 먹기 위해 미리 마련하고 아껴둔 음식이다. 그걸 내놓으면 그 모자는 먹을 것이 없다. 그런데도 그걸 내놓았다. 복음의 가치를 깨달은 사람이 물질에 집착하는 건 협량함이라고 비난할 일만은 아니다. 그만큼 절박한 일이다. 그런데 그것을 내놓았고 예수는 이를 축원하여 엄청나게 많은 사람들을 배불리 먹이고도 남게 하였다. 예수의 측은지심과 용기 있는 아낙의 사랑이 함께 빚어낸 행복한 기적이다. 분명 이 기적은 물고기와 빵을 내놓은 모자의 믿음 때문에 가능한 일이었다. 그리고 그것은 복음에 대한 감사 때문에 가능한 일이었다. 우리도 그렇게 할 수 있을까?

더불어 **나누는 사랑**이 바로 **기적**이다

/

이 기적은 우리에게 또 다른 기적을 실천하라고 가르치는 아주 중요한 단서를 제공하고 있다. 예수의 축원 혹은 초자연적인 힘만으로 빵 다섯 개와 물고기 두 마리가 많은 사람들이 먹고도 남을 만큼의 엄청난 양이 될 수 있었을까? 물론 그건 예수의 초월적 능력에 의해서 가능한 일이다. 그러나 나는 이것이 바로 우리의 실천으로 가능한 일이라고 믿는다. 비록 보잘것없을지 모르지만 내가 가지고 있는 것을 다른 사람, 나보다 더 가난하고 굶주린 사람들에게 기꺼이 베풀기 위해 서로 십시일반 내놓을 때, 그 기적은 가능한 일이 아닐까?

조금은 유치하지만 나의 중학교 때 일이 떠오른다. 1970년대 초반만 해도 도시락을 싸오지 못하는 친구들이 제법 있었다. 내 앞자리의 짝도 그중 하나였다. 학기 초에 서로 서먹할 때만 해도 점심시간이 되면 그 친구는 자리를 떴다. 얼마 뒤 그 사정을 알게 되어 점심시간이면 앞자리와 뒷자리 친구들이 마주 보며 책상을 합쳐 네 명이 세 개의 도시락을 나눠 먹었다. 처음에는 세 명의 도시락으로 네 명이 먹자니 살짝 양이 부족한 듯했고 아쉬움이 남곤 했다. 그런데 얼마 지나지 않아 그걸 본 주변 친구들이 한 숟가락씩 밥을 덜어주고 한 젓가락씩 반찬을 올려주었다. 그러면 다섯 사람이 먹어도 될 만큼의 양이 되었다. 예전 어른들이 하시던 '얻어먹는 떡이 서 말'이라는 말이 실감났다. 그래서 우리 교실에서는 도시락 싸오지 못해서 굶는 친구들은 없었던 기억이 난다.

아마도 어쩌면 그날 그 언덕에 모였던 사람들 가운데 그 모자만 먹을 것을 내놓은 게 아닐지도 모른다. 별 건 없지만 서로 먹을 걸 모았기 때문에 함께 나눠 먹을 수 있었는지도 모른다. 그게 가능해야 이 기적의 참뜻이 살아난다. 내 것에만 집착하지 않고 옆에 있는 나보다 어려운 사람에게 마음의 문을 열고 작은 손길을 내밀 수 있게 되는 아름다운 모습이 바로 기적이다.

내가 예수를 따르기로 한 것이 그의 삶을 따르는 것이라고 볼 때, 이것이야말로 내가 마땅히 해야 할, 할 수 있는 실천이며 기적이 아닐까? 따라서 예수의 이 기적은 내게 그 기적의 실천을 요구하는 것이라고 하겠다. 예수의 기적은 내게 그의 삶을 따르도록 하는 실천적 모범이라 할 수 있다. 가난하고 병들고 억압당하는 이들을 불쌍하게 여겨 그들에게 베푼 것처럼, 나도 그렇게 살아갈 수 있다면 그 어찌 행복한 일이 아니겠는가?

너희에게 겨자씨 한 알만 한 믿음이라도 있다면 이 산더러 '여기서 저기로 옮겨져라' 해도 그대로 될 것이다. 너희가 못 할 일은 하나도 없을 것이다.(마태 17:20)

산이 옮겨질 것이라는 믿음이 중요한 게 아니다. 정말 산을 옮기고 싶은가? 그런데 그걸 옮겨서 뭐하겠는가? 그 산은 바로 나의 마음이다. 나의 마음이 움직이면 그 산이 옮겨질 수 있다. 그게 바로 믿음이고 기적이다. 그것은 이념으로서의 신앙이 아니다. 그것은 바로 나의 실천이다. 교회에 나오면 이런 기적처럼 결코 굶지 않는다고, 예수의 능력을 보며 믿으라고 떠들 일이 아니다. 내가 그 아낙의 마음을 닮아 조금이라도 나의 것을 덜어내 나와 같은 사람 나보다 못한 사람과 나눌 때 내가 행복해진다. 그리고 그 행복은 너와 함께 나눔으로써 더 커진다. 그게 들불처럼 번지면 광주리에 음식이 넘치고도 남은 것처럼 세상이 행복해진다. 그런 행복한 기적을 실천하는 것이 바로 나의 몫이다.

제발 예수의 능력에만 슳하게 방점을 찍는 그런 어리석음에서 벗어나야 한다. 정작 그 마음은 닮지 못하고 내 마음이 따르지 못하게 하면 그분(예수)이 얼마나 속상하시겠는가? 혹시 '오병이어'라는 이름을 내건 교회들이 그런 사랑의 나눔이라는 뜻이 아니라 팝콘 터지듯 신자들이 증가하여 차고 넘치는 교회가 되겠다는 꿈을 꾸고 있는 건 아닌지 궁금할 때도 있다.

기적의 놀라운 힘에만 매달릴 게 아니다. 그 기적을 행할 수 있는 실천이 더 중요하다. 물고기 두 마리와 빵 다섯 개는 적다면 적고 많다면 많은 한 끼의 양이다. 나보다 못한 사람을 위해 그걸 기꺼이 내놓을 수 있을 때 우리는 그 기적을 실천할 수 있다. 내가 교회공동체에 바치는 봉헌은 바로 그런 의미의 발현이다. 예수의 마음을 먼저 배우고 따라야 한다. 나 자신이 먼저 기적의 주체가 되지 못하고 기적의 은총만 바라고 있다면 부끄러운 일이고 성숙하지 못한 믿음일 뿐이다.

거창한 몫이 기적을 만드는 게 아니다. 재난을 당하거나 횡액을 당했을 때 언론 등을 통해 십시일반 작은 몫의 돈을 보내서 그들에게 희망을 주고 새로운 삶의 의지를 되살리게 하는 것이야말로 보통사람들이 만들어내는 위대한 기적이 아닐 수 없다. 중요한 건 나보다 못한 이를 위해 기꺼이 내 몫의 일부를 떼어줄 수 있는 따뜻한 마음이다. 그 마음을 내 안에 키우고 따를 수 있는 것, 그것이 바로 나를 통해 예수의 기적이 되살아나는 것이다. 예수의 마음을 따라 나도 그 마음을 가짐으로써 내가 변모하고 복음을 통해 성장한 것이 이미 기적의 씨앗이 아닐까?

나는 학생들에게 다음과 같은 과제도 내주곤 했다. 한 끼를 굶고 그 돈을 아프리카의 굶는 어린이들에게 보내라는, 다소 엉뚱한 과제였다. 게다가 조건도 달았다. 다이어트를 위해서가 아니라 이 시간 굶고 있는 이를 기억하며, 그를 위해 내 한 끼를 덜겠다는 마음으로 실행하라고 했다. 나도 그 실천에 동참했다. 학생들은 적어도 그 시간만큼은 그 사람들을 생각했을 것이다. 굶는다는 게 얼마나 고통스러운지, 내 몸의 건강이나 미용을 위해서가 아니라 돈이 없어서 굶는다는 게 얼마나 견디기 어려운 일인지 느끼게 되었을 것이다.

그렇게 마련한 돈이라야 겨우 3,000~4,000원에 불과하다. 학생들이 그 돈을 어떻게 보낼지 물으면 나는 각자 알아서 해야 한다고 대답했다. 학생들은 밥 한 끼 굶는 것보다 그것이 더 어렵겠다는 표정을 짓기도 했다. 그러나 그것도 잠시, 학생들은 금세 인터넷을 뒤져서 그 방법을 찾아낸다. 유니세프나 굿프렌즈 같은 단체에 보내기도 했다. 그런데 그게 이상하게 중독이 되는 모양이다. 과제가 끝나도 행복하게 한 끼 굶기가 자발적으로 지속되는 걸 보면 분명 그런 것 같다. 그렇게 우리는 작은 기적을 함께 누리며 행복해했다. 그게 우리들의 오병이어의 행복이었다. 그리고 그 행복은 계속해서 나와 학생들이 누리는 선물이 되었다. 쭈욱.

신앙 이전에
도덕적 우월성을 가져야

교회에 다니지 않으면 **구원**받을 수 없다?

/

세상에서 가장 높은 산의 이름은 초모룽마Chohmo Lungma이다. 이 말에 많은 사람들은 고개를 갸웃거릴지도 모르겠다. 세상에서 가장 높은 산은 에베레스트이니까. 맞다. 바로 그 산이다. 에베레스트 산의 본디 이름이 바로 초모룽마이다. '세계의 모신母神'이라는 뜻의 티베트어 이름이다. 에베레스트라는 이름은 19세기 영국 제국주의 시절 측량을 하면서 전임 측량단장인 에버리스트 경의 이름을 따 붙인 것이다. 굳이 따지자면 강제로 창씨개명시킨 것이다. 제국주의적 발상이고 전형적인 오리엔탈리즘의 소산이다.

1953년 뉴질랜드 등산가 에드먼드 힐러리와 티베트의 셰르파 텐징 노르가이가 최초로 그 산의 정상에 올랐다. 이후 많은 이들이 등반했다. 우리나라에서는 1977년에 고故 고상돈이 처음으로 정상을 밟았다. 라인홀트 메스너라는 독일계 이탈리아 등반가는 산소통도 셰르파도 없이, 즉 무산소 단독 등정이라는 놀라운 성과를 이뤘을 뿐 아니라 이후 히말라야의 8,000미터급 산을 차례로 무산소 단독 등정으로 완수하여 전 세계 사람들을 깜짝 놀라게 했다.

그런데 힐러리나 메스너가 자신들의 방식으로만, 자기가 올랐던 루트로만 등반해야 한다고 주장했다는 말은 들어본 적이 없다. 산에 오르는 방식은 다양하다. 그리고 더 중요한 것은 산을 '정복'하는 것이 아니라 산과 하나가 되는 것이다. 그러니 설령 정상에 오르지는 못했어도 산을 오르며 그 산과 대화하고 자신의 전존재에 대해 성찰할 수 있는 기회를 가졌다면 그 사람이 그 산에 제대로 오른 사람이라고 해도 무방할 것이다. 또한 그 산을 초모룽마라고 부르건 에베레스트라 부르건 주무랑마珠穆朗瑪(중국인들은 초모룽마를 음차해서 한자로 이렇게 쓰고 읽는다)라고 부르건, 그건 사람들의 처지와 편의에 따른 것이지 이름에 따라 산의 본질이나 존재가 바뀌는 것도 아니다. 그런데도 내가 부르는 이름만, 내가 오르는 등반로만 절대 유일의 길이라고 주장하는 이들이 있다고 생각해보라.

이 상황을 그대로 종교에 옮겨도 크게 무리는 아닐 것이다. 내가 믿는 신만 유일한 신*이며 그 신의 존재를 믿는다는 사실만으로 모든 것이 해결된다고 주장한다면 어떻게 생각해야 할까? 그런 이들은 이 땅에 그리스도교가 들어오기 전까지는 단 한 사람도 구원받지 못했다고 단언하는 경우가 많다. 도대체 이게 말이나 되는 소리인가? 자신의 종교를 옹호하고 강조하는 것은 자연스러운 것으로 이해할 수 있고 어느 정도 눈 감아줄 수도 있다. 그러나 지금 자신이 믿는 신만이 참된 신이고, 그런 신을 믿는 자신들만 구원받을 수 있다고 주장한다면 이것이야말로 정신 나간 짓이다. 하지만 불행히도 우리나라의 수많은 교회들이 대부분 이런 태도를 취하고 있다.

그들의 말을 고스란히 인정해서 예수를 믿지 않는다면 지옥불에 떨어질 수밖에 없다고 치자. 그렇다면 이미 앞 장에서 잠깐 언급했고, 다시 이 장에서 다루게 될 사마리아 사람들에 대한 예수의 언급은 도대체 어떻게 받아들이고 있는지 묻고 싶다. 물론 야곱의 우물에서 만난 사마리아 여인**은 예수의 진면목을 직관적으로 꿰뚫어본 사람

* 유일신의 유무로 고등종교와 하등종교를 나눈 것은 19세기 후반 진화론이 일반화되면서부터이다. 사실 유일신 종교는 크게 네 개로 볼 수 있다. 유대교, 조로아스터교, 그리스도교, 그리고 이슬람교이다. 그런데 이들 종교는 모두 메소포타미아 문명권에서 발생한 것들이다. 오아시스와 사막으로 나뉘는 지리적 상황에서는 굳이 다양한 신이 없어도 된다(물론 생활의 방식이 복잡해지고 다원화하면서 다신교로 변질되는 경우도 있다. 실제로 모세 시절의 유대인들도 상당수 다신교를 신봉했다). 그러나 인도나 아마존 지역처럼 다양하고 복잡한 환경에서는 유일신 개념이 통하기 어렵다. 그러니 엄밀히 말해서 신학적 입장을 떠나 문화적 입장에서 본다면 유일신 신앙이 결코 고등한 것도 절대적인 것도 아니다. 최소한 그 정도의 유연성은 수용할 수 있어야 한다.
** 예수가 사마리아 지방의 시카르라는 동네에 갔다. 거기에 야곱의 우물이 있었는데 갈증이 난 예수가 우물가에 앉았다. 그때 사마리아 여자가 물을 길러 왔고 예수가 물을 좀 달라고 청했다. 유대인과 사마리아인은 서로 상종하지 않는 것을 안 여인이 예수에게 어찌 유대인이 사마리아 여자에게 물을 달라고 하느냐고 묻자, 예수는 자신이 누구인지 알면 오히려 그녀가 자신에게 청했을 것이고 그녀에게 샘솟는 물을 주었을 것이라고 대답했다. 또 그녀가 "메시아가 올 것을 안다"고 말하자 예수는 "내가 그다"라고 대답했다. 그녀는 예수가 한 말을 깨달았다. 그 여인은 예수가 남편을 데려오라 하자 남편이 없다고 대답했다. 그녀는 남편이 다섯이나 있었는데 지금의 남자도 남편은 아니었다. 자신의 처지에 대한 여인의 솔직한 대답에 예수가 칭찬하자 여인은 예수를 예언자이며 메시아로 받아들였다. 제자들이 나중에 사마리아 여자와 이야기하는 스승의 모습을 보고 깜짝 놀랐다. 접촉해서 안 되는 사마리아 여자라는 것만 생각했지 그녀가 예수와 무슨 대화를 나눴는지 묻는 제자는 없었다.(요한 4:5-42) 전승에 따르면 이 여인이 사마리아 공동체에서 예수를 따른 첫 번째 제자가 되었다고 한다. 그리고 그리스도의 복음을 전하다가 순교했다고 한다.

이니 어느 정도는 그들의 주장에 수긍할 내용이라고 백 번 양보해도, 예수가 언급한 '착한 사마리아 사람'의 이야기와는 도무지 앞뒤가 맞지 않는 억지요 견강부회가 아닐 수 없다. 어떤 신앙을 선택했느냐를 가지고 언쟁을 하기보다는 도덕성의 우월성부터 발휘해야 한다. 적어도 그런 결심부터 해야 한다.

하느님을 사랑한다는 것은 이웃을 사랑하는 것이다
/

사람마다 받아들이는 것이 서로 다르겠지만, 내게는 복음서에서 가장 감동적 장면이 바로 착한 사마리아 사람에 관한 이야기다. 솔직히 내게 그것은 예수의 탄생, 죽음, 부활보다 더 감동적이다. 물론 예수의 탄생과 삶, 그리고 죽음과 부활보다 더 큰 가치와 의미가 어디 있을까만, 우리가 그 삶과 가르침을 닮고 따르기 위한 롤 모델로서 이보다 더 아름답고 감동적이며 깊은 깨달음을 얻게 하는 것을 찾기는 어렵기 때문이다.

이야기의 발단은 예수를 함정에 빠뜨리기 위한 끝없는 시도 가운데 하나였다. 어떤 율법교사가 물었다. "선생님, 제가 무슨 일을 해야 영원한 생명을 얻을 수 있겠습니까?" '선생님'이라고 부른 사실이나 '영원한 생명'을 언급한 것을 보면 정중한 듯 보이지만 사실은 매우 예민한 질문이다. 피조물인 인간이 창조주의 영역인 영원 혹은 영원한 생명을 언급하는 건 신을 모독하는 일이라고 계산한 것이기 때문이다. 속을 떠보기 위한, 즉 얼핏 존경을 가득 담은 질문처럼 여겨질지 모르지만 그런 독을 담고 있는 것이다. 만약 '영원한 생명'에 대해 구체적인 언급을 하면 그걸 꼬투리 삼아 궁지에 몰 생각이었을 것이다. 그러나 예수는 뜻밖에 그에게 질문한다. 이미 율법학자가 던진 물음의 의미와 의도를 훤히 알고 있었기 때문이다.

> 율법서에는 무엇이라고 적혀 있으며, 너는 그것을 어떻게 읽었느냐?(루가 10:26)

율법교사이니 율법서에 관한 한 최고의 전문가가 아니겠는가? 아니나 다를까 주저하지 않고 그의 입에서 즉각적인 답이 나온다. "네마음을 다하고 네 목숨을 다하고 네 힘을 다하고 네 생각을 다하여 주님이신 네 하느님을 사랑하여라. 그리고 네 이웃을 네 몸같이 사랑하여라" 하고 당당하게 대답했다.

무조건 율법서를 무시하거나 깎아내릴 일이 아니다. 그런다고 해서 내가 예수의 편에 온전하게 서는 게 아니다. 예수가 이렇게 말했던 걸 기억하자.

> 내가 율법이나 예언서의 말씀을 없애러 온 줄로 생각하지 말아라. 없애러 온 것이 아니라 오히려 완성하러 왔다.(마태 5:17)

그것을 실천하는 구체적인 방법이 바로 이어진다. 이웃을 사랑하라는 것이다. 그것도 내 몸같이 사랑하라는 것이다. 사실 그건 너무 어려운 요구이다. 어떻게 남을 나처럼 대할 수 있겠는가? 하루 이틀도 아니고 한두 사람도 아닌데 말이다. 하지만 누군가를 사랑할 때 우리는 재거나 따지지 않는다. 알아주지 않아도 주는 것만으로도 이미 행복하다. 특히 자식에 대한 사랑은 거의 맹목적이기까지 하다. 차라리 내가 아프고 목숨을 내던지더라도 자식이 고통받는 건 견딜 수 없다. 그러나 엄밀히 말하자면 자식도 사실은 이웃의 일부다. 그렇게 생각하면 자식만큼은 아니더라도 이웃에 대해서도 그런 태도를 잃지 않으려 노력해야 한다. 하느님을 사랑한다고 백 날 천 날 입으로만 떠들게 아니라 자식 사랑하듯이 이웃을 사랑하려고 최선을 다하는 것이다. 그게 바로 율법서가 우리에게 주는 가르침이다.

진정 우리가 **사랑**해야 할 **이웃**은 누구인가

/

어느 자동차 회사의 해고 노동자가 더 이상 버티고 견디지 못하여 삶을 마감했다. 그게 벌써 스무 명을 훌쩍 넘었다. 앞으로 그 죽음이 더 이어질지도 모를 형편이다. 다른 회사에 취업하려 해도 이미 블랙리스트에 올라서 어느 곳에서도 그들을 고용하지 않는 게 현실이다. 참으로 못된 사회고 사람들이다. 그러니 오도 가도 못한 채 살아 있어도 산 것이 아니라는 자포자기와 좌절, 분노와 절망, 무너져버린 자존감 등이 이어지는 한, 두렵지만 앞으로의 일들을 능히 예상할 수 있는 상황이다. 그렇게 된 상황에 대해 책임을 져야 할 사람들이 분명 있다. 물론 그 회사의 노동자들에게도 일정 부분 그 탓이 있을 것이다. 하지만 더 큰 책임이 있는 경영진들은 모두 단물 다 빼먹고 내뺐다. 그 탓을 고스란히 노동자들에게만 전가한다.

그러나 이미 지금은 그 책임의 소재를 따지고 물을 상황을 훨씬 넘어섰다. 그런데도 이들에게 관심을 갖고 지원을 해주는 이들은 별로 없다. 국가는 나 몰라라 하고, 해고 노동자들이 모이면 잡아가면서 공권력을 행사하는 것이라고 잡아뗀다. 함께 일하던 근로자들도 해고된 사람들과 살아남은 사람들로 갈렸다. 그러는 사이 사람들이 하나씩 둘씩 죽음의 행렬로 나아갔다. 어떻게 한두 명도 아니고 스무 명이 넘는 사람들이 제 목숨을 끊었는데도 어쩌면 그렇게 우리는 태연자약할 수 있는지! 놀랍고 두렵다.

교회가 그 문제에 대해 나섰다는 말은 별로 들어보지 못했다. 크고 돈 많은 교회일수록 이 문제에 대해서는 입을 다물고 눈길 한 번 건네지 않는다. 그런 교회일수록 기업가들이 많고 권력가들도 있으니 이들의 눈치를 볼 수는 있을 것이다. 하지만 교회가 이들의 눈치를 '봐야 하는' 건 결코 아니다. 그게 어디 그 회사뿐이겠는가? 부끄러워서 되돌아보기도 두려운 용산 참사를 비롯한 수많은 비인간적인 일들이 횡행하고 있다. 지금도, 이 문명사회에서.

율법학자의 청산유수 같은 대답을 듣고 예수는 이렇게 말했다. "옳은 대답이다. 그대로 실천하여라. 그러면 살 수 있다." 예수는 단호하게 말했다. 선언이나 이념이 중요한 게 아니다. 그것을 실천하지 않으면 아무것도 아니라는 것이다. '그러면 살 수 있다'는 건 뒤집어 말하면 그렇게 하지 않으면 죽는다는, 혹은 영원한 생명을 얻지 못한다는 뜻인 셈이다. 과연 지금 내가 살고 있는 걸까? 혹은 살 수는 있는 걸까? 뜻밖에 방법은 간단한 듯하다. 이웃을 내 몸처럼 사랑하면 되는 것이니 말이다.

율법학자가 다시 반문한다. 자기가 생각해도 그렇게 정확하게 답변한 게 우쭐하기도 했을 것이고, 예수의 속을 더 파고들면 뜻하지 않았던 꼬투리를 잡을 수 있을지 모르겠다고 여겼던 것 같다. "그러면 누가 저의 이웃입니까?" 사람들은 〈루가의 복음서〉의 이 대목을 읽으면서 그 율법학자를 비웃을지 모른다. 그러나 정작 우리는 그 율법학자의 반의 반에도 미치지 못하고 있지는 않은지 두렵다. 누가 우리의 이웃인지 아예 묻지도 않으니 말이다. 과연 나의, 우리의 이웃은 누구인가?

가장 **아름다운** 그 사람, **착한 사마리아 사람**

/

앞서 언급했던 것처럼, 나는 복음서에서 이 부분이 가장 감동적이어서 예수의 말씀을 그대로 옮겨놓고 이야기를 이어가고 싶다.

어떤 사람이 예루살렘에서 예리고로 내려가다가 강도들을 만났다. 강도들은 그 사람이 가진 것을 모조리 빼앗고 마구 두들겨서 반쯤 죽여놓고 갔다. 마침 한 사제가 바로 그 길로 내려가다가 그 사람을 보고는 피해서 지나가버렸다. 또 레위 사람도 거기까지 왔다가 그 사람을 보고 피해서 지나가버렸다. 그런데 길을 가던 어떤 사마리아 사람은 그의 옆을 지나다가 그를 보고는 가엾은 마음이 들어 가까이 가서 상처에 기름과 포도주를 붓고 싸매어주고는 자기 나귀에 태워 여관으로 데려가서 간호해주었다. 다음 날 자기 주머니에서 돈 두 데나리온을 꺼내어 여관 주인에게 주면서 '저 사람을 잘 돌보아주시오. 비용이 더 들면 돌아오는 길에 갚아드리겠소' 하며 부탁하고 떠났다. 자, 그러면 이 세 사람 중에서 강도를 만난 사람의 이웃이 되어준 사람은 누구였다고 생각하느냐?(루가 10:30-36)

강도를 만나 가진 것 다 빼앗기고 몸까지 망가진 사람을 처음 본 사람은 사제였다. 교회의 지도자다. 율법의 전문가요 최고 권위자인 사람이다. 그런데 정작 사제는 그 사람을 피했다. 괜히 자기가 떠안게 될지도 모를 불편함이 떠올랐던 모양이다. 그는 율법을 알고 있는 사람이었지만 정작 실천하지 않았다. 강도를 당해 생명이 위태로운 사람은 이웃이 아니라고 여겼기 때문이었을까? 이른바 성골聖骨인 사람들의 모습이 흔히 그렇지 않은가?

두 번째로 그 불쌍한 사람을 본 사람은 레위 사람이었다. 여기서 왜 뜬금없이 '레위 사람'이라는 말이 나왔을까? 레위는 야곱의 아들로 어머니는 레아였다. 레아는 남편으로부터 사랑받지 못한 여인이다. 그래서일까? 레위는 아버지 야곱으로부터 저주의 말까지 들었다. 다행히도 나중에 모세가 가련하고 가장 저주받았던 레위의 후손들에게 축복을 내렸다. 그래서 레위 사람들은 이스라엘 민족 가운데 말씀을 가르치고 제사를 담당하는 직분을 맡았다. 율법교사인 랍비들도 레위 부족 출신이 가장 많았다. 그러니 당시의 지식인이나 유지쯤 되는 이들의 상당수가 바로 레위지파에 속한 사람들이었다. 그런데 그 사람은 어땠는가? 그 역시 '피해서' 지나가버렸다. 이른바 진골眞骨이라는 사람들의 적나라한 모습이다.

흔히 사회지도층(나는 개인적으로 이 표현이 아주 싫다. 도대체 누가 사회를 지도한다는 말인가? 그들에게 시민을 가르쳐야 한다는 역할이 주어졌는가? 참으로 우습고 해괴한 말이다. 솔선수범은커녕 지배하려고만 하고 착취하려고만 하는 자들도 많다. 이왕 '사회' 어쩌고 하는 말을 쓰고 싶으면 '사회봉사층'이라고 써야 하지 않을까? 제발 봉사라도 제대로 하라는 뜻으로!)이라는 사람들은 누구를 바라보고 있는가? 힘들고 어려운 처지에 있는 이들, 고통받고 멸시받는 사람들을 자비의 눈길로 바라보고 따뜻한 손을 내밀고 있는가? 오히려 그들의 고통을 외면하고 그들이 받는 냉대와 멸시는 당연한 몫이라며 밀어내고 있지는 않은가? 앎이 삶으로 내재화되지 못한 지성이나, 술수와 이해관계를 사회적 질서와 안녕으로 포장하는 권력이 저지르는 횡포다. 사제와 레위 사람은 바로 그런 허위의 가면을 쓴 바로 그런 사람들이다. 그리고 그것은 바로 지금 나의 모습이다. 그들은 권위를 내세우면서 정작 자기만 챙기기 바쁘다.

강도를 만난 사람을 구한 이는 바로 사마리아인이었다. 사마리아 사람들이 어떤 사람이었는가? 그들은 불가촉천민만큼이나 당시 유대인들이 꺼리던 사람들이다. 현실이야 어찌 되었든 유대인들은 적어도 도덕적으로는 그렇게 여기며 살았다. 혹은 유대인들은 그렇다고 강변하고 싶었을 것이다. 북이스라엘 왕국에 속했던 사마리아는 아시리아에 정복된 이후 이민족들과 섞여 살았다. 그래서 순혈주의를 고수했던 남유다 왕국에 속했던 유대인들에게는 그게 아주 못마땅했다. 게다가 경제적으로도 자신들보다 나았다. 유대인들은 바빌로니아에 끌려갔으니 그들의 재산이 제대로 지켜질 리 없었던 반면 사마리아 사람들의 처지는 상대적으로 나았기 때문이다. 하지만 도덕적인 점에서는 조금 꿀렸던 게 사실인 것 같다.

그러나 그 '도덕적'이라는 게 얼마나 허구적인 것인지 이 사건은 상징적으로 보여준다. 유대의 지도층 인사들의 표리부동과는 달리 겸손한 사마리아 사람은 강도를 만난 사람을 '기꺼이' 도왔다. 복음서에는 직접적인 언급이 없지만 문맥과 상황을 고려해볼 때 강도를 만난 사람은 아마도 유대 사람이었을 것이다. 사마리아 사람은 (예전에는 같은 야곱의 자손이었지만, 이제는 남보다 못한 처지인) 이민족인데도 그런 출신이나 배경 따위는 전혀 따지지 않고 도왔다. 그저 '가엾은 마음이 들어' 그랬을 것이다. 예수 기적의 바탕인 바로 그 마음이다. 그것이 바로 맹자의 측은지심이고 예수의 사랑이다. 그래서 '가까이' 갔다. '마음의 거리가 줄어드는' 건 바로 동정과 공감이다. 그게 소통이다. 말로만 마음으로만, 혹은 머리로만 통하는 게 아니라 직접 다가

가야 서로 통한다.

사마리아 사람도 어딘가 가고 있어서 바빴을 것이다. 그런데 다친 사람을 가엽게 여기는 마음은 그런 조바심을 누르고 기름과 포도주로 그의 상처를 씻어주게 했다. 그걸 보면 아마 어딘가 멀리 가던 중이었던 것 같다. 그러니 그런 것들을 나귀에 싣고 있었을 것이다. 그는 자신을 위해 준비했던 것을 아무 조건 없이 내준 것이다. 응급처치만 하고 떠날 수는 없어서 그 사람을 나귀에 싣고 여관으로 데려가 보살폈다. 때문에 자신은 나귀에서 내려서 걸어갔을 것이다. 그는 분명 어딘가 먼 곳에 미룰 수 없는 용무가 있었던 것 같다. 아마도 상인이 아니었을까 싶다. 이미 충분히 선한 일을 했음에도 불구하고 다음 날 떠나면서 여관주인에게 두 데나리온의 돈을 줬다. 포도밭 일꾼의 비유에서 본 것처럼 당시 하루 품삯이 한 데나리온이었으니 큰돈은 아니지만 그렇다고 적은 돈도 아니다. 그걸 나중에 이자까지 쳐서 받으려고 대납한 건 분명 아닌 듯하다.

사제나 레위 사람은 영양가 없는(?) 일은 하지 않았을 사람들이다. 이 두 사람은 바로 '교회의 사람들'이었다. 하지만 사마리아 사람은 자신의 시간과 비용을 부담하면서까지 강도당한 불쌍한 사람을 구해주고 보살펴줬다. 그런데 마무리까지 깔끔하다! 여관에 남겨둔 그 사람을 돌봐달라고 부탁하면서 돈이 더 들면 돌아와서 주겠다지 않는가? 이 사람은 이른바 '교회 밖의 사람'이다. 도대체 이 사마리아 사람은 무엇을 위해서 그토록 지극정성이었을까? 보상을 바라고 그랬을까? 칭찬을 받기 위해서 그랬을까? 아마도 그 사람은 인간의 일반적 본성을 잘 알았던 것 같다. 자신에게 이익이 되지 않으면 쉽게 외면한다는 걸 말이다. 그래서 자신이 손해를 보더라도 끝까지 불쌍한 처지의 사람을 챙겨주기 위해 돈까지 주며 돌아오겠다고, 비용이 더 들면 지불하겠다고 약조하면서 부탁한 것이다. 그렇게 하지 않으면 주인이 그 불쌍한 사람을 제대로 보살펴주지 않을 수도 있다는 걸 알았기 때문에 그랬을 것이다.

우리 자신은 어떤 이웃인가
/
나는 이 사마리아 사람이야말로 예수의 마음에 가장 가까이 다가선 사람이라고 감히 생각한다. 예수가 사람의 몸으로 세상에 온 가장 큰 이유는 물론 인간을 죄에서 구원하기 위해서다. 그러나 그게 단지 '예수의 존재를 믿는다'는, 너무나 간단한(?) 일로 이루어지는 것이라는 주장은 오히려 그 가치와 의미를 더럽히고 깎아내리는 일이 아닐까?

생각을 바꿔야 한다. 예수는 당신의 존재를 선언하고 그 존재성을 받아들이라고 주장한 것이 아니다. 어떠한 선언이나 율법으로도 하느님과의 관계를 회복하지 못한다면 무슨 의미가 있겠는가. 그래서 기꺼이 사람의 몸으로 직접 모범을 보여주기 위해 이 땅에 온 것이다. 그게 바로 '사람의 아들'의 진정한 의미다. 그런데 정작 중요한 것은 보지 못하고 그저 예수를 믿는다고 입에만 걸치는 것으로 구원받을 수 있다고 떠들어댄다. 그것은 부끄럽게도 하나의 프로파간다, 즉 선전에 불과할 뿐이다. 예수를 믿으면 하늘나라에 갈 수 있다는, 구원받을 수 있다는 값싼 은총일 뿐이다. 아니, 그것은 은총도 될 수 없다. 어설픈 자기만족일 뿐이다.

그런 값싼 은총의 저급한 마케팅을 한 방에 깨뜨리는 게 바로 착한 사마리아 사람이다. 그는 예수를 믿는다고 떠든 사람도 아니다. 그러나 예수의 가르침을 가장 정확하게 실천한 사람이다. 나와 믿음이 다르다고, 종족이 다르다고 외면하는 배타성을 깨뜨리는 게 예수의 복음이다. 사마리아 사람은 강도당한 사람이 어디에 속한 사람인지 어떤 사람인지 전혀 따지지 않았다. 오로지 그의 고통을 가엽게 여겨 돌보고 보살폈다.

그를 업신여긴 사제나 레위 사람에겐 그런 사랑이 없었다. 말로는 율법서에 있는 이웃 사랑을 떠들었지만 정작 그들에게 이웃은 나와 같은 편이거나 나와 이해관계가 있는 사람이었던 거다. 그 모습은 바로 지금 우리의 모습, 우리 교회의 모습과 크게 다르지 않을 것이다. 말로는 예수를 떠들어대면서 정작 그 사랑은 실천하지 않는 편협한 우리의 모습 말이다. 게다가 그 착한 사마리아인들을 몰아내고 다그치고 있는 모습으로.

부당하게 해고된 노동자, 일하고 싶어도 일자리를 구하지 못하는 청년, 죽으라고 일해서 지금 누리는 풍요의 바탕을 마련했지만 이제는 철저하게 외면받는 외롭고 가난한 노인들이 바로 길에서 강도를 만난 그 사람이 아닌가? 내가, 교회가 착한 사마리아 사람의 반의 반만큼이라도 그 이웃 사랑을 실천하고 있는가? 시거든 떫지나 말라고,

돕지는 못할망정 그들에게 대못을 박아 상처주는 일은 하지 말아야 하건만 서슴없이 그런 짓까지 해대는 교회들이 얼마나 많은가? 그런 교회가 어디 있느냐고? 그들을 보살펴야 한다고 외치면 빨갱이라고 몰아세우는 이들이, 이 나라 대형교회를 차지한(미안하다. 이런 표현은 쓰지 말아야 하지만, 세습 등을 거리낌없이 저지르는 교회를 보면 그렇게밖에 표현하지 못하겠다) 목회자들이 누구인지 찾아보라.

앞서 이미 말한 것처럼, 이 착한 사마리아 사람의 비유를 곰곰이 읽어보면 교회 다닌다고, 예수 믿는다고 하느님나라에 가는 것이 아님을 알 수 있다. 교회가 천국 가는 티켓의 독점대리인은 결코 아니다. 그런데도 우리는 여전히 그런 생각에서 벗어나지 못한다. 그러니 무례하고 무식하게도 예수를 믿지 않은 우리 조상들은 모두 지옥에 갈 수밖에 없노라고 단언한다. 그리고 지금도 예수를 믿지 않으면 영원히 지옥불에 떨어질 것이라고 외쳐댄다. 복음서를 도대체 코로 읽었는지 발바닥으로 읽었는지 모르겠다. 오늘 한국 교회와 신자들은 정말 정신 바짝 차리고 이 대목을 겸손하게 읽어야 한다.

예수가 가르친 기본 가치는 정의가 강물처럼 흐르는 평화로운 사회다. 누르는 자도 눌린 자도 없는 자유로운 사회다. 예수는 가난하고 핍박받는 사람들의 벗이었다. 예수에게 온갖 시비를 억지로 붙여 결국 죽음으로 몰아갔던 율법학자들의 두려움이 무엇인지 돌아봐야 한다. 다시 한 번 디트리히 본회퍼 목사의 지적을 귀담아 들어야 하겠다. "그리스도교는 단지 하느님을 숭배하거나 하느님을 창조자로 믿는 것이 아니다. 그리스도교의 본질은 그리스도교적 윤리를 인간의 행동으로 실현하는 것이다."

그렇다. 문제의 핵심은 바로 윤리를 실현하는 것이다. 착한 사마리
아 사람은 바로 그런 정신을 실천한 사람이다. 그런데도 우리는 마치
내가 사마리아 사람인 양 착각한다. 정작 우리의 모습은 그 불쌍한
사람을 외면했던 사제이며 레위 사람인 것은 모르면서 말이다. 사마
리아 사람은 사실 교회 다니지 않는, 예수를 모르는 착한 사람이다.
그런데도 우리는 교회 다닌다는 이유 하나만으로 그이보다 내가 훨
씬 더 낫다고 착각하며 살아가고 있다. 도대체 우리의 이웃은 어디에
있는지, 나는 어떤 이웃인지 반성해야 한다. 스스로 목숨을 끊는 해
고 노동자가 더 이상 늘어나지 않도록 무뎌진 심장을 다시 뜨거운 피
가 도는 심장으로 되돌려야 한다. 그게 바로 예수의 마음이다. 그게
바로 사랑이다.

예수가 그 율법교사에게 물었다. "자, 그러면 이 세 사람 중에서
강도를 만난 사람의 이웃이 되어준 사람은 누구였다고 생각하느냐?"
그러자 그가 대답했다. "그 사람에게 사랑을 베푼 사람입니다." 예수
의 마지막 말은 이랬다. "너도 가서 그렇게 하여라."(루가 10:36-37) 우
리도 율법교사와 똑같이 대답했을 것이다. 그리고 다시 예수는 지금
우리에게 이렇게 말한다. "너희도 가서 그렇게 하여라!"

골수 로마 앞잡이가
나무 위에 올라간 이유

자캐오의 **열성**만 보는 우리는 **청맹과니들**이다

/

〈루가의 복음서〉을 읽다 보면 아주 독특한 사건을 만나게 된다. 바로 자캐오가 등장하는 사건이다. 예수가 예리고에 이르러 거리를 지나고 있을 때 일이다(어떤 신학자는 예리고가 물질적 욕망을 상징한다고 해석하기도 하는데, 솔직히 나는 그런 과도한 상징은 전혀 중요하지 않다고 본다. 정말 중요한 건 그 만남 자체가 던지는 의미다). 자캐오는 돈 많은 세관장이다. 세리, 즉 세금징수원에 대한 사람들의 증오는 누구나 익히 알고 있는 일이다. 로마를 위해 일하는, 그것도 이스라엘 백성들의 고혈을 쥐어짜는 당사자였으니 고약한 인간이 아닐 수 없다. 그런데 자캐오는 하급 세금징수원도 아닌 세관장이라는 제법 높은 직책을 가졌다. 그러니까 사람들은 그를 '골수 로마 앞잡이'쯤으로 여겼을 것이다.

　아마도 자캐오는 자신의 처지와 비슷한 마태오가 예수의 제자가

되었다는 소식에 귀가 솔깃했을지도 모르겠다. 마태오는 가파르나움 지방에서 세금징수원으로 근무했었으니까. 그가 스승 예수를 자기 집으로 초대하여 잔치를 베풀었을 때 바리사이파 사람들은 예수가 세리와 죄인들과 함께 식사를 한다고 비난하기까지 했다. 그런데 예수는 그런 비난에 전혀 구애받지 않고 오히려 "나는 선한 사람을 부르러 온 것이 아니라 죄인을 부르러 왔다"(마태 9:13)며 그들을 무안하게 했다. 자캐오는 그런 마태오에게 동병상련 비슷한 감정을 가졌을지 모른다. 냉대와 모멸적 질시의 눈으로 자신을 바라보는 이들에게 자신과 비슷한 마태오의 존재가 어떻게 받아들여지는지 보고 싶었을 것이다. 그리고 그런 이를 제자로 거두어들인 예수에 대한 궁금증과 기대가 컸을 것이다.

예수 시대의 세금징수원들은 로마 관리들에게 고용되어 사람들에게서 많은 세금을 거두었다. 세금을 징수하던 일을 관리하던 사람은 5년간의 임차권을 받았다. 그래서 비교적 자유롭게 때로는 과도하게 임의적으로 세금을 걷었다. 인두세, 토지세, 통행세, 관세 등 다양한 종류의 세금은 엄청난 부담이었을 뿐 아니라 이방인 지배자 로마에 도움이 되는 까닭에 세금징수원들은 유대인들로부터 멸시를 받았다. 그들은 중증 죄인이나 창녀들과 한 두름으로 엮여 부도덕한 인물들의 표상으로 여겨지기도 했고 이방인들보다 나을 것이 없는 존재로 취급되기도 했다. 그랬으니 예수가 세금징수원이었던 마태오를 제자로 삼고 세금징수원들과 함께 식사하고 동행하는 것은 당시 엄청난 스캔들이었을 것이다. 그러나 이것을 스캔들로만 보는 이들은 그 안에 담긴 예수의 사랑을 보지 못했을 뿐이다.

　자캐오는 그런 스캔들의 주인공인 예수가 어떤 분일까 궁금해서 (루가 19:3) 기다렸지만 역시 예수를 기다리고 있던 군중들을 보고 의기소침했을 것이다. 스스로가 자신의 직업과 처지에 대한 자괴감을 가지고 있었던 것 같다. 사실 세관장쯤 되는 높은 자리에 있는 사람이면 오히려 사람들을 깔보고 무시했을 텐데 그런 자괴감을 지녔다는 것만으로도 자캐오는 범상치 않은 사람이라 할 수 있다. 예전 일제시대 때 고등계 형사 앞잡이를 하던 자나 친일파들이 자신들의 처신을 부끄러워했다는 말은 별로 들어보지 못했다. 그들은 일본인보다 더 거들먹거렸고 착취와 밀고에 앞장섰던 자들이다. 부끄럽고 분하게도 해방 이후에도 그들은 여전히 권력과 부를 움켜쥐고 승승장구했다. 철면피한 자들이고 어리석은 백성들이다. 그러나 자캐오는 자신에 대한 사람들의 비난을 묵묵히 받아들였다.

　그런 그가 예수를 직접 보는 일은 별로 가망 없는 일이었다. 자신을 꺼려하는 사람들 속에 들어갈 용기를 내기도 수월찮은 일이다. 어쩌면 그들에 대한 배려일 수도 있다. 괜히 자기가 끼어들어 판을 깨뜨리지는 않을까 걱정도 되었을 것이다. 게다가 그는 키가 작아서 뒤에서 까치발을 딛고 서도 볼 수가 없었다. 그래서 얼른 앞질러 달려갔다. 그러고는 길가에 있는 돌무화과나무 위에 올라가 기다린 것이다. 기필코 예수를 봐야겠다는 그의 결의가 느껴지는 대목이다. 그런 자캐오를 예수가 모를 리 없었다. 그냥 예수만 바라보는 것만으로도 만족해할 자캐오에게 예수가 다가와 말을 걸었다. 예수를 둘러싼 사람들의 눈길이 자연스럽게 자캐오에게 쏠렸을 것이다. 세금징수원이었던 마태오를 제자로 받아들인 예수를 알고 있던 사람들조차 따가운 눈초리로 그를 봤을 것이다. 마태오는 '예전의' 세금징수원이었고 지금은 제자지만, 자캐오는 '현직의', 그것도 하급 세금징수원이 아니라 세관장이 아닌가?

> 자캐오야, 어서 내려오너라. 오늘은 내가 네 집에 머물러야 하겠다.(루가 19:5)

그런데 예수가 그의 집에서 자겠다는 폭탄선언까지 했으니 사람들은 경악했을 것이다. 도대체 무슨 일이 벌어진 걸까? 이 문제를 다루기 전에 먼저 짚고 넘어갈 게 하나 있다. 우리는 자캐오의 사건에서 과연 무엇을 배우고 느끼고 있을까? 자캐오의 열성만 강조하고 있지는 않은가? 자캐오의 그런 적극성만 배우고 있지는 않은가? 잠시 다른 이야기로 갔다 오는 것이 도움이 될 듯하다.

드레퓌스와 에밀 졸라가 주는 교훈

/

프랑스는 프랑스혁명과 인권선언에 대해 큰 자부심을 지니고 있다. 그런데 그런 자부심이 송두리째 망가지는 일이 있었다. 바로 '드레퓌스 사건'이 그것이다. 1894년 프랑스의 육군대위 드레퓌스가 간첩 혐의를 받고 체포, 유죄 판결을 받았다. 비공개 군법회의는 그에게 종신 유형을 선고했다. 독일대사관에 군사정보를 팔아넘겼다는 죄목이었다. 그러나 문제의 그 정보 서류의 필적이 드레퓌스의 필적과 비슷하다는 것 말고는 아무런 결정적인 증거가 없었다. 그런데도 그는 유죄 판결을 받았다. 이유는 단 하나, 그가 유대인이었기 때문이다. 유대인은 언제나 조국을 배반할 수 있다는 편견의 뿌리에는 엉뚱하게도 예수를 죽였다는, 도대체 말도 되지 않지만 가장 오랫동안 유럽인들의 뇌리에 박힌 거짓 정보가 있었다.

아무도 드레퓌스의 항변에 귀를 기울이지 않았다. 사실 군부도 뒤늦게 드레퓌스가 진범이 아니라는 걸 알았다. 하지만 진상을 발표하기는커녕 오히려 은폐와 조작에 앞장섰다. 오직 그의 가족만이 드레퓌스에게 씌워진 모함을 추적했을 뿐이다. 그 철옹성 같은 벽에도 불구하고 그의 가족들은 처연하게 맞섰다. 마침내 가족들은 사건의 진범인 에스테라지 소령을 고발했지만 군부는 그저 형식적으로 심문했을 뿐이었고, 어설픈 재판을 통해 그를 무죄 방면했다.

사건은 그렇게 덮인 채 사라질 뻔했다. 드레퓌스라는 악질 유대인은 명백히 유죄라는 확신 속에서. 그러나 그런 거짓과 맞서 싸운 용감한 사람이 나섰다. 바로 소설가 에밀 졸라였다. 그는 〈나는 고발한다J'Accuse〉라는 유명한 논설로 다시 사건에 이목을 집중시켰다. 에밀 졸라는 군부의 판결에 대한 의혹을 신랄하게 공박하면서 대통령에게 보내는 공개서한을 잡지에 발표했다. 그리고 불이 번졌다. 이 거짓 사건 속에서 정의와 진실, 그리고 인권의 옹호라는 가치가 인류의 보편 가치로 회자되었다.

물론 그에 맞서 '군의 명예와 국가 질서'를 내세우는 반反드레퓌스파의 저항 또한 결코 만만치 않았다. 거기에는 교회도 포함되었다. 결국 1898년 군부는 새로운 증거를 내세우며 드레퓌스의 유죄를 확정했고 반드레퓌스파는 그것 보라며 득의양양했다. 그러나 그 증거마저 새로운 날조로 판명되었고, 체포된 증거서류 제출자가 자살하면서 순식간에 국면은 바뀌었다. 정부도 어쩔 수 없이 재심을 결정했다. 그 다음 해에 열린 재심 군법회의는 또다시 드레퓌스에게 유죄를 선고했지만 드레퓌스는 대통령의 특사로 풀려났다. 그쯤에서 적당히 타협할 수도 있었다. 하지만 무죄 확인을 위한 법정 투쟁은 끝나지 않았다.

이 사건을 발화시켰던 에밀 졸라는 어떻게 되었을까? 그는 대통령에게 보낸 공개서한에서 "드레퓌스는 정의롭지 못한 힘에 의해 자유를 빼앗긴 평범한 시민입니다. 나는 전 프랑스 앞에서, 전 세계 앞에서 그가 무죄라고 맹세합니다. 나의 40년간의 역작, 그 역작으로 얻은 권위와 명성을 걸겠습니다. 그가 무죄가 아니라면 내 전 작품이 소멸돼도 좋습니다." 하지만 그는 군법회의를 중상모략했다는 혐의로 기소돼 영국으로 망명을 떠날 수밖에 없었다. 그가 무엇을 위해 그랬을까? 존경받는 작가였던 그에게 드레퓌스는 아무런 이해관계도 없는 사람이었다. 하지만 그는 오로지 진실을 위해 싸웠다. 그래서 그때까지 쌓아온 모든 걸 버리고 조국을 떠나야 했다. 결국 사건이 발생한 지 12년 만인 1906년 프랑스 최고재판소는 드레퓌스에게 무죄 판결을 내렸다.

이 사건은 어설픈 국수주의와 왜곡된 보수 가치가 진실을 감추고 한 사람의 인격을 철저하게 망가뜨릴 수 있다는 교훈을 주었다. 혁명과 인권선언에 대한 자부심이 거짓과 편견 속에서 순식간에 무너진 이 사건은 프랑스인들에게 부끄러움을 안겨주었지만, 다시는 그런 어리석은 짓이 재발되지 않도록 하는 계기가 되었다.

우리에게는 **에밀 졸라**가 있는가?

/

자캐오를 설명하다가 뜬딴지같이 드레퓌스 사건과 에밀 졸라를 길게 설명한 까닭이 있다. 나는 자캐오가 나무에 올라간 대목을 읽을 때마다 드레퓌스 사건이 떠오른다. 드레퓌스는 단지 그가 유대인이었다는 이유 하나만으로 반역죄를 뒤집어썼다. 나중에 그 사건이 조작되었다는 걸 알게 된 사람들조차 입을 다물었다. 만약 그가 유대인이 아닌 순수한(?) 프랑스인이었어도 그랬을까? 드레퓌스뿐 아니라 그 가족들은 유죄 판결도 억울한데 국가의 반역자라는 누명까지 뒤집어써야 했다.

우리에게도 그런 부끄러운 시대가 있었다. 반정부적인 인사들을 간첩으로 몰아 구금하고 심지어 사형까지 자행했다. 이른바 인혁당 사건이다. 1974년 군사독재에 맞서 대학생들이 궐기하자 당시 중앙정보부가 국가보안법 위반 등의 혐의로 23명을 구속기소했으며, 유신독재에 저항하기는커녕 앞장서서 옹호한 법원은 이 중 8명에게 사형을,

15명에게는 무기징역과 15년형을 선고했다. 사형이 선고된 뒤 겨우 20시간 만에 그들은 사형장으로 끌려갔다. 야만도 그런 야만이 없었다. 드레퓌스 사건에 비할 바가 아니다. 그런데 당시 우리들은 어땠는가? 그 사람들과 가족들을 반역자로 여겼고 사회에서 배제했다. 불행하게도 그런 못된 태도가 지금도 우리 사회에서 독버섯처럼 자라고 있으니 안타깝고 화가 치밀어 오른다. 우리에게는 에밀 졸라도 없었고, 자신의 신분과 처지를 고뇌하던 자캐오도 없었다.

우리는 자캐오를 보면서 그가 키가 작아서 나무 위에 올라가 예수를 보려고 한 깊은 신앙심을 칭찬한다. 과연 단지 그가 키가 작아서 그랬을까? 모여든 사람들을 비집고 앞에 나가서 보면 되었겠지만 사람들이 "네깐 놈이 감히 여기에 왜 끼어드는 거야?"라고 타박하지는 않았을까? 자캐오가 사람들을 피해 돌무화과나무에 올라간 것은 두 가지 이유에서였을 것이다. 하나는 도대체 예수가 어떤 존재인지 알아보고 싶었기 때문이다. 특히 온갖 편견과 왜곡의 틀을 시원하게 깨뜨린 예수의 존재가 그에게 주는 의미는 남달랐을 것이다. 그리고 또 하나는 자신 때문에 예수를 찾아온 사람들과 불필요한 시비를 일으키지 않고 싶었기 때문일 것이다. 또한 자신의 지위와 처지가 어떤 의미를 갖고 있는지 스스로 겸손하게 인식하고 있었기 때문이었다. 마치 백인대장이 예수를 직접 찾아와 하인을 고쳐달라고 하면서도 정작 자신의 집으로 모시지 않으려 했던 겸손과 배려의 마음처럼.

예수가 자캐오를 부른 것은 바로 그것을 사람들에게 자신의 가르침을 환기시키고 싶었기 때문이 아니었을까? 당신을 알아주는 자캐오가 예뻐서라기보다는 자캐오가 그렇게 홀로 떨어져 나무 위에 오르게 만든 사람들의 무딘 심장을 깨뜨리고 사랑을 깨달으라는 가르침 말이다.

"자캐오야, 어서 내려오너라. 오늘은 내가 네 집에서 머물러야 하겠다"라고 말하는 예수의 그 모습을 본 사람들의 반응은 어땠는가? 자신들의 허물을 반성하기는커녕 오히려 예수의 부적절한(?) 처사를 비난했다. "저 사람이 죄인의 집에 들어가 묵는구나!" 어쩌면 우리들의 부끄러운 모습과 그리도 똑같은지! 드레퓌스 사건 때 그를 옹호한 에밀 졸라를 역적으로 몰아세우던 프랑스인들의 모습 그대로가 아닌가! 그러나 불행히도 사람들은 복음서에서 이 사건을 읽으면서도 정작 우리의 모습이 그 사람들과 똑같다는 사실을 깨닫지 못한다. 오로지 자캐오의 열성만 칭찬한다. 그렇게 나무 위에 올라가는 노력을 보이라고만 강조한다. 안타까운 일이다.

그 사람들이 바로 자캐오가 나무 위에 올라가게 만든 사람들이다. 그걸 지적하고 비판한 사람이 그 무리에는 없었다. 우리 또한 그렇다. 드레퓌스의 진실을 규명하기 위해 자신의 모든 것을 걸고 싸우다가 망명까지 해야 했던 에밀 졸라가 바로 나 자신이어야 한다는 사실을 우리 모두 잊고 있다. 나는 자캐오를 보면서 그 점을 분명하게 깨달아야 한다고 생각한다. 지금도 우리는 여전히 자캐오의 열성을 찬미하면서도 정작 우리 주변의 자캐오는 무시하거나 억압한다. 그것은 이른바 '유체이탈'의 모습이다.

우리는 **자캐오**가 될 수 있을까?

/

그냥 먼발치에서 예수를 보기만 해도 좋겠다고 생각했던, 그래서 나무 위로 올라가서 예수를 기다리고 바라본 자캐오로서는 예수가 자신에게 말을 걸었을 뿐 아니라 자기 집에 가겠다고 했을 때 엄청나게 감동받았던 것 같다. 그럴 만도 했을 것이다. 냉대와 멸시를 당연한 것으로 받아들이고 체념하던 그에게 예수가 건넨 말은 감격적이었을 것이다. 그런데 그런 자캐오가 예수에게 어떻게 대답했는가? "주님, 저는 제 재산의 반을 가난한 사람들에게 나누어주렵니다. 그리고 제가 남을 속여먹은 것이 있다면 그 네 갑절은 갚아주겠습니다."(루가 19:8) 과연 자캐오는 단순히 예수의 말과 방문 약속에 감격해서 순간적으로 그렇게 화답했을까? 그럴 수도 있겠지만, 나는 아닐 거라고 생각한다.

그는 자신의 이웃들에게 다가서고 싶었다. 물론 자신의 직업과 처지 때문에 머뭇거린 건 사실이지만 애당초 그런 마음이 없었다면 사람들이 모여 있는 곳에 갈 생각 자체를 하지 않았을 것이다. 자신도 공동체의 일원이고 싶었을 것이다. 하지만 자신의 마음을 전할 방법도 기회도 없었던 모양이다. 그런데 예수가 자신의 존재를 온전하게 받아주고 심지어 자신의 집까지 방문하겠다고 했다. 그 방문은 예사로운 게 아니다. 온갖 비난과 실망을 일으킬지도 모를 일종의 도박처럼 느껴질 수도 있을 것이다. 그런데도 예수는 자신을 고스란히 받아들였다. 그리고 사랑까지 보여주었다. 자캐오의 충격적인 선언은 바로 그런 감응感應, correspondence의 결과였던 것이다. 그래서 기꺼이 재산도 내놓고 혹시 자신이 부정하게 취득한 것에 대해서는 몇 배로 되갚겠다고 했던 것이다. 그것은 자캐오가 새로운 사람으로 거듭나고 있다는 상징이다. 이 모든 극적 상황의 바탕에는 바로 자캐오의 자기 반성과 변화의 심정이 깔려 있음을 간과해서는 안 된다.

자, 이제 우리의 현실을 돌아보자. 편견과 왜곡이 빚어낸 허물에 맞서 용감하게 싸울 수 있을까? 예수는 아무렇지도 않게 자캐오에게 말을 걸고 그의 집에 가서 머물겠다고 했다. 이는 자캐오를 대중과 같은 사람으로 인정한다는 뜻이다. 앞서 백인대장의 집으로 가겠다고 했던 것과 마찬가지다. 하지만 우리는 예수의 그 자연스러움은커녕 에밀 졸라의 용기조차 흉내 내지 못한다. 또한 자캐오의 감격에 공감하면서도 정작 자신의 몫을 기꺼이 포기하겠다고 약속하는 겸손과 용기도 지니고 있지 못하다. 자캐오의 흉내만이라도 제대로 내본 적이 있는지 모르겠다. 복음서를 읽으면서 그저 '나는 예수를 믿는다'며 수십 번 반복해서 읽으면 저절로 하느님나라에 갈 것이라고 태연하게 믿는 청맹과니가 우리 자신의 모습은 아닌지 돌아볼 일이다. 자캐오의 변화 모습과 계기가 내 삶에서도 마련될 수 있는지, 그런 변화를 선언할 수 있는지 깊이 반성해야 한다.

어쩌면 우리 모두는 자캐오와 같을 것이다. 복음을 듣기 위해 모였다는 점에서는 그렇다. 그러나 복음을 듣기만 할 뿐 실천하지는 않는다는 점에서 우리는 분명 자캐오가 아니다. 또한 자신에게 아무런 이익도 되지 않는 드레퓌스 사건에 개입하여 거짓과 불의에 맞서 진실을 외친 에밀 졸라의 용기와 신념도 없다. 배려도 실천도 미약하다. 얼핏 대단한 실천을 하고 있는 것처럼 보일지 모르지만, 그건 보여주기 위한 자선이거나 자기만족을 위한 생색내기쯤에 머무는 경우가 허다하다. 자캐오는 예수가 자신에게 말을 걸고 집에 가서 머물겠다고 하자 주저하지 않고 자신의 재산의 반을 과감하게 가난한 사람에게 나눠주겠다고 했다. 결코 쉬운 일이 아니다. 우리도 그런 자캐오의 흉내라도 제대로 내야겠다. 자캐오는 마음을 활짝 열고 실천을 선언했다. 복음은 그런 감응에서 오는 것이다. 그런 자캐오가 되고 싶다.

무엇이 나를 진정
행복하게 하는가

참된 **행복**

/

예수의 가르침은 마지못해 억지로 따라 하는 것이 아니다. 그 가르침을 따라 살면 스스로가 행복해지고 다른 사람들도 더불어 행복할 수 있기에 기꺼운 마음으로 따라 하는 것이다. 우리는 징벌에 대한 두려움 때문이 아니라, 가르침 그 자체에 대한 가치와 의미를 스스로 깨닫고 자발적으로 실천함으로써 행복할 수 있다. 그것이 바로 자유의 핵심이기도 하다. 누구나 행복을 원한다. 물론 사람마다 행복을 실현하는 방법은 다르다. 예수는 진정한 행복이 어떤 것이어야 하는지를 가르친다.

흔히 산상설교山上說敎, 산상수훈山上垂訓이라 하고, 진복팔단眞福八端이라고도 하는 이 가르침은 앞서 말한 '하느님나라'와 더불어 예수의 가르침의 핵심을 이룬다. 산상이라고 해봐야 언덕 윗자락 정도였겠지만 사람들이 많이 모였기 때문에 예수가 높은 곳에서 설교를 했을 것이다(영어로도 sermon on the mount라고 한다. mount는 작은 산 혹은 둔덕을 뜻한다). 많은 사람들이 이미 예수의 능력과 그의 개혁성과 사랑의 복음을 전해 들었을 것이다. 그래서 많은 사람들이 예수의 복음을 듣기 위해 모였다. 무엇보다 억눌리고 소외받은 사람들에게 희망을 던지는 예수에 대한 믿음과 기대가 그들을 그렇게 모이도록 만들었다.

유대인들은 외세의 억압과 침탈에 억눌리고 소외받았다. 그들은 길고 힘들었던 바빌론 유배에서 돌아왔지만 조국은 이방인 적들에게 지배되고 삶은 고달팠다. 대부분 소작인으로 하루하루를 연명하는 처지였다. 그래서 메시아 대림待臨에 대한 갈망이 강했다. 그러나 그들은 여전히 자신들만이 구원받는다는 배타적 태도에 대해서는 반성하지 못했다. 그러면서도 자신들은 그 억압과 소외로부터 구원받으리라 기대했다. 이것은 이율배반적인 모습이다. 예수는 유대인들의 그런 태도를 질타했다. 율법을 위한 율법을 거부했고, 제도로서의 안식일이 아니라 하느님에 대한 궁극적 사랑과 감사의 실천으로서의 안식일을 강조했다(그러나 지금 우리가 그런 의미로 안식일을 지키고 있는지 냉엄하게 자문해봐야 하겠다!). 무엇보다 예수는 가난하고, 굶주리고, 억눌린 사람들을 가엽게 여겼다. 그래서 그들에게 참된 삶과 참된 행복을 가르쳤다.

마음이 가난한 사람은 행복하다.

하늘나라가 그들의 것이다.

슬퍼하는 사람은 행복하다.

그들은 위로를 받을 것이다.

온유한 사람은 행복하다.

그들은 땅을 차지할 것이다.

옳은 일에 주리고 목마른 사람은 행복하다.

그들은 만족할 것이다.

자비를 베푸는 사람은 행복하다.

그들은 자비를 입을 것이다.

마음이 깨끗한 사람은 행복하다.

그들은 하느님을 뵙게 될 것이다.

평화를 위하여 일하는 사람은 행복하다.

그들은 하느님의 아들이 될 것이다.

옳은 일을 하다가 박해를 받는 사람은 행복하다.

하늘나라가 그들의 것이다.(마태 5:3-10)

아니, 그런데 정말 이런 사람들이 행복하다고 할 수 있을까? 나는 기꺼이 '그런 행복한 사람'이기를 원하는가? 그냥 단순한 반어법이거나 위로의 수사학일까? 도무지 알다가도 모를 일이다.

누가 **진정 행복한 사람들**인가?

/

우리는 흔히 가난하고 굶주리고 울고 있는 사람들을 불쌍하고 불행한 사람들이라고 여긴다. 그래서 절대로 그런 상황에 빠지지 않으려고 노력한다. 심지어 그들을 억압하고 착취하며 업신여긴다. 그런데 예수는 왜 가난한 이들, 굶주린 이들, 우는 이들이 복되다 했을까? 단순히 이들을 위로하기 위해서 이런 말을 했을까? 물론 예수의 자비심이 삶에 지친 그 사람들에게 자연스럽게 나타났을 것이다. 그러나 그것보다 훨씬 더 큰 뜻이 담겨 있음을 기억해야 한다.

'가난한 사람'은 과연 누구인가? 사람들은 일반적으로 물질적으로 결핍한 상태를 가리켜 가난하다고 한다. 그러나 이것은 모든 형태의 억압을 받는 사람들을 뜻하는 말이다. 여기서는 정신적 육체적 억압이 모두 포함되는 의미의 말로 해석해야 할 것 같다. 왜냐하면 나 자신이 물질적으로만 존재하지 않고 영적으로도 존재하기 때문이다.

따라서 여기에서 말하는 가난한 사람이란 '영으로 가난한 사람' 즉 '마음이 가난한 사람'은 '하느님 앞에서 아무것도 내세울 것이 없음을 알고 하느님께 의탁하는 사람'까지 두루 이르는 말이다. 달리 말해, 여기에서 말하는 가난은 경제적 개념이라기보다는 일종의 사회적 개념으로 보는 게 타당하다. 결국 자신을 스스로 방어할 수 없고 다른 이의 손에 좌지우지되는 그런 사람이다. 모든 것을 하느님께 의탁한다는 것이 무엇을 의미하겠는가? 또 여기서 말하는 '가난한 사람'의 반대 개념은 '부유한 사람'이 아니라 '억누르는 사람' 혹은 '착취하는 사람'이다. 힘이 세지고 돈이 많아지면 교만하고 남을 업신여기기 쉽다. 그들이 바로 하느님을 두려워하지 않는 사람들이다. 그런 사람들이 하느님께 모든 걸 의탁하지는 않을 것이다. 그들은 더 많은 재산과 권력을 갖기 위해 약하고 가난한 사람들의 것을 착취하고 그들의 인권을 유린한다. 그런 삶은 '하느님과의 관계'를 악화시킨다. 그런 삶을 행복한 삶이라고 할 수는 없을 것이다.

부족함이 없으면 일상의 평안함에 대해 깊이 감사하지 못하는 경우가 많다. 우리는 삶이 편안하고 문제가 없으면 오히려 하느님을 찾지 않는다. 삶에 아쉬움과 어려움이 있을 때 하느님께 매달린다. 참 야박하고 얍삽한 처사다. 그러나 그런 태도마저 하느님은 너그럽게 받아들인다. 다만 그냥 당장의 문제 해결이나 탈출을 위해서 매달리는 것으로 그치지 않고, 그 사건을 통해 우리가 얼마나 보잘것없는 존재인지, 그런 삶에 얼마나 무의미하게 매달려 살아왔는지를 반성하고 성찰함으로써 나와 하느님의 관계를 회복할 수 있다면 마냥 타박만 할 일은 아니다. 이런 연약함을 통해 하느님과의 관계를 회복함으로써 우리는 '가난한 사람'이 된다.

나는 진심으로 '영으로 가난한 사람'이 되어 복되고, 더 나아가 '하느님나라'의 진정한 백성이 되고 싶다. 그러기 위해서는 다른 이를 배려하고 예를 갖추며 함께 행복할 수 있는 정의를 따라야 한다. 그것이 하느님을 공경하는 겸손한 삶이며 예수의 산상설교가 우리에게 던지는 진정한 의미라 할 수 있다. 좀 더 적극적으로 말하자면, 앞서 말한 사회적 개념으로서의 '가난한 사람들'을 위해 힘쓰고 배려하는 삶이 행복하다. 다른 이를 억압하거나 착취하는 삶을 추구하거나 이를 부러워하며 살아서는 안 된다. 따라서 내가 진정 행복하기 위해서는, 그리고 그 가르침을 준 예수의 뜻을 따르기 위해서는 마땅히 그들에게 보다 많은 관심을 기울이고 구체적 실천을 모색해야 한다.

슬퍼하는 사람들은 위로를 받음으로써 보상을 받는다. 물론 궁극적 보상은 하느님의 사랑을 통해서다. 그러나 이 가르침을 조금 현실적이고 적극적으로 접근해보자. 슬퍼하는 사람은 '마땅히' 위로를 받아야 한다. 누구에게서? 바로 나 자신이 그 슬퍼하는 사람들을 위로해야 한다. 그 위로가 하느님의 위로에 비길 수 없겠지만 그 작은 위로는 그에게 삶의 가치와 의미를 느끼게 할 것이고, 그것을 통해서 하느님의 사랑을 조금 더 가깝게 느낄 수 있을 것이다. 나 또한 그 위로를 통해 사랑을 실천함으로써 하느님과의 관계를 더 가깝게 회복할 수 있다. 그리고 위로받는 사람보다는 그래도 위로할 수 있는 사람이 조금은 더 행복한 삶을 살고 있음을 깨달아야 한다. 그것만으로도 감사할 일이다. 슬퍼하는 이도, 그를 위로하는 이도 모두가 행복할 수 있다. 옆에서 우는 사람을 외면하고, 때로는 위로는커녕 짜증을 내는 게 내 삶이었음을 먼저 반성해야 한다. 이 가르침을 통해 내가 그동안 잊고 지냈던 사랑의 실천을 깨닫고 그 실천을 통해 행복할 수 있음을 확인해야 한다. 이것은 단순한 위로나 일시적이고 피상적인 다독임이 아니라 적극적 실천을 통한 행복의 커다란 가르침이 된다.

'의로움에 굶주리고 목마른 이들'의 삶은 하느님의 뜻에 따라 사는 삶이다. 그러므로 니체가 '노예의 윤리'라고 빈정거렸던 것처럼,*

약자와 노예들이 심리적 보상을 받기 위한 자기 위로가 아니다. 하느님의 뜻을 따르는 실천적 자발성이 가장 극적이면서도 따뜻하게 담겨 있는 가르침이고 실천이다. 지금 내가 가난하지만 나중에 죽어 천당에 가면 그 보상으로 무한한 부귀영화를 누릴 것이라는 천박한 꿈이 아니다. 오히려 지금 스스로를 낮추고 다른 이를 도우며 함께 행복할 수 있어야 한다는 적극적인 실천적 복음이자 '하느님나라'의 실현이라는 궁극적 행복의 선언이다. 그러므로 이것은 행복의 역설逆說. paradox이 아니라 적극적으로 그 행복을 실천하라는 역설力說. assertion 이다.

과연 우리는 '의로움에 굶주리고 목말라' 하는가? 불의에 항거하며 자신의 이익을 포기하고 심지어 목숨까지 잃는 사람들을 보면서, 사회를 혼란에 빠뜨리는 세력이라거나 철없는 자유주의자일 뿐이라고, 심지어 빨갱이라고 매도하지는 않는가? 또는 그런 논조의 언론을 통해 길들여져서 나도 모르게 정의를 위해 애쓰는 이들을 혐오하

* 니체는 그리스도교가 진정한 자기성장을 억압해왔다고 비판했다. 특히 《비극의 탄생》을 통해 유럽인들의 정신적 기저에 깔려 있던 두 가지 본질, 즉 아폴론적인 것(이성)과 디오니소스적인 것(욕망, 감성) 가운데 후자를 거세시켰다고 비판했다. 그리고 누구나 스스로 초인(차라투스트라)이 될 수 있는, 되어야 하는 능력과 당위를 버리게 했다고 비판했다. 누구나 억압과 착취를 받으면 저항해서 자신의 권리를 찾아야 하지만, 현실적으로 불가능하다. 그 울분을 삭혀준 게 그리스도교였으며 특히 상상설교가 결정판이라고 지적했다. 니체는 그런 위선적 위로가 로마의 지배자들에게 매우 매력적인 것이었고, 교계제도의 질서를 가진 교회가 그런 현실에 야합하면서 그런 측면이 강조되었다고 비판했다. 그러나 그의 지적은 옳지 않다. 왜냐하면 성경은 이미 로마제국 이전에 존재하여 이어졌으며, 그 진정성은 니체의 비판과는 거리가 멀기 때문이다. 그럼에도 불구하고 그의 말을 경청할 필요는 있다. 무조건 터무니없는 말을 한 게 아니라 그런 비판을 받을 빌미를 제공해왔음을 겸허하게 인정하고 그것을 고치기 위해 노력해야 한다.

지 않았는지 먼저 돌이켜봐야 한다. 내가 영으로 가난하면 저절로 그리고 마땅히 의로움에 목말라하고 불의에 항거한다. 왜냐하면 영으로 가난한 사람은 다른 이를 부당하게 억압하거나 착취하지 않는 사람이기 때문이며, 자신뿐 아니라 다른 이들이 그런 일을 당하는 것을 묵과할 수 없기 때문이다. 앞서 이야기했던 그리스의 개혁가 솔론의 말처럼 피해를 입지 않은 자가 피해를 입은 자와 똑같이 분노할 때 정의가 실현된다는 점을 기억하면 쉽게 이해할 수 있을 것 같다.

우리가 매일의 삶을 이 가르침에 따라 살고 있는지 돌이켜보고 되새기며 살아간다면 누구나 추구하는 행복, 피상적이고 일시적이며 지나치면 오히려 독이 되는 그런 행복은 따르지 않을 것이다. 그보다는 본질적이며 나눌수록 더 커지는 그런 행복, 많으면 많을수록 약이 되고 득이 되는 적극적이고 궁극적인 행복을 실현할 수 있을 것이다.

따라서 이 가르침은 힘든 내 삶에 위로와 격려로 그치는 것이 아니라 능동적이고 적극적인 사랑의 실천을 통해 어떻게 행복한 삶을 살 수 있는지, 어떻게 하느님과의 관계를 회복하는 궁극적 행복을 추구할 수 있는지를 보여준다고 하겠다.

진복팔단眞福八端과 팔정도八正道, 그리고 팔조목八條目의 가르침

/

'여덟 개'의 참된 행복이라 하니 불가에서 말하는 팔정도가 떠오른다.

팔정도란 불교 수행에서의 여덟 가지 올바른 길을 뜻한다. 팔정도는 욕망과 쾌락, 그리고 고행 등의 극단을 떠난 중도中道이며, 올바른 깨침으로 인도하기 위한 가장 합리적인 방법이다. '여덟 개의 부분으로 이루어진 성스러운 도道'라는 의미로 팔지성도八支聖道라고 부르기도 한다. 팔정도를 수행함으로써 고통의 원인인 탐貪(욕심), 진嗔(노여움), 치痴(어리석음)를 없애 깨달음의 경지인 열반의 세계로 나아갈 수 있다.

올바로 보고正見, 올바로 생각하고正思, 올바로 말하고正語, 올바로 행동하고正業, 올바로 목숨을 유지하고正命, 올바로 부지런히 노력하고正勤, 올바로 기억하고 생각하고正念, 올바로 마음을 안정하는正定 것이 바로 이 여덟 가지 도이다.

유교의 가르침에도 이런 여덟 가지 덕목이 있다. 《대학大學》의 팔조목이 그것이다. 격물格物, 치지致知, 성의誠意, 정심正心, 수신修身, 제가齊家, 치국治國, 평천하平天下가 바로 그것이다. 주자는 격물치지를 '사물에 나아가 이치를 연구하여 지식에 도달하는 것'이라고 해석했으며 거기에는 인간들 사이에서 이뤄지는 모든 행위가 포함된다고 했다. 따라서 사물에 적용되는 법칙과 인간 사이에 요구되는 윤리를 모두 포함한 것이다.

팔정도나 팔조목은 언제나 수행되는 것이며 평생 연마해야 하는 도리이다. 그 핵심은 나에 집착하지 않는 것이다. 나에 대한 집착은 올바로 보고 생각하고 행동하지 못하게 만든다. 산상설교의 여덟 가지 참된 행복은 어떤가? 우리는 행복을 먼저 본다. 행복에 눈길이 먼저 닿은 것은 인지상정이다. 그러나 나만의, 그리고 물질적 행복에만 눈길이 머물면 안 된다. 더불어 행복할 수 있는 조건을 수행해야 한다. 가난한 마음, 남의 고통을 슬퍼하는 마음, 따뜻한 마음, 정의를 구하려는 마음, 자비로운 마음, 깨끗한 마음, 평화로운 마음, 그리고 의를 위해 박해를 기꺼이 감내하려는 마음을 마련하고 그에 따른 삶을 실천해야 참된 행복을 얻을 수 있기 때문이다. 그러니까 진복팔단과 팔정도, 그리고 팔조목이 그냥 '여덟'이라는 수의 일치가 아니라 실천의 일치라는 점에서 상통한다고 할 수 있다.

예수의 가르침은 단순히 언어로 전달된 그의 설교에만 국한되지 않는다. 그의 삶 전체가 하나의 거대한 상징이자 의미였고 가르침이다. 예수는 '하느님나라'와 행복의 선언을 통해 하느님을 두려워하며, 하느님과 함께 사는 사람들이 무엇을 믿고 따르며 실천하며 살아야 하는지를 가르쳤고 스스로 모범을 세웠다. "나는 예수를 믿는다"는 것은 "나는 그분의 삶을 따라 살겠다"는 자기 선언이다. 예수의 가르침은 오늘 우리에게 구체적인 지침으로 다가와 참된 그리스도인으로서의 삶의 모습을 당부한다.

우리는 예수의 가르침을 통해, 예수가 선포의 주제로 삼았던 '하느님나라'의 진정한 의미를 깨닫고, 참된 행복을 얻기 위해 어떻게 살아야 하는지 늘 되새겨야 한다. '하느님나라'는 특정 공간 개념이 아니라 삶을 지배하는 정신과 방향성을 의미한다. 그것은 완성된 왕국이 아니라 '과정으로서의 삶의 양식'이다. 달리 말하면 목적이 아니라 방법이고 절차가 중요하다고 할 수 있다. 예수가 가르친 '하느님나라'는 권력이나 폭력이 지배하는 나라가 아니라 하느님의 사랑과 평화가 충만한 세계다. 예수는 우리를 자유롭게 행복한 '하느님나라의 삶'으로 초대한다. 그것은 진정한 행복의 메시지, 곧 복음이며 자유와 해방의 소식이다. 그 삶은 궁극적으로 하느님과의 관계를 회복하는 것이고, 그것은 사랑의 실천을 통해 구현된다. 이러한 구원의 메시지를 따라 실천하는 삶이 바로 진정 행복한 삶이다.

그럼에도 불구하고 지금 가난하고 불행하지만 예수를 믿고 교회에 나오면 부자가 되고 기쁘게 된다거나, 심지어 교회에 헌금 봉헌을 열성적으로 해서(앞서 말한 과부의 동전 두 닢을 왜곡해서 그 모범을 따르라고 은연중에 강조하면서) 재산을 덜어내고 가난해져야 행복할 수 있다며 윽박지르는 이들도 있으니 답답하고 한심한 일이다. 문자만 보고 뜻을 읽어내지 못하는 짓은 그만 멈춰야 한다. 참된 실천이 따르지 않으면 결코 참된 행복을 얻을 수 없다. 아니, 그 행복은 '얻는' 것이 아니라 그 실천 자체가 이미 행복이라고 해야 한다.

기도, 하려면
제대로 하자

기도란 **무엇**인가?

/

누군가를 정말 좋아하고 사모할 때, 그리움만으로도 마음이 행복하고 함께 이 세상에 존재한다는 것만으로도 감사할 때 무슨 말을 하는가? "사랑해." 그 말이 때로는 진부해서 아무리 다른 근사한 말을 찾으려 해도 그 이상의 말을 찾을 수 없어서 '행복하게 난감한' 경우가 없었는가? 백 번을 말해도 천 번을 들어도 그 말은 항상 똑같은 의미와 힘으로 작용한다. 사랑한다는 말 이외에 그 어떤 말도 그것을 설명할 수 없다. 〈주의 기도〉는 바로 그런 '사랑'이 아닐까?

기도 안에서 우리는 하느님의 현존을 의식하고 그 현존을 인정한다. 거기에는 시간이 걸리고 믿음도 필요하다. 그러면 하느님의 현존을 의식하면서 감사하는 마음으로 사랑하는 마음으로 머무르게 된다. 기도의 초점은 내가 아니라 하느님이다. 좀 더 구체적으로 말하면, 기도는 '나와 하느님의 관계' 회복이다. 그렇기에 하느님 앞에서 우리는 자신을 낮추고 겸손하게 머물러야 한다. 그러면서 '하느님이 우리에게 원하는 은혜'를 구하는 것이다. 성경을 읽고 상상하고 기도하는 것은 그러한 하느님과의 대화를 현실로 체험하도록 도와준다.

다소 얘기가 길어졌다. 기도는 때론 편지와 같고 때론 시와 같다. 아주 간결하게, 가장 압축적으로 표현하는 것이 시고 아름다운 것이 시인 것처럼, 기도 또한 그러하다. 그런데 시에도 여러 가지가 있듯이 기도도 천차만별 백인백색이 아니겠는가? 어떤 기도가 가장 아름다우냐고 묻는 것은 어떤 시가 최고냐고 묻는 것과 다를 바 없는 어리석은 질문이다.

그러나 가장 간결하고 가장 뛰어난 기도는 있다. 그게 바로 〈주의 기도〉이다. 예수는 한 번도 기도에 대해 이래라 저래라 한 적이 없다. 오히려 바리사이*파 사람들이나 사두가이**파 사람들의 가식적이고 형식적인 기도에 대해 타박하는 경우가 더 많았다. 그런데 그런 예수가 단 한 번 기도에 대해 가르쳤는데 사람들은 그것을 흔히 〈주의 기도〉 혹은 〈주님께서 가르쳐주신 기도〉라고 부른다. 이 기도는 의외

* 바리사이(바리새)는 율법의 작은 부분까지 철저히 지킨다는 형식적 순수함을 근거로 자신들의 우월성을 강조했다. 그들은 안식일의 엄수와 십일조를 가르쳤는데 지나친 엄격함은 자칫 신앙심을 깨뜨리는 형식주의에 빠지기도 했다. 이스라엘 멸망 후 그들은 유대인들 사이에 영향력을 행사했고 후대의 랍비들은 바리사이파를 이스라엘 율법과 전통의 진정한 옹호자로 찬양했다.
** 사두가이(사두개)는 유대교 제사장을 의미하는 '사독'에서 비롯된 말이다. 그 말뜻 그대로 제사장을 중심으로 한 세력이다. 유대 전통 신학을 고수한 바리사이와 달리 헬레니즘의 영향을 방치했으며 친로마적이었다. 그들은 모세오경으로만 국한된 모세법에 배타적으로 집착하였으며 모든 구비전승들을 거부했다. 〈루가의 복음서〉에 예수가 그들과 부활 논쟁을 벌인 내용이 나온다(루가 20:27-30). 세례자 요한이 '독사의 족속들'이라고 비난했던 것이 바로 사두가이였다.

로 매우 간결하다. 전문이라 해야 불과 몇 줄 되지 않는다. 〈마태오의 복음서〉와 〈루가의 복음서〉에 나오는데 문투나 자구가 약간 다르며, 오늘날 신구교에 따라 다르긴 하지만 근본은 같으니, 여기서는 먼저 〈루가의 복음서〉를 인용한 뒤, 통상기도문 중의 〈주의 기도〉로 예를 들기로 하자.

아버지, 온 세상이 아버지를 하느님으로 받들게 하시며
아버지의 나라가 오게 하소서.
날마다 우리에게 필요한 양식을 주시고
우리가 우리에게 잘못한 이를 용서하오니
우리의 죄를 용서하시고
우리를 유혹에 빠지지 않게 하소서.(루가 11:2-4)

하늘에 계신 우리 아버지,
아버지의 이름이 거룩히 빛나시며,
아버지의 나라가 오시며
아버지의 뜻이 하늘에서와 같이 땅에서도 이루어지소서.
오늘 저희에게 일용할 양식을 주시고
저희에게 잘못한 이를 저희가 용서하오니
저희 죄를 용서하시고
저희를 유혹에 빠지지 않게 하시며 악에서 구하소서.(주의 기도)

이 짧은 기도문 전문을 읽는다 해도 겨우 1분 안팎에 불과하다. 그런데 이토록 짧은 기도문이 어찌 가장 완벽한 기도라 할 수 있을까? 어째서 예수는 이 기도를 제자들에게 가르쳤을까? 하나씩 그 구문을 새겨보자. 천천히, 묵묵히, 그리고 실천의지로.

먼저 '하늘에 계신 우리 아버지'이다.

앞서 살짝 언급했던 것처럼 이걸 편지라고 생각해보자. 그러면 당연히 편지를 받는 이의 이름을 맨 앞에 둘 것이다. 그리고 적절한 수식어를 붙여보는데, 하느님은 '하늘에 계시고' 또한 '우리의 아버지'다. 내가 보낸 편지의 수신인은 바로 '하늘에 계신 우리 아버지'다. 나는 땅에 있는 피조물이다. 흔히 하는 말로 천지 차이가 아니겠는가? 나는 지금 가장 높은 곳에 있는, 절대적인 창조자인 하느님께 다가가고 있는 것이다. 그것도 내 '아버지'로서 말이다. 그러니까 아들이 아버지에게 보내는 편지만큼이나 정감 있고 가까운 내용일 수밖에. 아버지는 근엄하기만 한 존재가 아니라 나의 절대적 후원자이자 때로는 훈육자이기도 하고 때로는 상담자이며 무엇보다 가장 가까운 친구이기도 하다. 내가 노크하고 있는 그 하느님은 바로 내게 그런 분이다.

'아버지의 이름이 거룩히 빛나시며.'

편지에 그런 말 쓰지 않는가? 옛날 편지 같으면 '기체후일향만강 氣體候一向萬康하시오며……' 그럴 것이고, 요즘 편지 같으면 '아빠, 잘 지내고 계세요? 저는 늘 아빠를 생각하고 있답니다. 그때마다 자랑스럽고요. 근데 요즘 날씨에 잘 지내고 계신지 걱정도 된답니다' 뭐 이쯤 되지 않을까? 하늘에 계신 아버지는 어떤가? 그 이름이 거룩하게 빛나시는 존재다. 그것만으로도 그 아들이 되는 나는 얼마나 자랑스럽고 자부심을 느끼는지 모른다. 그런데 내가 살면서 아버지를 빛나게 하는 방편 가운데 하나는, 바로 내가 아버지의 자랑이 되도록 하는 것 아니겠는가? 그러니까 단순히 아부하기 위해서 아버지의 이름이 거룩히 빛나신다고 칭송하는 것이 아니라 그 문장을 통해서 바로 나로 인해 아버지의 이름이 거룩하게 빛나도록 해야겠다는 자기성찰이 따라와야 한다.

'아버지의 나라가 오시며.'

그렇다. 그토록 바라고 바라던 '하느님의 나라'가 온단다. 얼마나 기뻐할 일인가? 그런데 그 하늘나라는 어떻게 오는가? 바로 '우리들의 삶을 통해' 오는 것이다. 나는 아무것도 하지 않으면서 무작정 하느님나라가 오라고, 아니 나를 하늘나라에 데려가 달라고 애원하는 것이 아니라, 바로 나의 삶을 통해 하느님의 뜻을 실천하고 그럼으로써 이 땅에 하느님의 나라를 세우는 것이다. 결국 아버지께 보낸 편지에서 '제가 앞으로 이러이러하게 삶으로써 아버지의 자랑이 되도록 노력하겠습니다' 하는 결심과 다름 아니다. 그렇게 했을 때 비로소 다음의 기도를 할 수 있을 것이다.

'아버지의 뜻이 하늘에서와 같이 땅에서도 이루어지소서.'

바로 이 염원이 실현되는 것이다. 바로 나를 통해서. 그러므로 지금 이 땅에서의 내 삶이 하느님의 뜻에 맞게 사는 것인지 끊임없이 돌아봐야 하는 것이다. 아버지의 바람과 보살핌에 걸맞게 살고 있는지를 반성하며 앞으로 반드시 그렇게 살겠다고 아버지께 편지로 서약하는 것과 마찬가지인 것이다. 물론 서약한 대로 살지 못하는 게 나의 삶이다. 하지만 편지를 쓸 때마다, 즉 기도할 때마다 조금씩 변모하려 애쓰고 조금이라도 실천해봄으로써 그 서약을 충실하게 이행하게 된다. 그게 바로 기도의 힘이다.

일용할 양식의 의미

/

'오늘 저희에게 일용할 양식을 주시고.'

편지의 그 핵심은 그래도 우리에게 필요한 것을 청하는 것이 아니겠는가? "아빠, 돈 좀 보내주세요"라든지, "엄마, 저 요즘 몸이 허약한데 약 좀 보내주세요", 뭐 이런 내용이 본론 아니겠는가? 본론은 뭘 달라는 건데, 나에게 뭐가 필요한가? 그렇다. 일용할 양식 our daily bread 이다. 빵을 달라는 것이다. 내가 살아가는데 필요한 것이 바로 빵 아니겠는가? 구조주의적으로 분석을 해봐도 이것이 가장 핵심적이라는 것을 알 수 있다. 기도문 전체가 그 빵을 중심으로, 앞은 빵을 주는 주체의 실체(하느님)와 그 주체와 객체의 관계(어버이와 자식)를, 뒤는 빵의 청원과 그 빵을 먹는 나의 결심을 보여주고 있다. 그만큼 빵은 이 기도의 핵심 중의 핵심이라고 할 수 있다.

또한 이 빵은 중의적 의미를 갖고 있다. 하나는 물질로서의 빵. 즉 삶의 물리적 조건을 만족시키는 토대로서의 빵이다. 물론 예수의 비유에서, "공중의 새들을 보아라. 그것들은 씨를 뿌리거나 거두거나 곳간에 모아들이지 않아도 하늘에 계신 너희의 아버지께서 먹여주신다"(마태 6:26)라는 말처럼, 물질적인 끼니를 걱정할 필요는 없어야 한다. 그러나 현실은 현실이다. 이겨내야 한다. 사실 가난하면 품위 있게 살기 어렵다. 인간의 가치라는 게 물질적 조건으로 결정되는 것은 분명 아니지만, 최소한도 마련되어 있지 않으면, 제대로 인간답게 살지 못하고, 인간 대접을 받지 못하는 경우가 허다하다. 그러니 물리적 빵은 매우 중요하다. 그것을 하느님께 청하는 것이 뭐 그리 잘못되었는가? 큰 허물은 아니다. 하지만 이것은 단순한 물질적인 빵에 그치는 것이 아니다.

아니, 이왕 물질적인 빵 얘기가 나왔으니 한번 짚고 넘어가보자. '일용할daily' 빵이다. 내일이나 미래를 위한 빵이 아니다. 그것은 내일을 잊거나 준비하지 않아서가 아니라 이 매일의 양식을 하느님이 줄 것이라는 확신이 있기 때문에 가능한 것이다. 내일의 내 양식을 위해 저장한다는 핑계로 다른 사람들의 것을 빼앗아 내 주머니에 쑤셔넣으려는 일을 나는 얼마나 많이 하는가? 부자의 딜레마는 그래서 생기는 것 아니었는가? 〈탈출기Exodus〉에서 이스라엘 사람들이 광야에서 헤맬 때 하늘에서 내려온 만나manna*를 기억하는가? 처음에 사람들은 그것을 능력껏 모아 광주리에 담아두었다. 누구라도 그랬을 것

---

* 모세가 이스라엘 백성을 이끌고 이집트를 탈출하여 씬 황야에서 헤매고 있을 때 먹을 것이 떨어져 죽기 직전의 형편이었다. 하느님이 이를 불쌍하게 여겨서 모세에게 하늘에서 빵을 내려주겠다고 약속했다. 다음 날 그들이 머물렀던 곳에 밤사이 싸락눈 같은 것이 하얗게 쌓였다. 이것이 만나인데 빻거나 갈아서 솥에 쪄 떡처럼 만들어 먹었다고 한다. 그러나 하루 이상 저장은 불가능했다. 그것은 탐욕에 대한 원천 봉쇄의 의미였다. 만나는 40년 동안 그들의 주식이 되었다고 한다.

이다. 내일 무슨 일이 생길지 모를 일이고, 또 언제 그런 횡재가 생길지 모른다. 그래서 다른 사람들의 몫까지 빼앗아 제 광주리에 가득 담았던 것이다. 그런데 딱 하루치의 양식이었고, 저장도 불가능했다.

매일 줄 것을 믿는 사람들, 나뿐 아니라 함께 있는 다른 사람들에게 배려할 줄 아는 사람들을 위한 양식이었기 때문이다. 우리가 청하는 빵 또한 그런 '매일의' 양식인 빵이어야 한다. 내 필요 이상의 것은 그것이 필요한 누군가를 위해 남겨두고 나눠주는 배려와 사랑. 적어도 그런 마음의 준비가 되어 있는 사람들만이 빵을 청할 수 있다고 본다. 그런데도 우리는 알게 모르게 내 것만 채워달라고 기도한다. 내일 것도 모레 것도 미리미리 더 많이 채워달라고 애원한다. '양식'에만 방점을 찍고 기도할 뿐 정작 중요한 '일용할'이라는 말은 그저 앞에 붙어 있는 무의미한 관형어나 접두사쯤으로만 여긴다. 그러나 '일용할'이라는 말 속에는 적어도 남의 것을 빼앗는 파렴치는 결코 받아들이지 않겠다는 결연한 의지가 담겨 있는, 혹은 담겨 있어야 하는 고백이다. 정말이지 이 기도 중에 '일용할'이라는 말에 특별히 마음을 기울인다면 나의 탐욕과 사악함은 훨씬 더 줄어들 것이다. 어쩌면 그것은 이 기도를 바치는 이의 의무이기도 하다.

더 중요한 것은 이 빵은 그냥 물질적인 빵이 아니라는 점이다. 바로 영적인 빵이다. 영적인 빵이라니? 그건 또 뭔가? 그건 다름 아닌 복음이라는 빵이다. 내가 물질로서의 빵을 먹어야 몸을 가지고 살아갈 수 있는 것처럼 나의 영혼은 영적인 빵, 즉 복음이라는 말씀의 빵을 먹어야 하는 것이다. 단순히 귀로 듣는 게 아니라 마음으로 받아들이고 몸으로 실천하는 것이다. 이미 주어진 복음을 읽고 듣고 알고 믿으며 그에 따라 실천하며 사는 것이다. 그것이 바로 영적인 빵을 먹는 나의 삶이다. 그 영적인 빵이 나의 삶을 변화시킨다. 바로 사랑 때문이다.

예수는 죽기 전 제자들과 마지막으로 만찬을 함께하며 빵과 술을 나누었다. 그러면서 빵을 갈라 "이는 내 몸이다"라고 했다. 그 빵을 먹는다는 것은 사실은 예수를 먹는 것이다. 오늘날 가톨릭교회에서 미사의 중심이 되는 영성체가 바로 그것을 기념하는 것이다. 작고 보잘것없는 밀떡에 불과한 것을 사제가 나눠주며 "그리스도의 몸" 하면 신자들은 "아멘" 하고 답하며 성체를 자기 몸 안에 모신다.

그런데 때론 이것이 너무 강조되어 그리스도가 내 몸에 들어왔으니 내가 곧 그리스도이며, 따라서 당연히 그리스도를 따라 살아야 한다는 일치감을 느끼기보다는, 영험한 신의 힘이 주어진 것으로 착각하는 경우가 많다. 그건 부적과 다름없다. 그러니 정녕 그 빵(성체)의 실체인 복음은 뒷전으로 밀리고 물질적 형상인 성체에만 몰두하는 기이한 역전현상이 일상화되어 있는 것이다. 그래서 개신교회에서는 처음부터 이 성체성사를 인정하지 않았다(물론 일 년에 한두 차례 성찬식이 있기는 하다). 그리스도를 물질로 형상화한다는 것 자체가 어불성설이라는 이유이다. 그럴 수 있다.

하지만 조금 너그럽게 생각해볼 수도 있다. 다만 우리 인간의 의식이라는 게 그다지 튼실하지 못해서 형상을 통해 보여야 쉽게 이해할 수 있다는 점에서 일종의 배려라고 보면 좋을 것 같다. 따라서 이미 그 자체로 우리가 '비형상적인 그리스도의 본질을 쉽게 놓치고 있다'는 반성이 따라야 성체성사가 의미를 가질 수 있다.

정말로 단순한 밀떡이 아니라 그리스도를 몸 안에 모셨다면(성체를 영領했다는 영성체) 내가 바로 그리스도처럼 살아야 한다. 속되게 표현하자면, 적어도 똥으로 배출되기 전까지만이라도 내 몸 안에는 '그리스도의 몸'이 담겨 있으니 내가 정말 그리스도의 삶을 살아야 한다는 단호한 결심이 따르지 않는다면, 성체성사든 성찬식이든 아무런 의미 없는 예식일 뿐이고 빈껍데기일 뿐이다. 따라서 '일용할 양식-빵-복음-사랑의 실천'은 한 묶음이어야 한다. 그렇게 되었을 때 비로소 일용할 양식의 핵심 중의 핵심은 바로 복음인 빵이 되는 것이다. 영혼의 양식이며 하느님의 복음인 말씀, 내가 구해야 하고 실천해야 하는 것은 바로 그것이다. 어떠한 것보다 소중하고 절대적인 그것을 구하고 실천하는 것이야말로 정말 중요하다.

감사와 결심의 중요성

/

다시 편지로 돌아가보자. 청할 바를 적고 그냥 마감하는 편지는 없다. 그건 얌통머리 없는 짓이다. 앞으로 어떻게 살겠다는 결의가 이어져야 한다. 기도 또한 마찬가지다. 이 복음을 듣고 따르는 사람은 우선 그것을 실천하는 가장 쉽고 기본적인 자기 성찰과 서약으로 하느님과 만난다.

'저에게 잘못한 이를 저희가 용서하오니, 저희의 죄를 용서하시고.'

그렇다. 내가 먼저 잘못을 깨닫고 후회하며 용서를 청한다. 그러면 하느님은 용서할 것이라고 확실하게 믿는다. 그런데 그냥 청한다고 되는 것이 아니라 내가 먼저 내게 잘못한 이를 용서해주어야 한다. 〈마태오의 복음서〉에 있는 무자비한 종의 비유를 기억하는가? 예수는 하늘나라를 비유하면서 이런 예를 들었다. 왕에게 1만 달란트라는 큰 빚이 있는 사람이 빚을 독촉받자 유예를 청하며 애원하였다. 가엾게 여긴 왕은 그의 빚을 탕감해주고 놓아 보냈다. 그런데 그 종은 자기에게 불과 100데나리온밖에 안 되는 빚을 진 동료를 만나자 멱살을 잡으며 빚을 갚으라고 호통을 쳤다. 그 동료는 곧 갚겠다고 약속하며 애걸했지만 그는 콧방귀만 뀌며 그를 감옥에 가두었다. 이에 분개한 다른 종들이 이 상황을 왕에게 일러바쳤고 결국 그 종은 잡혀와 벌을 받게 되었다.(마태 18:23-35)

이 비유는 바로 이 기도 구문에 가장 적절한 예문이 될 것 같다. 내 눈의 들보는 보지 못하고 남의 눈에 있는 티끌은 잘 보는 게 사람들의 일반적 성향이자 태도이다. 나라고 예외겠는가? 그러니 먼저 내게 잘못한 이를 용서하고 내 허물에 대한 용서를 청하는 것이 옳다. 이 기도를 할 때마다 먼저 기억해야 할 사람은 바로 내가 용서해줄 바로 그 사람이다. 그를 떠올리지 않고는 감히 이 기도를 입에 올릴 수 없다. 그러니 이 기도문은 불과 1분도 채 안 되는 시간에 암송될 수는 없다. 무슨 주문 외우듯 할 게 아니다. 정말 천천히, 마음을 다하지 않고는 이 기도를 바칠 수 없다. 이 기도문을 외면서 과연 내가 용서해야 할 상대를 더듬어보기는 했는지 스스로에게 물어보고 싶다. 그건 그냥 입으로만 지껄이면서 나의 죄만 용서해달라고 뻔뻔하게 요구하고 있었던 것은 아닌지 두려운 마음으로 돌아봐야 한다.

'저희를 유혹에 빠지지 않게 하시고 악에서 구하소서.'

앞에서 보았던 광야에서의 예수의 유혹을 기억하는가? 절해의 고도 같은 광야에서의 극단적 상황에서 유혹의 무게는 엄청나게 컸을 것이다. 하지만 오늘 우리가 살고 있는 현대 사회에도 만만치 않은 유혹이 널려 있다. 권력과 지식, 명예와 부, 물리적 힘과 욕구의 충족 등 수많은 유혹들이 우리를 옥죄고 있다. 물론 유혹이 무조건 다 나쁜 것은 아니라고 생각한다. 마치 우리가 예방주사를 맞을 때 무균주사를 맞는 것이 아니라 오히려 약간의 균이 들어 있는 주사약을 주입해서 몸에서 그에 맞서는 항체를 만들어내게 함으로써 이후의 상황에 적절하게 대처할 수 있는 내성을 길러주는 것처럼, 유혹은 인간을 강하게 만들어주는 힘이다.

그러나 그 유혹을 이겨내는 힘은 단순히 내 의지와 지성에 의해서만 이뤄지는 것이 아니라 하느님에 대한 전적인 신뢰와 청원에 의해 이루어진다는 자기 인식에서 비롯되는 것이다. 예수의 광야에서의 유혹과 극복은 우리가 어떻게 살아야 하는지를 보여준 좋은 가르침이자 본보기였다. 그 모범을 따라 나도 그 시련을 이겨낼 수 있는 힘을 청하는 것, 그리고 동시에 그러한 인식을 확인하는 것. 그것이 나의 몫이 아닐까? 그렇다고 해서 모든 욕망을 다 백안시하거나 심지어 터부시하는 것도 올바른 태도는 아니다. 적절하고 합당한 욕구는 자아를 성장시키고 실현시키는 힘이 될 뿐만 아니라 그 내적 에너지를 몸으로 실천하여 보여줌으로써 다른 이를 행복하게 해줄 수 있는 힘이 되기도 하기 때문이다. 또한 그런 갈등을 통해 자아가 성숙해지고 다른 이에게 관대해질 수 있기 때문이다.

이 대목에서 다시 한 번 환기시키고 싶은 것은, 죄가 아닌 것을 죄로 몰거나, 무지에 의해서 그것을 죄라고 여기며 살아서는 안 된다는 것이다. 일찍이 예수는 자신의 삶을 통해 율법의 경직성을 과감하게 떨쳐버리고 인간다운 참된 삶, 인간의 해방이 중심이라는 가르침을 주었다. 그럼에도 불구하고 인류의 역사는 아주 오랫동안 죄 아닌 죄를 강요해온 옹이들을 많이 보여주고 있다. 그 어리석음에서 벗어나야 하는 것 또한 오늘 우리가 풀어야 할 매듭일 것이다.

마지막으로, 청하는 것은 내가 악의 구렁에 빠지지 않고 거기에서 벗어날 수 있기를 바라는 것이다. 구원이라는 것이 죽음 이후의 저세상에서의 일이 아니라 날마다 일상에서 이뤄지는 것이라고 생각한다면 지금 내가 악에서 빠져나오는 것이 시급한 구원이 아닐 수 없다. 나는 이 기도에서 말하는 악 가운데 우리가 명심하면서 경계해야 할 중요한 것 하나는 나의 행복을 위해 타인의 불행을 담보해서는 안 된다는 점이라고 생각한다. 누구나 행복을 원한다. 그러나 내가 행복하기 위해 타인이 불행해야 한다면 그것은 의연하게 거부할 수 있는 용기만 있어도 더 큰 악에 빠지지는 않을 것이다.

부끄러워하지 않으면 **기도**의 **진정성**은 **없다**

/

〈주의 기도〉는 이처럼 간결한 것 같지만 자구 하나하나 문장 하나하나가 심오한 의미와 의무로 가득하다는 것을 알 수 있다. 이럴진대 예수가 직접 가르친 이 기도문이 어찌 입에 붙은 암송으로, 반복으로 혹은 몇 번 바치는 영적 선물 등으로 가볍게 치부될 수 있겠는가? 어떻게 1분도 채 걸리지 않는 '간결한' 기도일 수 있겠는가? 제대로 하자면 1시간으로도 부족할 수 있다. 하나하나 음미하고 새기면서, 무엇보다 내 영혼의 울림이 그 기도에 응답하면서 지향을 새롭게 하고 실천의지를 돋우는, 그리고 절대자인 하느님께 의탁하는 겸손을 다듬는, 그래서 나와 하느님의 관계를 회복하고 유지하는 것이 이 기도의 참된 뜻이자 힘이라고 생각한다.

그래서 나는 특별한 기도의 지향이 잡히지 않거나(사실 이건 게으름과 무지의 탓이기도 하지만) 하느님과 나와의 관계 설정을 확인하고자 할 때마다 이 기도를 천천히, 아주 천천히 음송한다. 그리고 가끔은 우루과이(어떤 책에서는 우크라이나라고도 하던데, 그게 어디에서 만들어졌는지는 중요한 게 아닐 것이다)의 어느 작은 성당에 붙어 있다는 기도문을 함께 더듬어본다.

"하늘에 계신" 하지 말아라. 세상일에만 빠져 있으면서.
"우리" 하지 말아라. 너 혼자만 생각하며 살아가면서.
"아버지" 하지 말아라. 아들로서, 딸로서 살지 않으면서.

"아버지의 이름이 거룩히 빛나시며" 하지 말아라. 자기 이름을 빛내기 위해서 안간힘을 쓰면서.

"아버지의 나라가 오시며" 하지 말아라. 물질만능의 나라를 원하면서.

"아버지의 뜻이 하늘에서와 같이 땅에서도 이루어지소서" 하지 말아라. 내 뜻대로 되기를 기도하면서.

"오늘 저희에게 일용할 양식을 주시고" 하지 말아라. 가난한 이들을 본체만체하면서.

"저희에게 잘못한 이를 저희가 용서하오니 저희 죄를 용서하시고" 하지 말아라. 누구에겐가 아직도 앙심을 품고 있으면서.

"저희를 유혹에 빠지지 않게 하시고" 하지 말아라. 죄 지을 기회를 찾아다니면서.

"악에서 구하소서" 하지 말아라. 악을 보고도 아무런 양심의 소리를 듣지 않으면서.

"아멘" 하지 말아라. 주님의 기도를 진정 나의 기도로 바치지 않으면서.

부활을
어떻게 받아들일 것인가

죽음보다 강한 희망

/

우리는 지금까지 예수가 어떻게 이 땅에 왔으며 어떻게 살았고, 어떤 기적을 보여주었는지, 그리고 어떠한 복음을 전하고 가르쳤는지 등을 살펴보았다. 이제 예수 사건의 핵심 중의 핵심인 그의 죽음과 부활을 만나볼 시간이 되었다.

예수의 존재에서 가장 중요한 클라이맥스는 단연 그의 죽음과 부활이다. 특히 부활 사건이야말로 그 어떤 것과 비교할 수 없는 절대적인 의미를 지닌다. 그 부활이 있었기에 구원도 가능하기 때문이다. 그러나 먼저 차분히 생각해봐야 하겠다. 과연 나는 부활을 어떻게 받아들이고 어떻게 믿고 있는가? 부활이 있기에 우리에게 영원한 삶과 구원이 가능한 것이 아니라 영원한 삶과 구원을 얻기 위해 부활을 믿으려, 또는 수용하려고 하는 건 아닌가? 그 말이 그 말 같지만 내용과 대하는 태도가 전혀 다르다. 물론 영원한 삶과 구원을 얻기 위해 부활을 믿는 경우도 의미 없는 일은 아니다. 그러나 그건 성숙한 태도도 아니고 바람직한 믿음도 아니다. 예수의 삶과 죽음과 부활을 전적으로 받아들일 때 영원한 삶과 구원이 수반되는 것이지 그걸 얻기 위해 관념적으로 또는 암기하듯이 머릿속에 쑤셔넣는 게 아니다.

희망은 절망을 딛고 일어나는 힘일 때 가치 있는 것이지 절망을 잊거나 보상을 위해 존재하는 것이 아니다. 그 희망의 주체가 나 자신이고 내 삶 자체일 때 비로소 희망은 내게 살아 있는 힘으로 작용한다. 부활 또한 마찬가지다.

최후의 만찬과 예수의 죽음

/

예수는 반복적으로 자신의 죽음과 부활에 대해 언급했다. 그러나 제자들도 그것을 진심으로 받아들이지는 않았던 것 같다. 당신이 죽고나면 하룻밤 사이 자신을 세 번 부인할 거라는 말을 들은 베드로는 결코 그런 일은 없을 것이라고 단호하게 대답했다. 그러나 그 단호함은 예수 부인에 대한 거부가 아니라 예수의 죽음에 대한 거부였다고 보는 것이 옳을 것이다.

제자들을 불러 모은 예수가 함께 식탁에 모여 마지막 저녁식사를 했다. '만찬晩餐'은 '성찬盛餐'과는 다르다. 또한 '만찬滿餐'도 아니다. 그저 늦은 저녁식사 한 끼일 뿐이다. 그래서 영어로는 'Last Supper'라고 한다. 예수는 제자들의 발을 씻기고 빵과 포도주를 함께 먹고 마셨다. 사실 이것은 유대교의 회식과 과월절/유월절 만찬에서 유래한다.* 넉넉하고 풍성한 식사가 아니라 소박한 식사였다. 예수는 빵과 포도주를 나눠주며 그것을 먹고 마실 때마다 당신을 기억하라고 당부했다. 한평생 하느님 사랑과 이웃 사랑을 위해 살았던 예수가 죽음에 이르러서도 제자들을 위해 기꺼이 목숨을 바치겠다는 함축이었다. 예수는 자신을 내어주는 행위로 온전히 하느님 뜻에 순종한다는 마음을 상징적으로 보여준 것이며, 동시에 아브라함이 아들 이사악을 제물로 삼으려 했던 것처럼, 당신을 통해 하느님과 인간의 관계를 정립할 것을 선포한 것이다.

교회론적 의미에서 볼 때, 최후의 만찬은 친교와 섬김, 그리고 되돌아섬(분별과 성찰을 통한 합당함)의 메시지를 담고 있다. 예수의 당부에 따라 제자들과 우리는 예수 부활을 체험하면서 최후의 만찬을 기억하며 예식을 거행한다. 이렇게 예수는 최후의 만찬을 통해 자신의 죽음과 부활을 가장 압축적으로 예고한다.(마르 14:22-26, 마태 26:26-30, 루가 22:15-20, I고린 11:23-26) 최후의 만찬은 자신의 죽음과 부활이 어떠한 의미를 지니는 것인지 상징적으로 보여준 사건이다. 그리고 나서 게쎄마니에서의 기도를 통해 일상 안에서 고민과 갈등을 하는 신앙인들에게 모범과 감동을 주는 본을 보였다.(마르 14:32-42, 마

---

* 이 때문에 예수 최후의 만찬이 유대교 회식 절차의 일부였는지 아니면 과월절 만찬이었는지에 대한 논쟁이 끊임없이 제기되었다. 그래서 제자들이 예수의 죽음을 예감하지 못했을지도 모른다는 해석도 나온다.

태 26:36-46, 요한 18:2-19) 그는 믿음만으로 아버지의 뜻을 받아들이고 순명하는 것이 어떠한 것인지를 보여주었다. 그리고 우리가 잘 알고 있는 것처럼 예수는 체포되었고 재판에 넘겨져서 최고의회*에서 평결을 받았다. 최고의회는 "야훼의 이름을 모욕한 자는 반드시 사형시켜야 한다"**는 〈레위기〉 24장 16절에 의거해서 예수의 사형을 요구했다. 하지만 그것만으로 혹시 부족할까 싶어서 예수가 유대인의 왕***을 자처했다는 정치적 죄목까지 얹어서 확실하게 죽일 것을 요구했다. 그렇게 해서 예수는 십자가에 매달려 처형되었다.

예수는 왜 죽임을 당했을까? 하느님의 섭리 구조에서 보자면 필연적 과정이겠지만, 현실적인 면을 따져봐야 한다. 우리는 흔히 성경의 바리사이인들과 사두가이인들이 같은 편이라고 생각하지만 오히려 그 반대였다. 바리사이파는 메시아의 존재, 영혼의 불멸, 천국과 천사의 존재를 받아들였으며 반헬레니즘적이었던 소수파였지만 민중들에게는 존중받던 집단이었던 반면, 사두가이파는 모세오경****에

* 산헤드린Sanhedrin. 고대 유대 사회에서 최고재판권을 가진 종교적, 정치적 자치조직으로 유대 각 도시마다 23인으로 구성되었고 귀족과 제사장 그리고 율법학자들이 중심을 이뤘다. 예루살렘에는 71인의 대산헤드린이 있었다. 사두가이파가 다수를 차지했다.
** 이 구절은 나중에 종교재판이나 마녀사냥 때 전가傳家의 보도寶刀처럼 휘두르는 근거가 되었고, 배타적 근본주의자들이 자신들의 믿음 이외에는 어떤 것도 허용할 수 없다는 편협한 사고의 토대가 되었다. 참으로 아이러니한 일이 아닐 수 없다.
*** 십자가 고상에 INRI라고 적힌 게 바로 '유다의 왕 나사렛의 예수Jesus Nazarenus Rex Iudaeorum'의 라틴어 약어이다.
**** 구약성서의 맨 앞에 있는 〈창세기〉, 〈탈출기〉, 〈레위기〉, 〈민수기〉, 〈신명기〉 등 다섯 개의 경전을 일컫는 말이다. 유대교에서는 율법 혹은 토라라고 부른다. 모세가 썼다는 뜻으로 '모세5경'이라 불러왔지만 지금은 많은 연구와 조사 끝에 여러 사람들이 편집한 것으로 드러났다. 그러나 그 주인공이 모세이며 그 정신이 일관되게 전체에 깔려 있어서 여전히 그렇게 부르는 데에 큰 문제는 없다고 여겨지고 있다.

적시되지 않았다는 근거로 메시아, 영혼 불멸과 부활, 천국과 천사의 존재를 인정하지 않았고* 친헬레니즘적이었으며 다수파였고 집권층의 옹호를 받고 민중들에게는 외면을 받았을 만큼 두 세력은 철저하게 양극점에 서 있었다는 사실을 기억할 필요가 있다. 이렇게 마치 물과 기름처럼 도저히 손잡을 수 없는 세력이나 집단이 연합하는 경우는 두 세력 모두 함께 위협을 느끼는 절체절명의 상황뿐이다. 그 상황을 만들어낸 당사자가 바로 예수였던 것이다.

그들의 최대 무기는 율법이었다. 예수는 바리사이인들의 가식적이고 위선적인 태도를 맹렬하게 비난했지만 그들은 나름대로 자신들의 신념에 따라 스스로를 엄격하게 다스리고 있다고 자부하던 사람들이었을 것이다. 예수의 비난은 그런 그들에게 씻을 수 없는 모욕이었을 것이다. 더 참을 수 없는 건 단순히 모욕에 그치지 않고 자신들을 따르던 민중들이 자꾸만 예수를 추종하는 걸 더 이상 방관할 수 없다는 위기의식이 그들로 하여금 반드시 예수를 제거해야만 한다는 강박으로 내몰았을 것이다. 사두가이인들에게도 마찬가지였다. 특히나 이들은 예수가 자신들의 후원자 역할을 하던 로마를 교묘하게(?) 비난한다고 판단했다. 그것은 곧 체제의 동요를 의미했고 자신들의 안위를 위협한다고 느꼈을 것이다.

이들에게 서로를 쓰러뜨리는 건 나중 문제였다. 당장 발등에 떨어진 불은 예수였다. 공공의 적인 예수를 제거하지 않고는 자신들의 존

* 〈루가의 복음서〉 20장 27-40절에서 예수가 사두가이파 사람들과 부활에 대한 토론을 벌이는 대목은 바로 그런 대표적인 사례다.(마태 22:23-30, 마르 12:18-27)

재 근거가 사라질 판이었다. 그래서 그들은 손을 잡았던 것이다. 그러나 아무리 덫을 놔도 예수는 쉽게 걸려들지 않았다. 조바심이 났을 것이다. 그런데 뜻밖에도 그 예수가 제 발로 예루살렘에 들어왔다! 이들이 자신들의 올무에 걸려든 먹잇감을 노칠 리 만무했다. 그런데 이상하게도 예수는 저항도 하지 않았다. 마치 기다리고 있었다는 듯, 예상했다는 듯 순순히 체포에 응했다. 그들로서는 고맙기도 하고 의아하기도 했을 것이다. 그렇게 예수는 로마의 법정에 섰고 사형 선고를 받았다.

당시의 십자가형은 가장 극악무도한 죄인에게만 주어지던 극형이었다. 우리나라의 경우라면 능지처참하여 저잣거리에 효수(목을 매달아 거는 것)하는 것쯤 되겠다. 예수는 그 치욕의 십자가에 매달린 채로 "아버지, 저 사람들을 용서하여 주십시오. 그들은 자기가 하는 일을 모르고 있습니다"(루가 23:34)라고 기도했다. 그렇게 예수는 짧은 서른세 해의 이 땅에서의 '사람의 아들로서의 삶'을 마감했다. 몸소 사람의 아들로 이 땅에 태어나 사람들을 위해 살다가 죽은 것이다.

아주 간결하게 압축해서 말하자면 예수는 '죽기 위해' 이 땅에 와서 살았다. 예수는 3년의 짧은 공생활 동안 많은 사람들에게 복음을 전하고 가르쳤다. 그는 과거의 닫힌 세계에서 벗어나 열린 세계로, 증오와 투쟁의 관계에서 사랑과 용서의 관계로 살아야 한다는 것을 삶 전체를 통해서 역설했다. 그 과정에서 수많은 기득권력과 갈등할 수밖에 없었고 많은 미움을 받았다. 그것은 고스란히 그의 죽음으로 이어지는 연쇄적 사건으로 작용했다.

무엇보다 기존의 질서와 제도가 지니고 있는 모순과 배타적 복음의 이해에 대한 예수의 질타는 기존의 권력과 질서를 지배하고 있던 사람들에게는 도저히 받아들일 수 없는 도전이었다. 게다가 이스라엘 사람들에게만 허용된 하느님나라가 모든 사람들에게 열려 있을 뿐 아니라 오히려 기존의 편협에서 벗어나야만 하느님나라에 갈 수 있다는 예수의 대담한 복음은 그들로서는 도저히 받아들이기 힘든, 아주 위험한 도발일 수밖에 없었을 것이다.

이 부분에서 우리를 돌아보자. 과연 지금의 교회는 어떤가? 나는 가톨릭교회의 자산은 전통이고, 개신교회의 자산은 개혁성과 민주성이라고 생각한다. 가톨릭교회의 자산인 전통은 물론 지켜야 할 가치가 많겠지만, 고칠 것은 고쳐야 한다는 확신을 줄 수 있는 근거로서의 자산일 때 진정한 의미를 갖는다. 교회사 몇 장만 들춰봐도 황당무계한 교의와 회칙들이 얼마나 많은가! 하지만 그런 것들을 다시 돌아보면서 진리가 승리한다는, 그래서 교회는 궁극적으로는 진리의 편에 서 있다는 확신을 깨달아야 한다. 그럴 때 비로소 전통이 가치를 갖는다.

물론 1633년 지동설을 주장해 종교재판에서 유죄 판결을 받은 갈릴레오에 대한 교회의 사과가, 359년 만인 1992년에 이루어졌다는 것을 보면 그 지리멸렬함에 답답함은 남는다. 하지만 이는 교회가 자기 과오에 대해 고백할 수 있다는 전례를 남겼다는 점에서 의미가 있다. 그런데도 현재의 가톨릭교회가 여전히 예전의 문서에 매달리고 심지어 교회의 대전환을 이루었던 제2차 바티칸공의회의 개혁성을 외면하고 보수로 회귀하면서 이러한 고백을 희석시키려 하는 실정이니 참 딱한 일이다. 한국의 가톨릭교회도 예외는 아니다. 주교단은 대부분 보수적인 인사들로 채워졌을 뿐 아니라 노골적으로 로마 편향적이라는 평가를 받는다. 오죽하면 '로마보다 더 로마적'이라는 자조의 목소리까지 나오겠는가.

개신교회는 어떠한가? 개신교회는 타락한 가톨릭교회의 부패를 고발하고 민주적이며 개혁적인 기치를 내걸고 독립한 교회다. 프로테스탄트라는 말은 '저항자'라는 뜻이다. 그 말처럼 그들은 용감하게 교회의 부패와 타락을 고발했고 당당하게 맞서 싸웠으며 결연히 독립해서 나왔다. 가톨릭교회의 부당하고 지나친 위계적 권위를 거부하고 개별 교회의 독립성과 민주적 절차를 따랐다. 그러므로 개신교회의 가장 큰 자산은 개혁성과 민주성이다.

그런데 지금 우리의 개신교회가 그런 용감함과 정의로움을 이어가고 있는지, 개혁성과 민주성을 실천하고 있는지 물어봐야 한다. 먼저 가톨릭교회는 털어내지 못한 반시대적 교의와 전통과 감연히 결별하고 버릴 건 버리고 고칠 건 고쳐야, 지켜야 할 전통의 가치를 합리적으로 설득할 수 있을 것이다. 또한 개신교회는 과연 자신들이 종교개혁 시기의 참신성과 개혁성 그리고 민주적 가치를 실현하고 있는지 되돌아보면서 정작 자신들은 어떠한 개혁의 요구도 거부할 뿐 아니라 오히려 퇴행하고 있는 점은 없는지 겸허하게 살펴봐야 한다. 그게 바로 지금의 개신교회가 회복해야 할 진정한 가치다.

예수가 바리사이파와 사두가이파를 비판한 것이 과연 무슨 뜻이었는지 헤아린다면 그것은 마땅한 일이다. 그렇게 하지 않는다면 불행히도 지금의 교회가 바로 바리사이파이고 사두가이파이며 그 신자들을 도매금으로 바라사이와 사두가이로 만들고 있다는 점을 냉정하게 받아들여야 한다.

앞서 말한 것처럼 율법학자들의 입장에서 보면 예수의 도발(?)은 도저히 더 이상 용납할 수 없는 것이었다. 아무것도 해서는 안 된다고 믿는 '거룩하고 경건한' 안식일에 병자들을 고친 예수를 그들은 도저히 용납할 수 없었다. 계율을 따르는 것이 가장 중요하다고 생각하는 사람들은 사랑의 실천이 가장 중요한 새로운 율법임을 몰랐다. 예수의 가르침은 자신들이 가르쳐온 계율의 엄격성을 위협하는 것으로만 여겼고, 사람들이 예수를 따르자 그들은 위기의식에 빠졌다. 오늘날 우리도 사실은 그렇지 않은가? 사람들은 애써 지켜오고 쌓아온 법도와 형식을 소중하게 여긴다. 그건 탓할 일은 아니다.

그러나 그 형식과 법도가 진정 지키고 담아야 하는 것이 무엇인지 잊어버리거나 잃어버렸을 때에는 심각한 문제가 아닐 수 없다. 그러면서도 여전히 그 편협함을 버리지 못한다. 내가 이 시대의 바리사이파 사람이고 사두가이파 사람이다! 그들이 바로 나 자신의 거울이다. 내가 곧 예수를 빌라도에게 넘겨준 바로 그 사람이다. 나는 태연하게 복음서에 나오는 그 사람들을 비난하지만 정작 나 자신이 바로 그런 사람들처럼 살고 있음을 깨닫지 못하고 있다. 만약에 예수가 다시 사람의 아들로 이 땅에 온다면 우리는 주저하지 않고 그를 다시 극형에 처할 것이다. 도스토예프스키의 《카라마조프 가의 형제들》을 읽다 보면 〈대심문관〉편에 그런 상황이 너무나 생생하고 극적으로 재현되고 있음을 발견하게 된다.* 두렵고 끔찍한 일이다.

죽음이 없으면 **거듭남**도 없다

/

모든 그리스도교 신자들은 부활을 가장 소중하게 생각한다. 그래서 교회로서는 성탄절보다 부활절이 더 중요한 날이기도 하다. 부활은 분명 위대한 희망이다. 그러나 과연 내가 생각하는 부활은 어떤 것인가?

죽음을 물리친 희망. 구원에 대한 확실한 증거. 뭐 대략 이렇지 않을까? 하지만 좀 더 솔직하게 대답하자면 '부활=천국'이라는 얄팍한(?) 등식은 아닐까? 심지어 무지한(?) 성직자들이나 신자들은 이렇게 말하기도 한다. "어느 종교에서 부활을 찾을 수 있는가? 죽었다 살아난 이는 예수밖에 없다." 그래서 그리스도교만 위대한 종교이며 유일하게 구원이 가능하다고 강조한다. 그렇게 말할 수도 있을 것이다. 석가모니가 해탈했다고는 하지만 결국 그것은 육신의 소멸, 즉 죽음을

---

* 〈대심문관〉은 이반이 쓴 서사시의 형식을 띤다. 이 서사시의 배경은 16세기 에스파냐의 세비야로, 잔인한 종교재판이 성행하고 있었다. 이단을 처단하여 교회를 정화하겠다는 재판은 많은 무고한 시민들을 잔인하게 고문하고 처형했다. 잠깐 지상에 내려온 예수가 사람들에게 다가갔다. 그의 옷에 스치자 사람들의 병이 낫고 심지어 죽음을 당한 이도 되살아났다. 세비야는 충격과 혼란에 빠졌고 마침내 대심문관인 추기경이 예수를 체포했다. "네가 그자냐? 정말로 그자인 것이냐?"라고 심문하지만 예수는 아무런 대답도 하지 않았다. 대심문관은 예수가 당장 떠나지 않으면 이단으로 단정하고 화형에 처하겠다고 협박하며 예수가 승천할 때 이미 모든 것을 교황의 손에 맡겼으니 제발 다시 와서 방해하지 말라고 말한다.

달리 표현한 것일 뿐이라고 보기 때문이다. 하지만 그런 물음과 대답은 결국 그들이 부활을 '육신의 재생'으로만 보고 있다는 고백과 다르지 않다. 과연 부활이 그런 사건이고 '고작' 그런 의미일까?

부활의 희망은 분명 가장 거대한 메시지다. 모든 인간의 본원적 공포인 죽음을 이겨내고 더 나아가 영원한 삶을 누릴 수 있다는 놀라운 사건이고 약속이다. 하지만 분명히 알아둬야 할 것은 부활의 대전제는 바로 죽음이라는 사실이다. 다시 말하자면 제대로 죽지 못하면 결코 부활은 있을 수 없다는 뜻이다. 그런데도 그걸 제대로 보지 못하는 것은 죽음과 부활을 자꾸만 육신이라는 측면에서만 이해하려하기 때문이다.

죽지 못하면 부활도 없다. 교회는 부활의 메시지를 선포하고 실천하고 확인하는 공동체다. 그러니까 교회는 '죽으러 가는 곳'이어야 한다. 섬뜩한 일이다. 죽으러 교회에 가야 한다니. 교회에 가서 복음 듣고 헌금 잘 하고 봉사까지 열심히 하면 천국에 갈 수 있다는 희망으로 부풀어 있는데, 난데없이 죽으러 가야 한다니 불편할 것이다. 하지만 죽지 않으면 어찌 부활이 있겠는가? 죽어야 한다!

먼저 나의 탐욕과 무지와 증오를 죽여야 한다. 부활은 사랑으로 거듭나는 것이다. 제대로 사랑하기 위해서는 사랑하지 못한 나를 죽여야 한다. 우리의 일상은 그런 독소들로 가득하다. 아무리 내가 원치 않아도 그런 나쁜 요소들 속에서 살아야 한다. 그 속에서 저절로 오염된다. 그런 것들을 죽이지 않고는 사랑이 싹트지 못한다. 그런 것들을 죽이지 않고는 부활을 꿈꿀 수 없다. 내가 복음을 듣고도 나의 독소들을 깨닫고 죽이지 못한다면 귀는 있으되 듣지 못한 것이고 몸은 있으되 살아 있는 것이 아니다. 예수의 삶과 죽음을 깨달으면 과연 내가 집착한 탐욕과 무지와 증오가 얼마나 어리석은 것인지, 내가 그것들을 얼마나 많이 지니고 살고 있는지 깨닫게 된다. 예수를 믿는다는 것은 내가 예수처럼 살겠다는 약속이다. 그런데 그런 예수가 죽었다. 당연히 나도 죽어야 한다. 물론 예수의 죽음과 나의 죽음은 완전히 다르다. 내가 죽어야 하는 이유는 탐욕과 무지와 증오를 죽이기 위해서다. 예수가 죽었다. 그리고 부활했다. 그와 함께 따라 죽은 내가 부활한다.

그러니 교회는 거대한 무덤이다. '죽은 나'를 묻는 곳이다. 죽기를 거부하며 무덤에 들어갈 수는 없다. 그런데도 나는 여전히 탐욕과 무지와 증오의 마음을 버리지 못하고 태연하게 교회에 드나든다. 어떤 이가 물었다. 날마다 교회에 가면 주일에만 가는 이들보다 천국에 가기 쉽냐고. 그런 생각도 들 것이다. 그런 보상과 보장이 있어야 더 열심히 교회에 다닐 수 있을 것이다. 과연 그럴까? 안타깝게도 우리는 일상에서 복음을 잊고 살기 쉽다. 여전히 죽지 못한 나를 지니고 산다. 하지만 날마다 교회에 가면 그런 나를 자주 죽일 수 있다. 아니, 죽일 수 있어야 한다. 그래야 더 많은 부활을 느낄 수 있다. 그것은 선물이다. 의무가 아니다. 천국에 가는 티켓이나 보험증서도 아니다. 아무리 매일 교회에 간다 해도 그릇된 자기를 죽이지 못하고 오로지 천국행 티켓에만 매달린다면 그게 무슨 소용이 있겠는가?

그러므로 부활의 진정한 의미는 바로 죽음이다. 그릇된 자신을 죽이고 새로운 나로 태어나는 것이다. 그것을 오로지 육신의 부활이나 천국에서의 행복하고 영원한 삶이라고만 여기는 한 부활은 의미가 없다. 죽음은 두렵다. 탐욕과 무지와 증오를 내려놓기도 어렵다. 죽음이 두려운 것은 모든 것이 사라지거나 끝나기 때문이다. 그다음에 대한 어떠한 희망도 없기 때문이다. 그러나 부활은 죽음을 두려워하는 것이 아니라 기꺼이 그리고 당당하게 선택할 수 있는 용기와 힘을 준다. 그게 바로 예수 부활의 진정한 의미다.

"아버지, 제 영혼을 아버지 손에 맡깁니다."(루가 23:46) 이렇게 말하고 예수는 죽었다. 그의 죽음은 '우리를 위한', 그리고 '많은 이를 위한' 구원의 죽음이었고 나를 대신한 속죄의 죽음이었다. 이 땅에서 사람의 아들로 살다 간 예수는 그야말로 그의 삶과 죽음에 있어서 다른 사람들을 위하는 인간, 즉 전적으로 이타적 존재였다. 또한 그의 순종적 죽음은 그의 말씀과 행적, 즉 가르침 전체가 한곳으로 집중되는 것이고, 동시에 모든 것이며, 모든 것을 능가하는 마지막 절정이다.

나를, 우리를 위해 예수는 그렇게 죽었다. 죽음으로 모든 것은 끝이 났다. 그러나 그의 죽음은 그냥 끝난 것이 아니라 나의 올바른 삶을 위한 죽음이었다. 나는 그의 죽음으로 대신 속죄받았지만 고스란히 남은 부채는 남아 있는 나를 우울하고 부담스럽게 만든다. 그렇지 않은가? 내가 예수를, 그것도 나를 위해 죽으려는 예수를 십자가에 매달았으니 그 부끄러움과 죄스러움을 어찌 털어낼 수 있겠는가? 예수의 죽음을 따라 나도 죽었어야 한다. 예수는 나의 죄를 위해 죽었으니, 나는 과거의 미욱하고 탐욕스럽고 고집스러운 자신을 죽였어야 한다. 그런데도 따라 죽지 못하고 머뭇거리기만 하다가 그저 예수 부활의 승리만을 움켜쥐며 하늘나라에 갈 수 있다고 마냥 들떠 있는 것이다.

교회는 예수의 부활을 체험하는 공간이다. 또한 부활을 증언하는 곳이다. 부활 증언의 핵심은 죽었던 예수가 시간과 공간의 차원을 초월한 새로운 생명을 누리고 있다는 사실이다. 그것은 새로운 체험이면서 동시에 제자들과 나의 삶을 근본적으로 변화시키는 체험이다. 또한 예수 부활은 구체적 인물인 예수의 역사적 유일회성을 넘어 모든 시대의 인간을 위한 그의 보편적 의미와 중재자로서의 역할을 보여주는 상징적 사건이기도 하다.

무엇보다 예수의 부활은 고난받는 사람들을 위한 희망이고 해방된 세상의 시작을 뜻하는 것이다. 이는 역사적 세상 안에서 겪게 되는 삶의 온갖 방해물과 충돌로부터 인간이 해방되는 삶의 구원을 의미한다. 그것은 단순한 육신의 부활이 아니기 때문이다. 그리고 궁극적으로 예수의 부활은 장차 모든 인간의 부활의 근원이자 원천의 성격을 지닌다. 그 부활로 인해 나도 부활할 수 있는 희망을 얻는다. 다만, 그것은 죽음이 있어야 가능한 일이다. 내가 죽어야, 우리가 죽어야 하는 까닭이다. 그러니 반드시 죽어야 한다!

부활은 '어제의 내가 아니다'라는 고백이고 실천이다

/

서양문명의 바탕이 되는 그리스적 개념으로 보자면 부활은 불사不死의 뜻으로 여겨질 뿐이다. 그것은 히브리적 개념과는 거리가 멀다. 그리스적 개념으로 보자면 사람의 영혼은 본성상 썩지 않는 것이니 죽음으로써 육체의 속박에서 벗어나는 순간 불사불멸의 경지에 들어가는 것이다. 플라톤이 영혼을 육체보다 우위에 둔 것도 그런 틀에 바탕을 둔 것이다. 하지만 성서적 개념은 다르다. 몸은 죽어서 묻히고 썩지만 그건 일시적인 것일 뿐, 마치 묻혀 있던 땅에서 다시 일어나듯 잠에서 깨어나듯 하느님의 은총을 통해 살아 있는 모습으로 다시 일어난다는 뜻으로 받아들여진다.

고대 오리엔트의 자연종교에서는 신이 죽었다가 다시 살아났다는 신화가 중요한 역할을 했다. 그것은 겨울잠에서 깨어나고 겨울을 이겨낸 나무가 봄의 잎과 꽃을 되살리는 것과 같다. 이집트의 오시리스Osiris*나 메소포타미아의 탐무즈Tammous** 등이 그것이다. 아마도 그것은 자연의 순환 현상에서 기인했을 것이다. 이는 유목민이나 농경민들에게 더없이 소중한 자연의 생명력을 효과적으로 표현하는

* 이집트신화에서 죽은 자의 신으로 숭배된 남신으로 땅의 신 게브와 하늘의 신 누트의 아들이다. 오시리스가 저승의 왕이 되었고 그의 아들이 새로운 왕이 되었다는 신화는 왕권을 신성하게 만드는 데에 일조했다. 고대 이집트인들은 왕뿐만 아니라 자신들도 죽으면 오시리스와 동일시된다고 믿었다. 오시리스는 그리스 신화에서 디오니소스 신과 밀접하게 관련되기도 한다.
** 메소포타미아의 천체의 신이며 홍수 이전의 다섯 번째 왕이기도 했다. 바빌로니아 달력에서 탐무즈 달月은 탐무즈 신을 기념해서 만들어졌다. 수메르인들은 탐무즈를 성장의 신으로 여겼고 봄마다 수태 준비를 마친 대지에 씨를 뿌린 뒤 탐무즈의 부활제를 올렸다.

것이었다. 그런데 구약에 나타난 계시는 이런 것들과 전혀 다르다. 구약은 생명과 죽음의 유일한 주인이며 유일한 하느님으로 모든 것이 수렴된다.

예수 부활의 성서적 의미는 하느님나라가 예수의 부활 사건을 통해 가시화되었다는 것이고 죽음을 이겨내고 새로운 생명으로 거듭날 수 있는 구체적 희망을 실현했다는 것이다. 예수의 복음은 세계의 종말과 전환이 도래했으며, 하느님의 원초적 창조의 본질을 가현可現시켰다는 사실이다. 그리고 그 실현은 바로 사랑의 회복이었다는 점을 예수 사랑을 통해 분명하게 보였다.

예수의 부활을 제대로 이해하기 위해서는 먼저 그의 삶을 정확하게 알아야 한다. 예수의 삶은 결코 순탄한 삶이 아니었다. 그는 가장 비참한 형태로 세상에 왔고 끊임없이 화석화된 율법과 위선, 탐욕과 무지에 맞서 싸웠다. 그는 그것들에 권력으로 맞서 싸우지 않았고 사랑으로 이겨내는 법을 가르쳤다. 엄밀히 말해서 예수는 기득권자의 입장에서 봤을 때 일종의 재야인사와도 같았고 자신들의 치부를 끊임없이 공격하는 적이었다. 그런데 예수는 그 허물을 무조건 야단치거나 비난한 게 아니라 몸소 실천함으로써 모범을 보였고, 권위에 의존한 것이 아니라 따뜻한 마음과 사랑으로 극복해냄으로써 사람들의 삶 전체를 바꿨다. 예수는 분명 닫히고 굳은 시대와 사회를 허무는 개혁자였다.

개혁은 과거의 허물을 인정하고 버렸을 때 가능하다. 과거에 집착하는 자신을 스스로 버리고 참된 새로움으로 기꺼이 거듭남으로써 삶이 근본적으로 바뀌어야 가능하다. 그게 바로 죽음의 의미다. 그런데 안타깝게도 우리는 예수 부활 자체의 승리감에 도취되어 예수의 삶과 죽음에 대해서는 관심을 기울이지 않는다. 논리적으로 따져보더라도 부활의 대전제는 바로 죽음이고, 나의 부활을 위해서는 내가 죽어야 하는 대전제가 엄연하게 존재하는데도 우리는 이것을 자꾸만 놓치는 것 같다. 남 말 할 것 없이, 나 자신이 그렇다.

그런데도 우리는 자꾸 이 부활을 물리적 존재로서의 인간의 부활로 생각한다. 하기야 그리스의 소박한 초기 그리스도교회의 사람들은 재림할 예수를 맞아 육신의 부활을 굳게 믿었기에 견고한 무덤이 아니라 모래밭에 그를 묻었다. 행여 예수가 재림하였을 때 무덤에서 나오지 못하면 어쩌나 싶은 걱정 때문이었다. 웃을 일만은 아니다. 지금 우리의 태도와 생각이 그것과 크게 다르지 않다. 얼마 전까지만해도 화장火葬을 반대한 것도 돌아갈 몸이 없어질 것을 두려워했기 때문이다. 여전히 부활에 대한 우리의 생각은 육신과 밀접하게 연관되어 있지 않은지 돌아봐야 한다.

거듭 말하거니와, 부활하기 위해서는 먼저 죽어야 한다. 예수는 그것을 몸소 보여주었다. 내 몸이 죽어야 하는 것이 아니라 어제의 나, 부끄럽고 탐욕적이며 사악한 나, 실천하지 못하고 공염불만 되뇌는 내가 죽어야 한다. 그래야만 참된 부활의 의미를 깨달을 수 있고 그 믿음으로 살 수 있기 때문이다. 그러나 죽는 것은 참 어렵다. 나와 너무 오랫동안 함께 있어서 그런지 쉬이 내놓지도 못하고 죽이지도 못하는 것이 나 자신이다. 머리로는 마음으로는 죽여야지 하면서도 막상 실천에 옮기려면 망설이고 뒤돌아보는 것이 또한 나임을 깨닫게 된다. 욕망과 공포가 나를 묶고 있기 때문이다. 이렇게 나를 죽이지 못하면서 어찌 내가 그 부활에 참여할 수 있겠는가? 어려운 일이다.

그러나 일단 그 부활을 목격하고 조금이나마 경험한 이상 더 이상 내 묵은 찌꺼기를 붙들고 살 수는 없다. 버려야 한다. 한꺼번에 버려야 하겠지만 정 안 되면 몇 번으로 나눠서라도 버려야 한다. 주일마다 교회에서 그렇게 조금씩이라도 죽여야 한다. 그래야 새로운 예수를 채울 수 있고 부활을 경험할 수 있기 때문이다. 굳이 교회에서만 죽을 일도 아니다. 성서를 읽는 것은 지식을 위해서가 아니다. 성서를 달달 외운다고, 그 구절을 많이 안다고 하느님나라에 가는 것도 아니다. 성서를 읽는 것 또한 적어도 그 순간만큼 나 자신을 죽이는 시간이어야 한다.

벽에 걸려 있는 십자고상은 예수가 매달린 십자가가 아니라 내가 올라가서 스스로의 몸을 매달아야 하는 십자가이다. 머뭇거리는 내게 예수는 따뜻한 손길을 내민다. 그의 손을 잡고 올라가야 한다. 그래서 새로운 나, 복음을 따르고 실천하는 그의 제자로 되살아야 한다. 내게 부활은 그렇게 다가온다. 나날이 새로워지는 나. 'I am not what I used to be(옛날의 내가 아니야)' 할 수 있는 내가 되어야 한다.

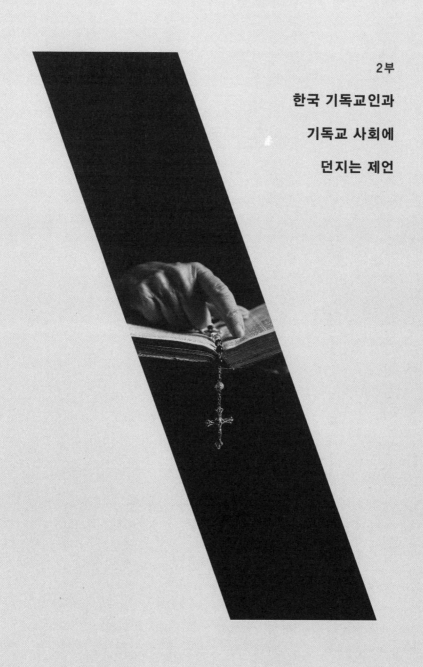

2부

한국 기독교인과

기독교 사회에

던지는 제언

어두운 시대,
최소한의 양심은 어디에

성직자까지 나서게 된 **세상**

/

사람들은 흔히 교육자와 성직자들에게 높은 도덕성을 요구한다. 보통 사람들 같으면 그럴 수도 있다고 넘길 수 있는 허물조차 그들에게는 용납되지 않는다. 그러니 남들보다 운신의 폭이 훨씬 좁다고 불평할 법도 하지만 그걸 두고 불평하는 교사나 성직자를 본 적이 별로 없다. 이른바 소명의식이라는 게 있어서 처음부터 각오한 길이었기 때문이기도 할 것이고, 자신들이 무언가 가르치는 입장에서 그 가르침 대로 살아야 한다는 윤리의식이 앞서기 때문이기도 할 것이다.

그렇다고 우리가 평소에 그들을 존경하느냐 하면 결코 그렇지 않다는 게 솔직한 대답일 것이다. 급여가 높은 편이 아니고 일의 강도도 결코 만만하지 않다. 그래서 그 직분은 아무나 할 수 있는 게 아니다. 그야말로 큰 소명의식이 있어야 한다. 대도시의 대형교회를 제외하고는 호구지책도 제대로 마련하지 못하는 작은 교회의 목회자들을 보면 안쓰럽고 미안한 생각이 절로 든다. 안타까운 마음에 '도대체 저 분은 어떻게 살아갈까?' 걱정이 앞서기도 한다. 사제의 삶도 비슷하다. 공식적으로 교구에서 받는 사목활동비라고는 겨우 100만 원에도 미치지 못한다. 불과 몇 해 전까지 대다수가 가입하고 있는 연금조차 그들에게는 전혀 해당되지 않았다. 그런데 그렇게 살아가는 성직자들에게 우리는 거의 무한에 가까운 도덕성을 요구한다.

사실 많은 이들이 교사나 성직자에게 높은 도덕성을 요구하는 건 단순히 그들이 무언가를 가르치는 사람들이기 때문만은 아니다. 사회가 엉망으로 망가지고 불의와 거짓이 난무하더라도 그들만큼은 결코 그 추악한 대열에 끼지 않았으면 하는 바람이 있기 때문이다. 그들마저 거짓과 불의에 휩싸인다면, 정말 그 사회는 아무런 희망도 없다. 그러니 그 사람들이 우리 사회의 마지막 소금이며 횃불이라고 해도 지나친 말은 아니다.

그런데 우리 사회는 어떠한가? 사회가 혼란스럽고 탁해졌을 때 교사들이나 성직자들이 그것을 비판하는 성명이라도 발표하면 보수 언론에서는 그들을 깎아내리느라 난리가 난다. 어째서 학교와 교회에 있어야 할 사람들까지 나서느냐면서 정교분리를 내세운다. 정교분리가 어떻게 해서 정립되었는지 그 역사성 따위는 거들떠보지도 않으면서 말이다. 이른바 변질된 근본주의와 왜곡된 복음주의가 득세하는 한국의 교회공동체에서도 이들을 마뜩잖은 시선으로 바라본다. 때로는 심지어 거기에 반대하는 일종의 동원 집회나 성토대회를 여는 것도 마다하지 않는다.

그러나 냉정하게 따져볼 게 있다. 우리가 먼저 스스로 되물어야 할 것은 교육자나 성직자가 사회문제에 대해 발언하지 않을 사회를 만들었는가 하는 것이다. 오죽하면 그들이 나설까. 그것을 두려워하고 부끄러워해야 하는 게 먼저다. 그들이 바로 진리와 정의의 마지막 보루이기 때문이다. 그들이 나섰다는 것 자체가 사회가 부패하고 그 병세가 극심하다는 뜻이기 때문이다. 그런 상황에서 이들마저 침묵하고 눈치만 보고 있다면 그 사회에 무슨 희망이 있겠는가? 우리는 바로 이 점을 똑바로 인식해야 한다.

그들이 서 있는 곳이 바로 광야이다. 그들이 진리와 정의를 외치는 이유는 가진 자, 힘센 자들의 편이 아니라 가난하고 억눌린 자들의 편에 서 있기 때문이다. 억눌리고 입에 재갈이 물린 사회가 이미 광야이다. 가진 자들의 욕망 때문에 겨우 몸 기대고 사는 공간마저 빼앗겨 울고 있는 사람들에게 다가가 그들을 대변하는 것이, 어찌하여 사회를 혼란스럽게 한다고 공산주의자들의 사주를 받은 것이라고 뻔뻔하게 타박할 수 있는가.

억울하게 해고된 근로자들을 찾아가 힘 내라고 격려하고, 살던 곳에서 쫓겨나게 된 사람들을 위해 정부에 호소하거나 비인격적인 처사에 항의하면 그들을 잡아 가두면서 '빨갱이'라거나 '용공 세력' 혹은 '친북, 종북 세력'이라고 입에 거품을 물면서 비난하지 않았는가? 어떻게 약한 자의 권리를 대변하고 그들이 겪는 비인격적이고 반민주적인 고통을 비판하는 것이 공산주의를 추종하는 것이라는 말인가. 그렇다면 그들이 믿는 민주주의나 자본주의는 오로지 자신들의 이익 추구와 권력의 독점에 동의하거나 묵인하는 것인가?

승자독식을 너무나 당당하게 내세우는 이른바 신자유주의라는 비인격적이고 몰염치한 경제논리를 앞세워 대량해고를 남발하는 통에 목숨을 잃은 사람들이 속출해도 아무도 나서지 않는다. 오히려 아무런 개인적 이익도 바라지 않고, 혹은 불이익을 감수하면서까지 그들을 응원하는 사람들을 잡아가고 가두려는 세상이다. 그 마지막 순간에 나서는, 혹은 나서야 하는 이들이 바로 교사와 성직자이다. 그들이 나서서 외친다는 것은 이미 사회적 타락의 임계점에 놓여 있다는 뜻이기도 하다. 그들이 눈물 흘리는 땅이 바로 우리 시대의 광야이다. 그들이 바로 세례자 요한이다. 그런데도 우리는 앞장서서 그들을 비난하고 폄훼하는 일을 주저하지 않는다. 그러면서 부끄러워하지도 않는다. 어쩌면 우리 자신들이야말로 참된 예언자요 제사장이라고 착각하는 건지도 모르겠다. 그렇지 않고서야 어찌 그리 야만적인 언행을 마다하지 않을 수 있겠는가?

부끄러운 걸 부끄러워해야 한다

/

제임스 길리건James Gilligan은 《왜 어떤 정치인은 다른 정치인보다 해로운가》라는 책에서 놀라운 분석을 제시한다. 우리는 흔히 '보수는 부패해도 경제는 잘한다'는 통념 아닌 통념을 갖고 있다. 그러나 길리건은 그 통념이 얼마나 허구적인 것인지 비판한다. 길리건은 정치학자가 아니라 정신의학자이다. 그의 직업에 주목할 필요가 있다. 그에 따르면 지난 100년간 미국에서 보수가 집권했을 때 자살률이 증가했다고 한다. 딱 두 번의 예외를 제외하고는 어김없이 그런 통계가 나오더라는 것이다. 어째서 그럴까? 우리의 상식(?)에 반하는 결과가 당혹스럽기까지 하다.

길리건의 조사와 분석은 이렇다. 보수 정치인은 친기업적('친시장적'이 아니다!) 태도를 공공연하게 드러낸다. 기업 규제를 풀고 지원해야 고용이 창출된다는 논리를 앞세운다. 그래서 그들이 집권하면 기업가들에게 유리한 정책들이 쏟아진다. 그러면 기업은 기다렸다는 듯 구조조정 등의 핑계로 대량해고를 단행한다. 자신들이 저질러온 불합리한 경영의 결과로 인한 손실에 대해서는 반성도 사죄도 하지 않고 책임도 지지 않으면서 말이다. 물론 어렵고 힘든 기업들도 있다. 과도한 요구로 기업 경영을 힘들게 하는 강성 노조의 우격다짐도 분명히 어느 정도는 존재한다. 우리 주변에도 힘들게 최선을 다해서 경영하지만 적자에 허덕이거나 불황을 이겨내지 못하는 기업의 사례가 많다.

그러나 경영 부실의 일차적 책임은 노동자들이 아니라 경영자들에게 있다. 하지만 그들은 자신의 잘못은 감추거나 책임을 회피하면서 고정비를 줄여야 한다며 애꿎은 근로자들의 목부터 친다. 갑자기 일자리를 잃은 사람들은 자존감을 상실하고 엄청난 심리적 공황을 겪는다. 막바지에 몰린 이들은 자살을 선택하기도 한다. 그런 점에서 부당한 해고는 일종의 사회적 살인이다. 젊은이들의 경우는 어떨까? 그 빈자리는 다음 세대의 몫일까? 아니다. 전혀 그렇지 않다. 있던 일자리도 줄이는 판에 그들이 들어갈 틈은 별로 없다. 그러니 이번에는 젊은이들까지 좌절한다. 그래서 그들의 자살률도 증가한다. 길리건은 미국의 자살률 통계를 분석하다가 이런 정치공학적 프레임을 발견한 것이다.

우리 사회는 어떤가? 사회안전망은 부실하기 짝이 없고 한번 쫓겨나면 다른 일자리 찾고 얻는 건 거의 불가능에 가깝다. 갑자기 모든 삶이 멈춘다. 재교육 프로그램도 없다. 재기할 만큼의 충분한 자본도 마련하지 못했다. 그런 상태에서 갑자기 내동댕이쳐진 것이다. 그런데도 아무도 그들에게 따뜻한 위로를 건네지 않는다. 오히려 패자요 떨거지 취급한다. 오죽 못났으면 그렇게 잘리고 떨려났겠느냐는 것이다. 참 무례하고 야만적이다. 그런데 정작 그런 부당성을 따지면 빨갱이들이라고 매도한다. 그런 이들에게 제1차 세계대전 때에는 U보트의 함장이었지만 훗날 루터파 목사가 되어 나치의 종교정책에 반대했던 독일의 목사 마르틴 니묄러Martin Niemöller의 〈그들이 왔다〉라는 시를 읽어주고 싶다.

처음에 그들은 공산주의자를 잡으러 왔다.
나는 아무 말도 하지 않았다.
나는 공산주의자가 아니었으므로.
그들은 유대인을 잡으러 왔다.

나는 아무 말도 하지 않았다.

나는 유대인이 아니었으므로.

그들은 노동조합원을 잡으러 왔다.

나는 아무 말도 하지 않았다.

나는 노동조합원이 아니었으므로.

그들은 가톨릭신자를 잡으러 왔다.

나는 아무 말도 하지 않았다.

나는 개신교인이었으므로.

그들은 나를 잡으러 왔다.

그런데 이제 말해줄 사람은

아무도 남아 있지 않았다.

　　가장 심각한 문제는 바로 교회의 외면이다. 위로와 격려가 필요한 이들에게 다가가지 않는다. 소수의 깨어 있는 목회자나 정의구현사제단의 사제들이 그들에게 손을 내밀 뿐이다. 그러나 그런 그들을 공동체 내부에서조차 싸늘하게 비웃을 뿐이다. 누가 세례자 요한인지, 누가 율법학자인지 굳이 가리고 따질 필요조차 없다. 그런데도 우리는 우리가 얼마나 부끄러운 일을 하고 있는지, 무엇을 부끄러워해야 하는지조차 모른 채 태연자약한 건 아닌지 부끄럽고 또 두렵다.

　　즈가리야의 아들 세례자 요한은 로마 황제 티베리오가 다스리던 때, 본티오 빌라도가 유다 총독으로 재임하고 있던 때, 헤로데가 유다의 왕으로 있던 때 광야에서 하느님의 말씀을 들었다.(루가 3:2, 마태 3:1-12, 마르 1:1-8, 요한 1:19-28) 그때의 상황을 떠올려보자. 아마도 우리가 나라를 빼앗겼던 일제시대를 생각하면 금세 이해할 수 있을 것이다. 나라를 빼앗긴 울분을 참지 못하고 스스로 목숨을 끊은 이도 있었고, 독립운동에 나서 가산을 거덜 내고 자식들을 제때 교육시키지 못한 이들도 있었다. 그와는 반대로 일제에 빌붙어 온갖 이익을 탐하고 심지어 독립운동하는 사람들을 색출하고 소탕하던 자들도 많았다. 세례자 요한이 출현한 건 그와 비슷한, 아니 어쩌면 그보다 훨씬 더 암울한 상황이었다.

세례자 요한은 그런 상황의 가장 큰 원인은 외부 침입자가 아니라 하느님을 멀리하고 도덕적으로 타락한 이스라엘 사람들 자신이라고 보았다. '하느님을 멀리하고'라는 말을 두고 '나는 열심히 교회에 나가고 봉사하며 늘 하느님을 가까이 한다'며 남의 일처럼 여기는 이들도 많을 것이다. 하지만 '하느님을 멀리하고'라는 말의 참된 뜻은 교회에 다니지 않는다는 뜻이 아니라 '하느님의 뜻'에 따르지 않는다는 것이며, 곧 사랑을 실천하지 않고 있다는 뜻이다. 하느님의 사랑이 가진자, 힘센 자의 편에 서서 그들의 세력을 감싸주는 것이라고 여기는 이들은 없을 것이다. 그런데 정작 우리의 삶에서는 어떤가? 하느님을 입에 달고 살면서 거짓과 불의의 편에 서 있지는 않는가? 이것이야말로 하느님의 이름을 팔아 하느님이 금지한 일을 저지르는 것이다. 참으로 부끄러워해야 할 일이다.

"회개하여라. 하늘나라가 다가왔다!"(마태 3:2)라고 외치며 "회개하고 세례를 받아라. 그러면 죄를 용서받을 것이다"(루가 3:3)라고 한 세례자 요한에게 사람들이 몰려왔다. 심지어 바리사이파 사람들과 사두가이파 사람들도 세례를 받으러 왔다. 세례자 요한은 그들을 향해 '독사의 족속들'이라며 꾸짖었다. 세례자 요한은 그들이 단지 혹여 닥칠지 모를 징벌을 회피하기 위해 '보험 삼아' 세례를 받으려 하는 걸 알고 있었기 때문이다. 그래서 그들에게 '아브라함이 우리 조상이다'라는 말조차 꺼내지 말라고 경고했다. 그건 우리가 '나는 하느님을 믿습니다'라고 입으로만 떠드는 것과 다르지 않다.

사람들이 그런 요한에게 "그러면 우리는 어떻게 해야 하겠습니까?"(루가 3:10)라고 물었다. 세례자 요한은 이렇게 대답했다. "속옷 두 벌을 가진 사람은 한 벌을 없는 사람에게 주고 먹을 것이 있는 사람도 이와 같이 남과 나누어 먹어야 한다." 또 세리들에게는 "정한 대로만 받고 그 이상은 받아내지 말라"고 가르쳤다. 그리고 군인들에게는 "협박하거나 속임수를 써서 남의 물건을 착취하지 말고 자기가 받는 봉급으로 만족하여라"(루가 3:11-14)라고 경고했다.

나는 이 대목을 결코 가벼운 마음으로 읽을 수 없다. 읽을 때마다 뜨끔하고 오금이 저리기 때문이다. 세례자 요한의 경고는 고스란히 지금의 우리에게 한 치 어긋남 없이 적용되고 있기 때문이다. 그런데도 정작 우리는 그걸 고치려 하지 않는다. 그게 어디 개인뿐이겠는가? 교회 자체가 이미 그런 지경인 걸 얼마나 많이 보고 있는가? 교회는 예언자의 역할은 포기하고 단지 제사장의 역할만 맡으려 하고 있지 않은가?

세례자 요한은 바로 우리에게 경고하고 있는데, 정작 우리는 남의 이야기처럼 듣고 있을 뿐이다. 그런데도 부끄러워하지 않는다. 그러면서 세례자 요한의 모범을 따라 입교하는 신자들에게 세례를 베푸는 것으로 해야 할 바를 다했다고 짐짓 눙치고 있지는 않은지 묻고 싶다.

세례자 요한을 기다리며

/

늘 어두운 시대마다 세례자 요한이 있었다. 중세의 문을 닫고 근대를 연 마르틴 루터Martin Luther(1483~1546)도 그런 사람이었고, 근대에 들어섰는데도 여전히 중세 끝자락에 매달려 있던 교회에 대해 비판했던 브루노Giordano Bruno(1548~1600)*도 그런 사람이었다. 그들은 교회의 잘못을 비판하고 개혁을 요구했다. 교회가 절대권력 그자체였던 시대였다. 그것은 목숨을 내놓는 대담한 도전이고 경고였다. 결국 브루노는 체포되어 처형되었다. 그에 앞선 위클리프John Wycliffe(1320~1384)**나 후스Jan Hus(1372~1415)*** 등도 그랬다. 심지어

* 이탈리아 르네상스 시기의 자연철학자로 스콜라철학과 로마의 가톨릭교회에 반대했다. 여러 나라에서 망명하다가 1591년 이탈리아에서 체포되어 온갖 회유와 협박에도 굴하지 않고 버티다가 화형당했다.
** 영국의 선구적 종교개혁가로 옥스퍼드대학교를 졸업하고 모교의 신학교수를 역임하고 국왕 에드워드 3세의 궁정사제로 서임되었는데, 교황세를 반대하고 교회령 재산을 비판하였으며 성직자의 타락과 악덕을 비난했다. 1415년 콘스탄츠공의회에서 이단으로 단죄되어 유해와 함께 모든 저작이 불태워지고 그 유해는 템스 강에 던져졌다고 한다.
*** 체코의 종교개혁가로 성서를 유일한 권위로 강조하고 고위 성직자들의 세속화를 강력하게 비판했다. 프라하대학교에서 수학하고 모교의 교수가 되어 철학과 신학을 가르쳤으며, 프라하대학교 학장 시

성서를 처음으로 영어로 번역한 틴데일William Tyndale(1494~1536)****
도 사형을 당했다.

교회의 부패와 타락을 안타까워하던 당시의 용감한 사람들은 충심으로 경고했지만 절대권력인 교회는 들은 척도 안 했을 뿐만 아니라 그들을 처형하거나 파문했다. 어떻게 감히 자신들의 권위에 도전하느냐며 무자비하게 탄압했다. 그러면서 정작 자신들이야말로 교회의 수호자이며 복음 선포의 유일한 주체라고 착각했다. 하지만 결과는 그들의 의도와는 정반대였다. 그것은 이미 그들이 진리와 정의의 편이 아니라 탐욕과 무지, 그리고 불의를 정당화하는 악의 집단이 되었기 때문이다.

20세기 들어 미국에서는 마틴 루터 킹 주니어Martin Luther King Jr.(1929~1968)라는 또 다른 세례자 요한이 출현했다. 1960년대까지도 미국에서는 흑백 차별이 극심했다. 그러다 마침내 흑인들이 들고 일어났다. 그렇다고 그들이 과격한 투쟁을 한 것도 아니다. 사건의 발단은 앨라배마 주 몽고메리라는 도시의 한 버스였다. 당시 버스는 흑인과 백인이 따로 타도록 되어 있었다. 흑인들은 앞에 타서 요금을 내고 다시 내려서 뒷문으로 승차해야 했다. 당시 대다수의 백인들은 흑

절 그곳의 베들레헴 성당의 주임신부를 겸했다. 그는 성서와 위클리프의 저작을 체코어로 번역하였으며, 1414년 그의 저술 일부에 문제가 있다며 콘스탄츠공의회에 의해 소환되었으나 자신의 신념을 꺾지 않아 다음 해 처형되었다.
**** 영국의 종교인으로 최초로 성서를 영어로 번역했다. 영어 번역을 위해 비밀리에 독일에서 작업했으나 그 때문에 1536년 체포되어 로마교황청에 의해 이단으로 몰려 사형당했다. 그의 사형 이후 엘리자베스 1세 때 영어 번역이 다시 논의되었고, 제임스 1세 때 그의 번역을 토대로 〈흠정역 성서〉가 나왔으며 오늘날의 성서의 전범이 되었다.

인들을 그저 동물보다 조금 나은 존재쯤으로만 여겼다. 링컨이 노예해방을 선언한 지 거의 100년이나 되었는데도 말이다. 백인 승객에게 자신의 자리를 내주기를 거부했던 용감한 흑인 여성 로자 파크스Rosa Louise McCauley Parks(1913~2005)*로부터 촉발된 유명한 버스 보이콧을 계기로 흑인들은 자신들의 권리를 주장하기 시작했다. 그 선봉에 선 사람이 바로 마틴 루터 킹 목사였다.

"나에게는 꿈이 있습니다. 이글거리는 불의와 억압이 존재하는 미시시피 주가 자유와 정의의 오아시스가 되는 꿈입니다. 지금 나에게 꿈이 있습니다. 골짜기마다 돋우어지고, 작은 산마다 낮아지며, 고르지 않은 곳이 평탄하게 되며, 험한 곳이 평지가 될 것이요, 주님의 영광이 나타나고, 모든 육체가 그것을 함께 보게 될 날이 있을 것이라는 꿈입니다."

유명한 〈나에게는 꿈이 있습니다〉라는 연설의 한 구절이다. 그는 비폭력으로 자신들의 권리를 주장했다. 때리면 맞고 잡아가면 그냥 끌려갔다. 그런데 당시 많은 백인 인종주의자들은 그 뒤를 따라가면서 이렇게 외쳤다. "원숭이들이여, 동물원으로 가라!" 이 말이 익숙하지 않은가? 억압되고 말살되는 민주주의의 가치와 인권에 대해 비판하면 엉뚱하게 색깔론을 들먹이며 "빨갱이들은 북으로 가라!"고 외치며 조롱하는 극우 수구 세력들의 논리와 너무나 흡사하다. 불행히도 그 대열에 상당수의 교회들이 끼어 있다. 부끄러운 일이다. 분명

---

* 아프리카계 미국인 인권운동가로 몽고메리 버스 보이콧을 일으킨 당사자이다. 이후 미국 의회에 의해 '현대 민권 운동의 어머니'라고 칭송되었다.

1960년대 미국의 세례자 요한은 바로 마틴 루터 킹 주니어 목사였다. 결국 그는 멤피스에서 암살되었다. 마치 헤로데가 본부인과 강제로 이혼하고 자기 동생의 아내이자 이복남매였던 헤로디아를 처로 맞아들인 일과 그 밖의 온갖 잘못을 들어 자기를 책망했다고 세례자 요한을 가둔(루가 3:19-20) 뒤 헤로디아의 딸 살로메의 요구를 빙자하여 그를 죽인 것과 흡사하지 않은가?

바로 그 1960년대 대한민국에서는 어떤 일이 벌어지고 있었는가? 청계천 평화시장의 재단사 전태일全泰壹(1948~1970)*은 개발독재의 현실에서 착취당하는 수많은 노동자들의 현실을 고발하며 최소한의 근로기준법이라도 지켜달라고 호소했다. 그러나 그 '아름다운 청년'의 외침에 귀 기울이는 권력자나 자본가는 없었다. 결국 전태일은 자신의 몸을 불사르며 노동자들의 권리를 외치다 삶을 마감했다. 그가 바로 1970년 한국에 왔던 세례자 요한이었다. 안타깝게도 지금도 여전히 그런 억압과 착취의 못된 관행은 온전히 사라지지 않았다. 그런 우리가 바로 바리사이파 사람이고 사두가이파 사람이며, 세리요 군인이다. 세례자 요한이 그들을 따끔하게 꾸짖었던 것을 기억해야 한다.

세례자 요한은 어떤 의미에서 마지막 '예언자'였다. 그러나 오늘날 우리 교회에 예언자는 없고 제사장만 있는 듯하다. 예언자가 서 있어

---

* 가난 때문에 초등학교 4학년을 중퇴하고 젊은 나이에 서울 청계천 평화시장의 의류 제조회사에 근무하면서 근로기준법 준수 요구 등 근로 환경 개선을 위해 투쟁하였으나, 사회의 무반응과 당국의 압력에 의분하여 분신한 노동운동가이다.

야 하는 곳은 광야다. 외롭고 고통스러운 곳이다. 제사장은 교회를 지배한다. 그는 권력과도 친밀한 관계다. 그래서 가끔은 그 권력의 부스러기를 맛보는 경우도 있다. 그 맛에 길들여져서 제사장 역할만 하려는 이들이 이 나라 이 교회의 지도자를 자처한다. 많은 신자들을 거느린 대형교회의 힘을 과시하면서 말이다. 그런데도 입으로는 세례자 요한을 떠들어댄다. 그들에게 세례자 요한은 그저 세례라는 통과의례(?)를 만들어준 선구자에 불과할 뿐이다. 아무리 아니라고 부인해도 스스로 예언자의 고난을 자청하지 않는 한 그런 비난에서 온전히 빗겨날 수는 없다.

'예수 천당 불신 지옥'이라는 천박한 마케팅에 매달리면서 정작 우리 시대의 세례자 요한을 외면하거나 억압하고 있지는 않은지 돌아봐야 한다. 헐벗긴 채 무고하게 내쫓긴 이들이 고립무원 버려져 있는데 정작 그 광야는 외면하면서 어찌 감히 예수를 따른다고 고백할 수 있겠는가. 최소한 부끄러운 일은 부끄러워할 줄 아는 양심이 바로 신앙의 첫 단추임을 잊지 말아야 한다.

나 자신이 세례자 요한이 될 용기는 없다고 감히 고백한다. 그렇게 비겁하게 살고 있다. 그러나 최소한 우리의 손으로 세례자 요한을 처벌하고 응징하는 바보짓은 하지 않아야 한다는 건 엄중히 받아들이고 있다. 그들을 격려하고 그들의 지혜와 용기에 감사하기는커녕 욕하고 가두는 일에 앞장선다면 예수를 죽이려고 한 헤로데와 무엇이 다르며, 유다를 강제로 침입하고 무력으로 통치한 로마 점령군과 우리가 무슨 차이가 있겠는가. 또한 율법을 자신의 독점 권력이라고 착각하며 거짓과 위선을 일삼았던 사두가이나 바리사이와 무엇이 다르다 말할 수 있겠는가. 독립투사를 밀고하고 제 손으로 잡아 가두고 고문을 일삼던 조선인 변절자들과 무엇이 다르다 할 수 있겠는가. 그들의 유령이 지금 우리 사회뿐 아니라 교회에도 마음껏 활개 치며 다니고 있지는 않은지 돌아봐야 한다.

왜 한국 교회는
보수주의에 안주하는가?

근본주의와 **보수주의**

/

복음주의가 근본주의와 같은 게 아니듯, 보수신학과 진보신학도 그것을 택하고 따르는 교회 또는 학자들을 딱 부러지게 구분하는 것은 아니다. 그러나 일반적으로 복음주의 또는 근본주의는 보수신학을 택하고, 그들에 반대하는 교회는 진보신학을 택한다는 점에서 두 학문적 태도와 입장을 살펴보는 것이 도움이 될 것이다. 일반적으로 한국 교회는 거의 보수적인 입장을 취한다고 할 수 있을 것이다. 개신교의 기독교장로회*와 감리교 일부, 예수교장로회의 통합 측 일부가 진

* 상대적으로 진보적이라고 할 수 있을 뿐 기장교회가 다 진보적인 것은 아니다. 1953년 예장에서 갈라설 때의 기독교장로회 정신조차 모르는 기장교회와 신자들이 더 많다는 게 개신교 자체 내의 일반적 평가다. 자신이 속한 교회의 교단이 어떤 신학적 특성을 가지는지 모르는 경우도 비일비재하다. 합동파를 중심으로 만들어진 단체가 한국기독교총연합회(한기총)이고 교회협의회에 가입한 교단을 중심으로 한국교회협의회KNCC가 발족했다. 통합파는 부분적으로 양 단체 모두에 가입한 상태다.

보적인 입장이라고 할 수 있고, 가톨릭은 보수와 진보의 중간쯤 된다고 보면 무방할 것이다.*

보수교단은 내세의 구원에 초점을 맞추는 데 반해, 진보교단은 구체적인 인간구원을 주장한다. 따라서 보수교단이 개인의 평안을 강조하면서 사회적 문제 등에 상대적으로 무심한 반면, 진보교단은 구체적 현실 상황을 염두에 두면서 사회적 구원에 관심을 갖는다고 봐도 무방할 것이다. 그런 까닭에 기능적 측면에서도 보수교단은 제사장적 기능에 충실하지만 진보교단은 예언자적 기능에 충실하다고 평가할 수 있다.

비율로 본다면 한국 교회는 보수가 대부분이라고 할 수 있다. 오늘날 한국 교회가 예언자의 역할에 소홀하고 제사장의 역할에 치중하는 것도 보수교단 일색인 이러한 요인과 무관하지 않을 것이다. 또한 영혼을 구원받고 천당에 가는 것이 지상의 과제이며 예수를 믿는 까닭이라는 보수교단과 달리, 진보교단은 하느님나라를 이 땅에 실현하는 참된 인간으로 거듭나기 위해서 예수를 믿는다고 말한다. 즉 내세의 개인의 영혼 구원과 사회적 복음 실천을 통한 총체적 인간의

* 일반적으로 가톨릭은 생태적으로 보수적이라는 평가에서 벗어나지 못한다. 그럼에도 불구하고 우리 나라에서 가톨릭이 진보와 보수의 중간쯤 혹은 심지어 일부는 매우 진보적이라고 평가되는 건 한국의 정치와 사회 환경과 무관하지 않을 것이다. 민주화운동을 통해 가톨릭교회와 성직자들이 보여준 태도가 그런 인식에 한몫했다. 그리고 가톨릭교회가 진보적이라고 평가되는 건 상대적으로 개신교회의 친정부적이고(다 그런 건 아니지만 대부분의 대형교회들은 그런 성향이 강하다) 자기 교회 중심적인 태도에 대한 반발 심리적 태도도 한몫했을 것이다. 그러나 신학적으로 볼 때 대부분의 한국 개신교회들이 '교회 중심적 배타주의'를 표방하고 가톨릭교회가 제2차 바티칸공의회 이후 '그리스도 중심적 포괄주의'를 표방한다는 점에서는 어느 정도 보수와 진보의 잣대가 맞는 측면도 있다고 볼 수 있다.

구원으로 극명하게 대비된다고 볼 수 있다.

두 입장은 교회의 역할에 대해서도 자연스럽게 대조적인 입장을 취한다. 보수교단은 예수의 보혈로 구원받고 천당에 간다고 주장하며 보다 많은 사람들을 교회로 인도해야 한다고 주장하는 반면, 진보교단은 복음의 실천을 통해 구원되며 전도가 아니라 참된 인간의 실현이 우선이라고 주장한다. 심지어 이들은 하느님나라의 개념에 대해서도 큰 차이를 보인다. 보수교단은 죽은 뒤 영생을 누리는 게 천당이라고 보지만, 진보교단은 하느님의 통치가 이뤄지는 의로운 나라가 곧 하느님나라이며, 그것은 사후에 가는 천국과 동일한 것이 아니라고 보기 때문이다. 공교롭게도 한국의 개신교회에서 신자들의 신앙의 지향이 대부분 구원과 성공이라는 점에서 보수교단의 가르침이 훨씬 더 설득력 있게 느껴지는 것 같다. 물론 세계 어느 곳에서나 진보적 교회가 대규모로 성장하는 경우는 드물다. 그렇다고 우리나라처럼 보수교단 일색인 경우도 드물 것이다.

성경에 대한 해석에서도 둘은 극명하게 다른 입장을 취한다. 보수주의자들은 성경은 일점일획도 고칠 수 없는 하느님의 절대적 계시라고 본다. 아마도 이 점은 루터의 종교개혁과 무관하지 않을 것이다. 루터는 교회를 비판하면서 '오직 성경뿐sola scriptura!'이라는 구호를 내세웠다. 그것은 당시 가톨릭교회의 부패가 성경보다는 교황의 회칙이나 공의회 문헌 등을 더 중요시하면서 더욱 심해졌다는 비판에서 기인했다. 루터는 교회의 절대적 권위는 교황을 비롯한 교계제도나 교의 혹은 교회의 문서들이 아니라 오로지 성경에서만 찾아야 한다고 주장했다. 이는 분명 정당한 비판이었고, 당시의 상황이 만들어낸 필연적 결과였다.

그러나 문제는 그 강조가 지나쳐 자칫 문자주의적 해석만 고수하는 편협성을 부작용으로 얻게 되었다는 점이다. 그에 반해 진보주의자들은 성경의 권위는 절대적으로 인정하되 그 명제의 숨은 뜻을 헤아리는 게 가장 중요하다고 본다. 인간의 언어로 쓰인 것이기 때문에 불가피하게 오류도 있을 수 있다고 보는 것이다. 그래서 진보주의자들은 보수주의자들을 문자주의자 또는 축자주의자라고 비난하고 때로는 편협한 근본주의자라고 비판하기도 한다. 반면 보수주의자들은 진보주의자들이 자유주의 신학에 입각한 자의적 해석으로 복음을 훼손한다고 비판한다.

이처럼 뚜렷한 대비와 갈등은 사실 중요한 자산이다. 왜냐하면 그런 긴장을 통해 항상 스스로 오류에 빠지지 않도록 경계하며 다른 입장을 통해 좋은 점을 수용할 수 있는 기회를 갖기 때문이다. 그러나 불행히도 그런 조화와 소통보다는 반목과 갈등이 불거지는 경우가 더 많다.

비단 성경에 대해서만 서로 다른 견해와 입장을 취하는 건 아니다. 예수에 대한 관점도 다르다. 즉 보수는 예수의 신성을 강조하지만 진보는 인간으로서의 예수도 강조한다는 점에서 대비된다. 그래서 그들에게 예수는 우리가 따르고 실천해야 할 모범이라는 측면이 강하다. 하지만 보수주의자들은 그러한 태도를 비판하며 예수를 폄하하고 구원자이며 대속자代贖者인 메시아를 부정하는 결론으로 치닫는다고 비난한다. 그렇다고 진보주의자들이 메시아 예수를 부인하는 것은 결코 아니다. 그들은 보수주의자들의 예수 해석이 지나치게 기복적이고 권위적이어서 정작 예수가 가르치고 성경이 전한 핵심을 내용으로 보지 않고 형식의 권위로 받아들인다고 볼 뿐이다.

놀랍게도 진보주의자들은 보수주의자들을 잘 알고 있지만 보수주의자들은 진보주의자들의 주장과 학설을 잘 모르는 형편이다. 한국 교회의 경우 보수주의를 표방한 교회가 거의 다수를 차지하고 있기 때문일지도 모르겠다. 이러한 특성은 보수교단을 수구적이고 폐쇄적으로 만들고, 진보교단을 포용적이고 개방적으로 만들기도 한다. 그런 까닭에 보수주의는 교조적이며 배타적 일원론을 고수하는 경향이 강하다. 반면 진보주의는 다른 사상들과 대화하고 이해하려 애쓴다고 할 수 있다.* 그들은 가톨릭뿐 아니라 유교, 불교 같은 타 종교(그래서 '다른' 종교라고 하지 않고 '이웃' 종교라고 부르기도 한다)나 사상에 대해서도 끊임없이 우호적인 자세를 고수하며 대화하려고 하는 편이다.**

* 그 대표적 사례가 바로 크리스찬아카데미를 중심으로 이뤄진 종교 간 대화, 산업사회와 종교 등에 대한 세미나 등이었다. 1963년 기장교단을 세운 김재준 목사를 계승한 강원용 목사 등이 중심이 되어 교회일치운동과 사회의식화운동을 펼쳤다. 제2차 바티칸공의회 이후 가톨릭과 함께 《공동번역성서》를 편찬한 신학자들이 대부분 여기에 참여한 사람들이었다. 그러나 보수교단에서는 그런 접근 자체를 못마땅하게 생각했을 뿐 아니라 거기 참여한 개신교 신학자들에게 저주를 퍼부었다.
** 그러나 상대적으로 진보적이라고 하는 감리교단은 금란교회 김홍도 목사를 중심으로 한 '교리수호대책위원회'를 구성하여 교회 밖에서도 구원이 가능하며 참선도 기도의 일종이라고 한 변선환 감리교신학대학장을 종교재판에 회부하여 1992년에 결국 출교시켰다. 세계 어디에서도 보기 힘든 배타성을 무기로 삼는 한국 보수 개신교 목사들은 변선환 목사의 다원주의적 관점의 확산을 우려하던 중에 기독교 밖에도 구원이 있다는 발언을 문제 삼아 목사직 파면은 물론이고 신자의 자격까지 박탈한 것이다. 그 재판이 열렸던 교회가 바로 금란교회였다. 교단은 그 과오에 대해 여전히 의도적으로 외면하고 있는 게 현실이지만 변선환 목사가 출교된 지 20년 후 이 사건은 강력하게 재조명되고 있다.

보수교단은 기독교가 전파되기 이전의 한국인들은 모두 지옥에 갈 수밖에 없다고 단언하는 편이다. 그 이유는 그들이 예수를 믿지 않았기 때문이라는 것이다. 그래서 이들은 자칫 한국의 전통 문화 전반에 대해 부정적인 입장을 띠는 경우가 많다. 심지어 어떤 목회자는 너무나 당당하게 한국의 전통 문화는 우상숭배로 점철된 죄악의 역사라고 폄하하기도 한다. 제사는 우상숭배의 한 갈래이기 때문에 결코 용납될 수 없다는 것이다. 사실 그들이 제사를 금지하는 것은 제사가 갖는 문화의 보편적 가치를 의식적으로 외면한 결과이기도 하다. 실제로 '절하는 행위'에 대해 아주 신경질적으로 반응하는 이유는, 절이 가장 겸손한 인사의 방식이라는 점을 간과하고 이를 숭배의 방식으로만 이해하기 때문이다. 또 서양 문화에서는 볼 수 없는 존경의 표시 방식이기 때문에 이런 반응을 보이는 것이라고도 할 수 있다.

　　이에 반해 진보교단은 하느님이 모든 곳에서 다양한 방식으로 현현했기 때문에 선한 사람은 당연히 구원받았을 것이라고 주장한다. 그들은 하느님 구원의 보편성을 강조한다. 보수교단은 예수를 통하지 않고는 결코 구원받을 수 없다고 보기 때문에 극단적으로 '예수 천당 불신 지옥'을 외치지만 진보교단은 '먼저 참된 인간이 되어야 한다'고 말한다. 예를 들어 빈곤계급이 생기는 원인에 대해 보수교단은 그 사람의 죄나 게으름에 원인이 있다고 보는 반면, 진보교단은 사회구조악, 즉 사회적 불평등에 기인했다고 본다는 점에서도 다르다. 이들은 전통 문화에 대해서도 상대적으로 관대한 편이다.

신학적 입장에서도 둘은 극명하게 대조적이다. 보수교단은 에반젤리컬evangelical, 즉 고정적이고 불변하는 구속사 신학에 온 초점을 맞춘 반면, 진보교단은 에큐메니컬, 즉 교회일치의 틀 안에서 다양한 진보신학들을 폭넓게 수용하고 세계사적 조류의 도전을 회피하지 않고 끊임없이 수용하고, 조응하면서 신학적 사고를 심화, 발전시켜 나가야 한다고 보는 입장이다.

사회를 바라보는 관점도 확연하게 다르다. 보수교단은 교회의 사회 참여에 대해 부정적이고 소극적이다. 다만 교회 확장의 관점에서는 매우 적극적으로 대처한다.* 그러나 상대적으로 진보교단은 정치와 사회의 현실에 대해 끊임없이 강하게 문제를 제기하고 그 시정을 위해 노력하는 편이다.** 그래서 한쪽은 친정부적이고 우파적이며 다른 한쪽은 비非친정부적이고 좌파적인 성향을 띠는 것이 사실이다. 사실 좌파니 우파니 하는 개념에 대해 한국 교회가 정확하게 개념을 정의하고 있는지조차 의심스럽다. 여러 관점이 있을 수 있겠지만, 한

---

* 그래서 정의구현사제단의 활동은 정치적이라고 주장하면서도 대통령을 위한 조찬구국기도회는 교회의 사명이라고 여긴다. 그런 점에서 그들은 예언자적 기능보다는 제사장적 기능으로서의 교회를 지향하는지도 모른다. 그래서 진보교단은 한국 기독교가 예수를 제대로 이해하지 못하고 실천하지 못한 상태에서 기형적으로 급성장했다고 비판한다(물론 가톨릭교회 내에서도 정의구현사제단에 대해 못마땅하게 여기는 성직자들과 신자들이 많은 것이 사실이다).
** 대표적인 경우가 바로 도시산업선교회(일명 도산都産)다. 1957년 초 H.존스 목사가 내한하여 산업전도에 대한 강연회를 가진 것이 계기가 되어, 같은 해 4월 예수교장로회가 통합전도부에 산업전도위원회를 설치하고, 성공회聖公會의 미국인 주교 J. P. 셀 테일러가 영등포도시산업선교회를 창립한 것이 효시다. 그 후 1963년 감리교 및 예수교장로회 내에서 상대적으로 진보적인 통합파의 이른바 해방·혁명신학파 교역자들이 한국도시산업선교회를 구성하면서 본격적인 체제를 갖추게 되었고, 1976년 개신교와 가톨릭이 연합하여 구성한 한국교회사회선교협의회의 산하단체가 되어 조직을 확대해나갔다. 대표적 인물로 조화순 목사와 인명진 목사 등이 있다. 1990년대 이후 쇠퇴하였다.

국 교회가 이해하고 있는 좌파와 우파의 결정적 차이 가운데 하나는 공산주의에 대한 태도이다.

서구사회의 좌파와 우파가 평등주의와 자유주의, 큰 정부(많은 세금)와 작은 정부(적은 세금), 시장의 불완전성과 시장의 자율성, 기간산업의 국유화와 민영화, 노동자의 이해 대변과 기업가의 이해 대변, 복지와 분배 대 발전과 안정 등으로 구별되는 데 반해, 우리나라에서는 좌파와 우파를 친공(정확하게 말하자면 '반反-반공' 혹은 '비非-반공')과 반공, 민주화 세력과 산업화 세력, 반폐쇄적 국제주의와 민족주의 등으로 구분하려는 태도 등 해방 이후 한국의 독특한 정치사의 변환과 밀접한 연관을 맺고 있다는 점에서 그렇다는 뜻이다. 하기야 정치와 사회에서조차 좌파와 우파에 대한 정확한 개념 이해가 정립되지 않은 현실에서 교회라고 무슨 예외가 되겠는가!

교회는 진정한 보수와 진보의 가치에 대해 고민하는가?
/

일반적으로 우리 사회에서 진보주의자나 좌파는 공산주의를 옹호하는 것으로 잘못 이해되고 있는 것 같다.* 문제는 그리스도교 신자들마저(아니 정확히 말하자면 오히려 그들이 더 심하게) 그렇게 받아들이고 있다는 점이다. 진보주의자들이 공산주의를 찬양하거나 옹호하는 것

---

* 그런 점에서 《좌우파 사전》(구갑우 외 14인, 위즈덤하우스, 2010)은 우리의 좌파와 우파에 대한 어설프고 그릇된 이분법적 시각을 교정하기에 딱 알맞은 책이다.

이 아니다. 이는 독재자들이 공산주의라는 적을 핑계로 온갖 반민주적인 폭력과 억압, 공포와 비인격성으로 통치하는 것에 저항하고 반대한 것을, 용공이니 친북이니 혹은 종북이니 몰아세우며 반정부를 반국가의 이적 개념으로 왜곡했던 세력들이 그렇게 자신들을 합리화했던 것의 유산이다.* 또한 그들이 정부에 반대하는 것은 무조건적으로 반정부적인 성향 때문이 아니라 독재정부나 사이비 민주정부가 민주주의를 유린하고 인권을 탄압하며 정의를 짓뭉개는 것에 대해 비판한 것인데도 마치 그들을 반국가사범쯤으로 여기려 든다.

공산주의는 이미 몰락한 유물일 뿐이다. 지금 누가 그것을 되살리려 하겠는가? 다만 보수(보수라는 이름의, 실제로는 수구에 가까운) 우파들이 자신들의 입장을 옹호하기 위한 거의 유일한 근거로 반공과 친미를 내세우는 것에 대해 비판하는 것이다. 물론 생각이 여물지 않은 일부 청년들 가운데 시대착오적인 주체사상에 물든 경우가 있기도 하다. 그러나 그들은 이미 진보 세력 내에서도 이단아 취급을 받고 있다. 이미 끝난(비록 북에 공산주의자들이 아직 엄존하고 있지만, 예전과 같은 기세는 분명 아니다. 사실 1970년대 초반까지만 해도 남한이 북한에 비

---

* 새뮤얼 헌팅턴이 《문명의 충돌》에서 이슬람문명과 기독교문명 간의 충돌의 불가피성을 강조하고 있는데, 그는 역사학자가 아니라 정치학자다. 따라서 속성이 서로 다른 문명과 정치가 견강부회적으로 해석되고 있는 점이 많다(아마티아 센은 《정체성과 폭력》에서 헌팅턴의 '단순무식'을 날카롭게 풍자하며 비판한다). 정치학적 관점에서 문명의 역사를 편의적으로 해석하는 그의 충돌론이 내포하고 있는 오류는 세계의 분란을 숙명화할 뿐 아니라 그것을 종교적 대립으로 해석함으로써 오히려 종교 간의 갈등과 대립을 심화시킬 수 있다는 점이다. 그의 충돌론에는 허구적 이중 잣대가 적용되고 있음이 도처에서 발견된다. 사실 헌팅턴이나 이슬람에 대해 편견을 가지고 있는 사람들의 오해나 왜곡과는 달리 두 종교와 문명은 시종 충돌이 아닌 상생관계를 유지해왔다. 충돌은 잠시였고, 그나마도 현대 역사에서 벌어졌던 서구 일방주의가 빚어낸 면이 다분하다.

해 열세 요인들이 많았지만, 지금은 전혀 그렇지 않다. 심지어 군사적인 면에서도 그렇지 않은가? 그런데도 반공만 내세우며 자신들의 허물을 그 뒤에 숨겨놓는 작자들이 여전히 핏대를 세우고 있는 형편이다. 국가의 안보를 마치 자신들만 걱정하고 담당하고 있는 양하면서 정작 제 자식들은 군대에 보내지도 않는 자들이 말이다) 이념 논쟁에서 벗어나지 못하는 시대착오적인 고집에 대해 비판하는 것이다. 그런 점에서 한국 기독교가 여전히 반공과 친미(미국에서 전파되고 그들의 도움으로 발전했으며, 많은 목회자들이 미국에서 교육받았다는 것과 무관하지 않은)를 기치로 내걸면서 그게 우파의 절대적 가치라고 여기는 것은 심각한 문제다.*

우리가 일반적으로 인정하는 관점에서 볼 때 예수는 과연 좌파인가 우파인가? 사실 이러한 이분법적 접근 자체가 참 한심하고 어리석은 짓이다. 그런데 여전히 한국 교회는 예수의 사회정의에 대한 복음 선언에는 귀를 막은 채 근본주의적 태도에서 벗어나지 않으면서 보수 극우의 보루이며 교두보가 되고 있다는 것은 진지하게 성찰해야 할 문제다. 이미 하나의 거대권력으로 자리 잡은 한국의 교회는(가톨릭이건 개신교건 대동소이하다) 이미 그 순간 개혁의 대상이 될 수 있다는 겸허한 성찰에서 다시 시작해야 한다. 그것이 바로 썩은 중세 교회에 맞서 용감하게 개혁을 요구했던 루터의 정신이다. 그런 루터의 정신은 사라지고 오히려 자신들을 절대적인 교조로 삼으려 하는 것이

---

* 미국은 하느님의 축복을 받아서 강대국이 되었으며 따라서 하느님의 정의는 미국 편에 있다고 극단적으로 단순화시킨 이들의 논리는 반대편으로부터 맹목적이며 비주체적이고 종속주의적이라고 비판받기도 한다.

야말로 반종교개혁적 태도이고 반루터적인 자세다. 당회장의 전횡과 비민주성을 비판하면 출교시키거나 정직시키는 일이 비일비재하다는 사실을 두려운 마음으로 응시해야 한다.

우파나 좌파나 어느 한쪽의 주장이 절대적으로 옳은 것은 아니다. 그럼에도 불구하고 사회는 그러한 이분법에서 여전히 벗어나지 못하고 있다. 그렇다면 둘을 화해시키는 것은 무엇인가? 이해와 사랑이다. 그것은 바로 교회가 늘 지향하는 바가 아닌가? 필시 교회는 그러한 화해와 일치운동에 매진해야 함에도 불구하고, 대립과 갈등의 중심에서 그것을 증폭하는 일에만 치중하고 있으니 과연 이 시대에 교회는 무엇 때문에 존재해야 하는가? 게다가 엉뚱한 문제들을 일으키면서 종교가 사회를 걱정하는 게 아니라 사회가 종교를 걱정한다는 비판까지 받는 형편이다.

보수도 진보도 나름의 타당성과 합리적 근거를 갖고 있다. 무조건 서로 백안시하거나 거부할 것이 아니라 부단히 소통하고 교류할 수 있는 적극적 패러다임으로 전환해야 한다. 그러기 위해서 최소한 상대에 대한 예의와 존중은 필수적이다. 물론 그 바탕에는 그에 대한 지식이 필요하다. 이는 오늘 우리에게 요구된 교회개혁의 중요한 한 국면이다. 그런 의미에서 종교개혁은 과거완료형이 아니라 현재진행형임을 결코 잊어서는 안 된다. 신구교를 막론하고 다시 루터의 용기와 신념을 되새겨야 한다.

《국가론》에서 플라톤은 예술을 정의하면서 다음과 같이 말했다.

"여기 세 종류의 침대가 있네. 첫 번째는 본성이 침대인 것으로 신이 만든 것이라 할 수 있네. 두 번째 것은 목수가 만든 침대라네. 그리고 마지막 세 번째 것은 화가가 그린 것이지. 그런데 화가는 제작자가 아니란 말일세. 본성에서 세 단계나 떨어진 것을 만든 것이니 모방자라 불리는 것이네. 그러니까 그는 진리에서 세 번째를 차지하고 있는 셈이지."*

플라톤은 자신의 이데아이론을 통해 예술을 정의했다. 그러니까 처음의 침대가 이데아로서의 침대라면 화가가 그린 침대는 그만큼 진리에서 멀어진 허상일 뿐이다. 하지만 여기서 우리가 플라톤을 오해하고 있음에 주목해야 한다. 우리는 흔히 플라톤의 예술이론은 모방설이라고 단정하지만 그는 예술이 창조적이지 못하고 단지 모방만 일삼으려 할 때 진리에서 멀어진다는 걸 강조하고 있다는 것을 놓쳐서는 안 된다. 그걸 제대로 보지 못하기 때문에 플라톤의 예술론이 그저 단순한 모방이론에 불과하다고 단정하는 것이다. 플라톤은 예술을 폄하한 것이 아니라 진정한 예술은 강렬한 힘을 지닌 행위이며 그것이야말로 모방에서 벗어나 창조성을 지녀야 한다는 것을 강조한 것이다.

한국 교회의 서구지향적인 사고와 오리엔탈리즘에서 벗어나지 못한 제국주의적 잔재는 바로 플라톤이 비판하는 단순히 모방에 그치는 세 번째 단계의 타락한 침대, 즉 본질은 보지 못하고 거죽만 무비판적으로 베끼는 단계로 스스로를 몰아가고 있다. 이 점을 냉정하게

* 플라톤, 박종현 역, 《국가, 정체》, 서광사, 1997, 596b~598b(613~618쪽 참조)

반성해야 한다. 나는 개인적으로 플라톤을 그다지 좋아하지는 않지만 이 설명을 그대로 한국 교회에 적용할 수 있을 것이라고 생각한다. 갈수록 본질에서 멀어져감에도 불구하고 외적 성장과 물질적 팽창에 눈이 멀어 그것을 깨닫지 못하거나 착각하고 있다는 점에서 플라톤의 이 비유는 고스란히 한국 교회에 적용되는 것이 아닌가 싶어서 씁쓸하다.

그럼에도 불구하고 이런 태도에서 벗어나지 못하는 가장 큰 원인 가운데 하나는 그리스도교가 서양을 통해서 들어왔기 때문이며, 서양의 사고와 문화에 맞춰진 신학과 교리에 적응하는 과정에서 자연스럽게 자리 잡았기 때문이다. 게다가 현재 한국 교회를 성장시킨 이들도 개신교의 경우에는 거의 다 미국에서 교육받았다. 가톨릭은 말할 것도 없다. 여전히 로마 중심적이며 대부분의 유학 사제들은 로마에서 공부한다. 그런 이들의 눈에는 미국이나 로마가 하나의 이상으로 보이는 것이 어쩌면 자연스럽다고나 할까?

지금의 대한민국은 100년 전 혹은 한국전쟁 직후의 상황과는 판이하다. 그런데도 교회는 여전히 신학적 이해나 교계제도 등에 대해서는 철저하게 서양식이다. 이미 자신들이 고수했거나 선점(?)한 것이 하나의 권력구조로 작동되는 까닭에 굳이 그 틀을 깰 필요가 없었을 것이다. 그래서 여전히 오리엔탈리즘의 시각에서 벗어나지 못한다. 단순히 오리엔탈리즘에만 젖어 있다면 모를까 거기에 왜곡된 근본주의와 복음주의가 득세하고 있으니 앞으로도 이런 태도와 성향은 쉽게 바뀌지 않을 것 같다. 안타까운 일이다.

근본주의란 무엇인가?

/

우리가 흔히 근본주의라고 지칭할 때 속뜻은 그리 탐탁한 것은 아닐 것이다. 대개 신앙과 사회에 대한 종교집단의 극단적 태도나 방법 등을 강조할 때 그런 용어 혹은 수식어가 따르기 때문일 것이다. 예를 들어 언론에서 이슬람 폭탄 테러 사건을 보도할 때 이슬람원리주의자 혹은 이슬람근본주의자라는 말을 자주 사용한다. 그러한 까닭에 '근본주의'라는 말은 접두사가 되었건 접미사가 되었건 마치 그들이 무슨 과격한 폭력집단인 것처럼 느껴지게 만든다. 그러나 그런 수식어들이 대부분 이슬람교도들에게만 주로 사용되는 것을 보면, 이는 서구적 시각에서 매우 의도적으로 사용되고 있음을 알 수 있다. 이처럼 서양인들도 근본주의라는 용어 자체를 호의적으로 쓰지는 않는다는 것을 상징적으로 알 수 있다.

사전적 의미로 볼 때 근본주의 또는 원리주의란 종교의 교리에 충실하려는 운동이다. 이러한 경향을 띠는 집단의 대부분은 경전의 내용에 대한 문자 그대로의 절대적 준수를 지향한다. 이러한 종교의 근본주의는 완고하며 자신들만의 교의를 절대적인 것으로 받아들이는 까닭에 필연적으로 충돌을 야기하는 경우가 많다. 대표적으로는 이슬람교와 기독교 근본주의를 꼽을 수 있고 인도에서 힌두교 민족주의가 그런 성향을 띠고 있다. 그러나 앞서 말한 것처럼 기독교 근본주의의 공격성 등에 대해서는 별로 보도하지 않거나 근본주의라는 수식어 자체를 거의 사용하지 않는다는 점에서 균형 있는 태도는 아니라고 할 수 있다.

그러나 근본주의는 갈수록 거의 모든 종교에서 문제를 일으키고 있는 것이 사실이다. 배타적 종교로 손꼽히는 유대교 또한 대표적 근본주의에 속하고 최근에는 심지어 평화롭다고 알려진 불교에서조차 이른바 정통주의가 고개를 드는 등 근본주의는 대부분의 종교에서 문제가 되고 있다. 우리나라에서 그리스도교 혹은 기독교*라는 용어 앞에 근본주의라는 말을 붙이는 경우는 거의 없다. 그러나 사실 한국의 그리스도교에서 가장 큰 문제가 근본주의적 태도라는 것은 누구도 부인하지 못할 엄연한 사실이다. 그들의 편협성과 독선의 뿌리가 바로 근본주의에서 비롯되었기 때문이다. 그런데도 정작 그리스도교 내에서조차 근본주의에 대한 반성이나 대처에 소홀한 것은 유감스러운 일이다.

근본주의라는 용어 자체는 미국에서 만들어졌다. 1920년대 미국 개신교 내의 보수적 신학운동이 표방한 것이 바로 근본주의였다. 그 개념은 1910~1915년에 걸쳐 12권으로 구성된 《The Fundamentals》라는 소책자에서 공식화되었고 그 명칭이 일반화되었다. 사실 근본주의는 그보다 앞서 1870~1910년대에 열린 일련의 성경회의에서 태동한 신학적 경향이었고 근본주의라는 용어가 탄생한 것은 1920년의 일이었다. 왜 그 당시 미국에서 근본주의 문제가 심각하게 대두되었

---

* 흔히 기독교라고 하면 개신교를 의미한다고 여기지만 기독基督은 그리스도에 대한 한자 음차어이다. 그러니까 같은 말이다. 개신교 내에서도 분파할 때 '기독교'와 '예수교'라는 이름을 따로 써서 자신들의 정체성을 표현했다(예를 들어 '예수교장로회'와 '기독교장로회'). 그래서 어떤 이들은 한국 교회에서는 예수와 그리스도가 대립하고 있다고 빈정대기도 한다.

을까? 얼마나 심각하게 여겼으면 그 문제를 다룬 일련의 책자들까지 만들어졌을까? 그리고 왜 하필이면 유럽이 아닌 미국에서 그런 운동이 발생했을까? 분명 그런 경향을 만들어낸 배경이 있을 것이다. 당시 미국에서는 천년왕국운동millenarian movement이나 신앙부흥운동이 기승을 부리고 있었다.

천년왕국운동이란 〈요한의 묵시록〉을 근거로 그리스도가 재림 후에 지상에 메시아 왕국을 세워 최후의 심판까지 1,000년 동안 통치한다는 기독교 종말론의 유사 형태다. 단계적 현상 개선이 아니라 구세주가 홀연히 나타나 지상의 생활을 완전히 바꾸고 완벽한 세계를 가져와 피안의 천국이 아니라 현세의 공동체에서 향유된다고 주장하였다. 넓은 의미에서의 천년왕국운동의 사상은 세속적이면서 성스럽고, 지상적이면서도 천상적인 시대가 온다는 신앙이다. 이러한 움직임은 기존의 기독교 사상과 어긋나는, 일종의 극단적 운동이었다. 또한 신앙부흥운동은 개인적 종교 감성을 중시하고 일반 신도도 순회전도나 설교에 종사함으로써 기존의 교회제도나 성직자의 권위가 손상되는 결과를 초래했다. 이 운동은 주민의 민주적 기풍을 배양했다는 점에서는 긍정적인 면도 있었지만 이 문제는 추진파와 반대파의 분열을 초래했다.

초기에 미국을 건설한 사람들은 청교도 정신에 투철한 이민자들이었다. 이른바 이 믿음의 조상The Pilgrim Fathers은 1620년 식민지시대에 뉴잉글랜드 매사추세츠 주의 플리머스에 정착한 사람들이다. 그들은 대부분 청교도 급진파들이었다. 종교의 자유를 위해 모든 것을 버리고 미지의 땅으로 용감하게 이주한 사람들이었다. 오늘날 미국이 성공한 까닭에 이들의 면모는 위대한 가치로 표상되지만 엄밀히 말해서 그들은 과격한, 혹은 지나치게 엄격한* 신앙을 지닌 사람들이었다. 믿음을 위해 모든 것을 포기한 초기 이민자와 그 후손들에게 위와 같은 움직임은 용납되기 어려웠다. 게다가 19세기 말부터 미국에는 유럽 이민자들이 대거 유입되었다. 특히 아일랜드와 이탈리아에서 온 이민자들은 대부분 가톨릭이었고, 다수의 유대교 신자들도 이민 왔다. 이전에 미국에 정착한 기존의 기독교(개신교) 특히 청교도 신자들은 위기의식을 느꼈다. 또한 넓은 미국 땅 여기저기에서는 유사 기독교들이 생겨났다. 미국은 새로운 종교양식, 특히 기존의 기독교를 변형한 유사종교의 낙원이었다. 그런 상황에서 기존의 전통적인 미국 기독교는 위기의식을 느낄 수밖에 없었다.

사실 근본주의는 특정한 종교집단을 지칭하는 용어가 아니라 구조화되지 않은 '운동'이었다. 즉 근본주의는 특정 시공간에서 태동한 현상이라는 점에서 역사적, 사회적 산물이라고 할 수 있다. 이러한 근본주의는 미국의 복음주의 기독교도들 사이에 일어난 종교운동으로 성경이 하느님의 영감으로 쓰여졌으며 따라서 어떠한 오류도 있을 수

* 청교도의 뿌리는 칼뱅의 프로테스탄티즘이다. 금욕과 검약의 태도는 금주와 금연을 엄격하게 준수했다. 성경에서 금주를 언급한 것은 〈잠언〉(23:29~35) 등에 등장한 지나친 음주의 해악에 관한 것들뿐이다. 담배는 콜럼버스가 신대륙에서 수입해서 보급되었다. 청교도들의 엄격한 금주와 금연은 미국에 이주한 청교도들의 생활 철학이었다. 19세기 후반 미국의 북장로교와 북감리교에서 조선에 선교사를 파견하면서 이러한 태도가 자연스럽게 전파되었다. 그리고 그러한 태도는 고스란히 한국 교회의 생활관으로 이어졌다. 개신교 중에서도 금주와 금연을 엄격하게 준수하는 곳은 한국과 미국의 일부 복음교회뿐이다. 문제는 죄가 아닌 것을 죄로 만든 것은 아닌가 하는 점이다.

없다고 강조하였다. 이들은 성경 이외의 권위를 절대로 인정하지 않았고 전천년왕국주의Premillenialism를 신봉했다. 사실 근본주의가 제일의 적으로 삼은 것은 근대주의였다. 왜 근대주의를 타도의 대상으로 삼았을까?*

근본주의의 보다 '근본적'인 원인은 자유주의 신학의 유입과 근대화에 따른 합리주의, 세속주의 그리고 다원화였다. 개방적인 입장인 자유주의 신학은 이전의 폐쇄적이고 시대착오적인 성서 해석을 비판하고 기술문명의 발전과 사회 전반의 근대화에 따라 성서를 새롭게 해석해야 한다고 주장했다. 이에 대해 근본주의는 그러한 해석은 자칫 교회의 존립 근거를 무너뜨리고 신앙의 정체성을 위협한다고 판단하여 자유주의 신학을 최대의 적으로 삼게 된 것이다.

1925년 테네시 주 데이턴의 공립학교 교사 스코프스Scopes의 재판은 그런 과정에서 보인 일련의 반세속적, 반과학적, 반근대적 성향을 짙게 드러낸 상징적 사건이었다. 그는 학교에서 진화론을 가르쳤다는 이유로 고발되었고 법원에서 유죄 판결을 받았다. 근본주의는 이 판결로 승리감을 만끽했다. 법이라는 사회적 규약을 통해 자신들의 신념이 인정된 것은 위대한 승리라고 판단했다. 그러나 이미 과학에 대

* 1869년 교황 비오 9세가 소집한 제1차 바티칸공의회는 당시의 주지주의, 국수주의, 유물론 등의 반교회적 요인들에 대한 문제를 해결하기 위해 소집되었으나 보불전쟁으로 다음 해에 종결되었다. 이 공의회는 교황무류성과 수위권 등을 천명했을 뿐 실질적 성과가 거의 없었고, 오히려 근대주의에 대한 교회의 반감만을 표출했을 뿐이었다. 당시의 산업화, 민주화 과정에서 교회의 역할을 오히려 반동적으로 퇴행시켰다는 비판이 프랑스대혁명의 여파로 당시 교회가 위기에 처해 있었다는 변명으로 설명되기는 어렵다.

한 신뢰를 지녔던 이들에게는 오히려 독선적인 종교에 대한 혐오와 반감을 야기했을 뿐이다. 이후로 근본주의라고 하면 대개 독선적이며 자신의 신앙에 따르지 않는 사람들을 배타적으로 비난하고 공격하는 등의 편협한 태도를 대변하는 말이 되었다. 또한 미국이 이민자로 구성된 합중국이라는 점에서 다원화는 오히려 미국의 정체성에 맞는 태도였으나 기존의 백인 기독교도들로서는 받아들이기 어려운 태도였다. 그래서 인종문제에 대해서도 매우 배타적이고 완고해질 수밖에 없었다.

사실 이때까지만 해도 근본주의 문제는 종교적인 문제로 국한된 것이 사실이다. 근본주의자들의 태도가 사회적 문제가 된 것은 제1차 세계대전 이후 미국이 안고 있던 문제, 즉 공산주의, 노동문제, 인종문제, 폭력 등의 정치 경제적 문제와 사회 심리적 요인들과 결부되면서부터다. 본디 근대화에 따른 합리주의와 세속주의가 기독교 신앙의 근본요소를 위태롭게 한다는 종교적 비판이었던 근본주의는 그러한 요인들과 맞서기 위해 싸워야 한다고 믿었다. 전후의 심각한 경제위기와 격렬해진 파업과 테러는 사회적 불안 요인이 되었다. 근본주의자들은 그러한 요인이 자유주의 신학, 진화론, 사회주의 때문이며, 이를 바로 미국과 기독교를 위협하는 적으로 간주하였다. 그래서 이들은 애국심에 호소하였는데, 종전으로 투쟁의 대상을 잃어버린 상황에서 적절한 대체물이기도 했다. 근본주의가 호전성을 띠게 된 것도 사실은 이러한 이유 때문이기도 했다. 다만 이러한 호전성이 이슬람근본주의자들의 테러에 가려져 상대적으로 덜 드러났을 뿐이다.

이러한 호전성과 배타적인 태도는 애국주의로 변형되기도 하였다. 근본주의자들은 미국은 새로운 에덴이며 따라서 미국의 성공은 신의 축복일 수밖에 없고 이는 곧 기존 백인 기독교의 성공 혹은 복음의 승리라는 등식을 강조했다. 이러한 성향을 가장 짙게 강조한 것이 복음주의 교회였다. 이들은 열정적으로 선교에 나섰다. 실제로 20세기 중엽 이후 미국 종교의 활력을 유지해온 것은 기존의 주류 교파가 아니라 남침례교회, 하나님의성회, 나사렛교회 등 새롭게 등장한 보수적 개신교 교단이었다. 그들은 새로운 선교 매체로 TV를 선택했고 미국의 정체성과 성장을 강조하면서 정치에 참여하는 식으로 세력을 확장했다. 이들은 해외선교에도 공을 들여 중남미에서 오순절교회가 눈부시게 성장하도록 지원했다.

근본주의가 비난받기만 할 것은 아니다. 지나치게 세속화되어 그 본성을 상실한 교회나 이완된 신앙생활에 대한 반성을 촉구하고, 순결한 경건성을 보존한 것은 높이 평가될 수 있다. 실제로 그들의 적극적인 공동체운동과 자선사업, 그리고 구제활동은 좋은 사회적 모범이 되어 큰 역할을 수행해왔다. 그러나 그들의 완고함, 배타성, 공격성, 반과학성 등은 다른 신념 체계와 마찰을 빚을 수밖에 없다. 또한 그들이 실제로 정치적 역할까지 자임하면서 다른 나라에서 충돌을 초래하는 경우가 많은 것은 크나큰 문제일 수밖에 없다. 문제는 1960년대 이후 한국 교회의 성장 모델이 바로 미국 교회였으며 그중에서도 근본주의로 무장한 복음주의 교회였다는 점이다. 이로 인해 그 폐해가 다양한 형태로 변형되어 속출하고 있다.

근본주의는 극단적인 이원론, 즉 나(천사)와 타자(악마)의 극단적 대립을 토대로 한 역사관, 세계관, 사회관을 보인다. 또한 그들이 공격했던 세속화에 오히려 앞장서서 개인의 건강과 부, 국가의 부와 국력을 신의 은총으로 여기는 경향을 드러내고 있다. 또한 정치적으로는 오순절교회를 통해 신자유주의적 변화에 걸림돌이던 남미에 미국의 이데올로기를 전파했다는 점도 지적할 수 있다. 한국 개신교회가 이슬람이나 힌두 국가 등에 선교사를 파견하여 마찰을 빚는 것도 이러한 태도와 일맥상통하는 측면이 있다는 점에서 주목할 필요가 있을 것이다. 사실 미국에서의 근본주의가 반근대주의를 표방했음에도 불구하고 번창했던 것은 사회적 위기와 이념적 공백 상황에서 전통적 유대를 대체하고 소련 붕괴 이후 급속히 약화된 좌파를 대신했기 때문이다. 이러한 특성 역시 주목할 만하다.

오늘날 한국 교회가 안고 있는 문제는 잘못된 신학에 그 원인이 있다는 점을 냉정하게 직시해야 한다. 잘못된 신학이란 기복신학과 번영신학, 신학과 영성이 분리된 불균형한 신학, 권위주의와 근본주의 신학, 그리고 변혁과 민주성을 상실한 신학이다. 19세기 말 조선에 선교사를 파견한 미국 교회의 공통적인 특징 가운데 하나는 복음주의 성향이었다. 엄밀히 말해서 복음주의와 근본주의는 다르지만 현실적으로 겹치는 부분들이 많아서 그 영향을 짙게 띤 것은 사실이다. 조선에 파견된 선교사들은 '성경 중심적' 보수주의 신학과 신앙을 주입했고 그 결과 성경은 절대적 권위로 확고하게 자리 잡았다. 1910년대 후반과 1930년대에 이러한 보수적 근본주의에 비판적인 신학자들이 복음주의적 태도의 보수성을 비판했지만 오히려 기존 교단의 준엄한 평결로 제압되었다.

한국 교회에서 이 문제가 본격적으로 대두된 것은 1953년 기독교장로회의 분열이 있을 때였다. 미국 근본주의의 대표자인 매첸 J.G.Machen의 제자였던 박형룡 목사가 자신들의 신학을 정통신학이라 천명하고 그 권위에 도전한 김재준 목사 등* 진보적 신학자들을 파문함으로써 빚어진 사태였다. 1947년 조선신학교 사태 등으로부터 시작된 복잡한 속내가 마침내 갈등의 폭발로 이어진 것이다. 이로써 근본주의는 한국 교회의 분열을 일으킨 책임에서 벗어날 수 없는 역사를 가지게 되었다. 이러한 분열은 보수적인 예수교장로회의 보수적 색채를 더 강하게 만들었고 여전히 다수를 차지한 이들 교회들이 한국 교회의 주 세력으로 존재함으로써 근본주의적 태도는 고스란히 계승 강화된 측면이 강했다고 평가할 수 있다. 즉 미국 선교사들에 의해 복음주의로 소개되어 정착된 근본주의는 한국 교회, 특히 장로교회의 신학 전통이 되었고 강화되었던 셈이다.

근본주의에 입각한 보수주의 신학의 대표적 인물이었던 박형룡 목사의 〈근본주의 신앙〉이라는 기고문은 그 점을 분명하게 천명했다.

"차제에 우리는 정신을 가다듬어 전능하신 하나님께 의지하고서 근본주의 신앙 보수에 역전고투할 것이다. 우리의 신학 교육이 자유 세력에게 유린당하지 않도록, 교회정치가 자유 세력에게 교란되지 않

---

* 흥미로운 것은 두 사람 모두 미국의 프린스턴신학교에서 유학하였는데, 당시 프린스턴신학교는 보수 신학과 진보신학이 공존하며 대립하고 있었다.

도록 깨어 투쟁해야 한다. 금번 우리 교회가 W.C.C., 에큐메니컬운동을 거절하고 보수 양진영의 합동을 이룩한 것은 실로 고유의 근본주의 신앙을 견실히 수호, 실천, 전파함에 그 목적이 있는 것이다."

W.C.C.는 세계교회협의회의 약자로 세계 모든 교회의 통일을 지향하는 초교파적인 교회의 협의체다. 한국 교회의 보수성과 근본주의의 고착은 세계교회협의회에 대한 노골적 반감으로까지 이어졌고 그 문제 등으로 예장은 다시 합동과 통합으로 갈리게 되었다.

이러한 일련의 변화가 단순히 근본주의 때문에 빚어진 것만은 아니다. 그러나 다소 시대착오적인 보수에 대한 집착은 한국 교회의 발전에 걸림돌이 된 것은 분명한 사실이다. 그럼에도 불구하고 그 문제를 제대로 깨닫지 못한 것은 이들이 자신들의 신학과 신앙의 본토라고 여기는 미국의 복음주의 교회에만 함몰된 까닭이기도 할 것이다.

실제로 일반 신자들의 경우 자신이 다니는 교회가 장로교회의 어떤 특징을 지녔는지 감리교회의 어떤 본질을 따르는지 등에 대해서는 별로 관심이 없다. 그리고 같은 장로교회라 하더라도 예수교장로회인지 기독교장로회인지, 다시 예수교장로회에서도 통합인지 합동인지 등에 대해서는 거의 모르거나 관심이 없다. 그저 목회자가 결정하는 대로 따를 뿐이다. 자기 교회의 정체성에 대해서조차 무관심한 것은 한국 교회의 천당지상주의와 선교지상주의, 그리고 목회자중심주의가 낳은 병폐이기도 하지만, 역으로 그러한 병폐가 신자들의 무관심과 무지에서 비롯되었다는 점을 고려해볼 때 신자들 자신의 각성이 필요하다고 하겠다.

근본주의 신학은 분명 한국 교회의 성장에 기여했다. 성경의 절대권위를 확고하게 신앙의 토대로 삼아 초기 한국 교회를 정착시켰고 발전시킨 점은 분명하기 때문이다. 또한 한국 교회의 보수성 확립에 공헌하여 교회를 안정시켰으며 대학생선교회 등을 통한 대중 전도 집회의 활성화로 교회 성장에 이바지한 것도 사실이다. 그러나 지나친 배타성과 다양성에 대한 거부는 신앙과 전도의 지나친 과열로 이어졌고, 이것이 보편적 교회 전통마저 위협하는 빌미가 된 것도 간과하기 어려운 대목이다. 무엇보다 교회가 사회적 상황을 외면했다는 몰역사성은 근본주의가 한국 교회에 끼친 가장 심각한 영향이라고 할 수 있다. 실제로 근본주의와 반공주의가 결합하여 독재에 침묵하거나 심지어 호응하고 후원하는 그릇된 정교유착의 모습을 보인 것은 지금까지도 지고 있는 부채이며 허물이다. 복음에 대한 그 열정은 높이 평가할 수 있지만 교회 분열과 시대와 상황에 대한 몰이해와 외면이라는 문제의 바탕에는 분명 근본주의가 깔려 있다.

근본주의는 여전히 보수적인 신앙공동체의 내부 결속을 강화하고 지속적이고 열정적인 선교활동과 자선사업 등으로 여전히 위력을 발휘하고 있다. 특히 한국 교회는 상당수가 이러한 근본주의 또는 복음주의적 성격을 지니고 있어서 편협성, 배타성, 공격성을 드러내며 사회적 문제를 야기하고 있다. 이 문제에 대한 정확한 역사적 이해가 필요하다. 최근 한국의 개신교단이 이 문제에 대해 전향적으로 접근하고 있는 것은 늦었지만 다행스러운 일이다.

공산주의에 반대하는 것과 **친정부주의**는 다르다

/

한국 교회가 보수화된 원인 가운데 하나는 외부적 요인에서 찾을 수 있다. 그것은 바로 공산주의의 존재였다. 분명히 공산주의와 종교는 상극이다. 종교를 아편으로 폄하하며 억압하는 공산주의는 교회의 가장 큰 적대 세력이다. 1960년대 초반 가톨릭에서 제2차 바티칸 공의회를 통해 '용서와 화해'의 기치를 내걸고 형제 교회나 다른 종교에 손을 내밀고 협력할 수 있었던 것도 사실은 '공공의 적'인 공산주의의 확장을 막고 '어둠의 교회'에 빛을 비춰야 한다는 대의에 공감했기 때문이기도 했다. 공산주의자로부터 직접 핍박을 받았던 사람들에게 공산주의는 가장 거대한 '적그리스도'이며 용납할 수 없는 세력이었다.

일제의 탄압도 견뎌낸(물론 대다수의 교회가 타협을 통해 생존을 얻을 수 있었고, 실제로 신사참배를 거부한 교회는 소수였지만) 북한 교회는 일본의 패망 후 진주한 소련군과 그들이 내세운 김일성 정부에 의해 탄압을 받았다. 결국 그들은 신앙의 자유를 위해 모든 것을 버리고 남하해야만 했다. 얼마나 원통했을까? 그러나 그들은 신앙의 자유를 택했다. 이것은 결코 가벼운 일이 아니다. 신앙의 뜨거움은 그런 외압 때문에 더욱 강해졌다. 그들은 남한에 내려와 주로 서울을 중심으로 교회를 부흥시켰는데 그 대표적인 교회가 바로 영락교회이다.

1945년 12월 공산주의자들의 박해를 피해 월남한 27명의 성도들이 한경직 목사를 중심으로 모여 창립예배를 드린 것이 영락교회의 시작이다. 처음 이름은 베다니전도교회였다. 영락교회라는 이름은 그 다음 해 당시 지명을 따라 지어졌다. 처음에는 일본 천리교 경성분소의 신전을 개조하여 예배 장소로 사용했다. 믿음을 위해 모든 것을 기꺼이 버리고 월남한 이들이니 얼마나 신심이 깊었겠는가? 그들의 화산 같은 믿음은 뜨거운 기운으로 성장했고 마침내 한국전쟁 이전에 천막교회를 청산하고 튼튼한 석조 건물 교회를 지을 수 있을 만큼 성장했다. 어디 영락교회뿐이겠는가? 많은 교회들이 그런 믿음으로 뭉치고 성장했다. 가톨릭교회도 예외는 아니어서 함경도 덕원에 커다란 수도원을 운영했던 성베네딕트수도회는 그 엄청난 수도회 자산을 포기하고 월남하여 경북 왜관에 새로운 둥지를 틀었다. 수녀원들도 마찬가지였다. 당연히 공산주의는 교회 제일의 공공의 적이었다.

한국전쟁은 해방 직후 월남하지 못하고 교회 탄압에 신음하던 이들까지 대거 남하하여 교회로 뭉치게 되는 계기가 되었다. 공산주의자들의 반종교적 태도를 몸으로 겪은 이들에게 북한과 공산주의자들이 어떤 존재였을지 굳이 설명할 필요도 없다. 게다가 전쟁은 한국을 엄청난 고통으로 몰아넣었고 이후에도 사람들은 공산주의자들의 적화 야욕에 시달리며 이를 경계해야 했다. 당연히 대한민국 국민이라면 모두 공산주의를 반대하고 증오했다. 그런데 교회 입장에서는 거기에 반대의 근거가 더 있었고, 특히 해방 이후 공산당의 탄압을 받았던 이들은 더더욱 그랬다. 자연스럽게 교회는 반공의 선봉에 섰다.

해방 이전의 그리스도교 신자의 수는 몇십 만에 불과했다. 한국전쟁을 거치면서 사람들의 삶에 대한 두려움과 힘겨움은 자연스럽게 위로와 미래에 대한 희망의 메시지를 필요로 하게 되었다. 교회는 위로와 희망뿐 아니라 구체적인 도움을 제공할 수 있었는데 그 이유는 다음과 같다. 공산주의자들이 일으킨 전쟁에서 패배하지 않은 것은 유엔의 참전 덕분이기도 했다. 여러 나라들이 참전했지만 그 핵심은 미국이었다. 전후 미군이 한국에 주둔하면서 이들이 한국의 전후 복구 사업에 큰 힘을 실어주었다. 그러니 당연히 미국에 대한 고마움과 동경심을 갖게 되었다. 교회는 그런 점에서 미국과 가장 가까이 있는 존재였다. 미국의 민간 원조가 교회를 통해서 전달되는 경우가 많았다. 자연스럽게 신자들도 늘었다.

그 이후 산업화 과정을 거치면서 많은 사람들이 농촌을 떠났다. 도시의 삶은 각박하고 불안했다. 이들에게 필요한 것은 소속감과 위로, 그리고 희망이었다. 그런 이들을 넉넉하게 품을 수 있는 곳이 교회 말고 또 있었을까? 자연스럽게 교회가 성장했다. 그러나 이들 도시 노동자들이 겪는 억압과 착취에 대해 고발하고 해결 방안을 모색하는 경우는 별로 없었다. 도시산업선교회(도산)가 그런 일에 나섰지만 이들은 교회 안에서조차 냉대와 억압을 받았다. 나중에 집권여당의 윤리위원장이 되기도 했던 인명진 목사 등이 힘겹게 버티며 도산을 이끌어갔다.

한국 교회의 폭발적 성장은 이런 배경에서 짧은 시기에 걸쳐 일어났다. 경이로운 일이다. 전 세계 50개 대형교회 가운데 한국의 교회가 스무 개가 넘을 정도고, 최대 교회 또한 한국에 있다. 또한 한국의 현대사에서 교회가 이바지한 것도 많다. 교육과 구제사업이 그 대표적 사례다. 그러나 그것으로 교회의 허물이 모두 면탈되는 것은 아니다.

교회가 종교의 존재 가치 자체를 근본적으로 부정하는 공산주의를 비판하는 것은 마땅한 일이다. 그래서 초기에는 그 공산주의자들과 맞서 싸우는 정부에 대해 절대적인 지지를 보냈다. 당시 대통령 이승만이 장로였다는 점도 한몫했다. 이후에도 반공을 기치로 내건 정부와 교회는 특별한 갈등 없이 협력했다. 교회의 성장으로 정부는 교회의 힘을 느낄 수 있게 되었다. 교회 또한 정부와 사이좋게 지내는 것이 필요했다.

그런데 교회는 민주주의의 가치를 훼손하고 인간의 존엄성을 말살하는 정부에 대해서도 침묵했다. 정의구현사제단이 이 문제를 들고 일어났을 때 교회는 이들이 불순한 의도로 정치에 개입한다며 비난했다. 오히려 독재자들을 모셔다 놓고 이른바 조찬기도회를 열었고 연례행사처럼 광장에 모여 구국기도회를 개최했다. 자연스럽게 정치적 발언권도 키워나갔다. 그 힘이 사실은 교회에 독이 되는 줄도 모르고 말이다. 심지어 교회 스스로가 보수주의를 넘어서 수구 기득권까지 옹호하는 상태에 빠지기도 했다. 특히나 근본주의나 복음주의는 미국에서도 보수 우파적 성향을 갖는데, 우리나라에서는 그 도를 넘는 지경이 되었다.

우리는 불행히도 아직까지 분단의 업보를 안고 있다. 공산주의자들과 대치하고 있기 때문이다. 그러니 교회로서는 공산주의에 맞서 복음을 지켜낼 의무가 있다. 그러나 복음은 선포가 아니라 실천에서 오는 힘이다. 어떠한 한국 정부도 공산주의에 반대하지 않는 경우는 없었다. 그러니 교회는 공산주의에 맞서 종교의 자유를 수호해주는 정부와 밀착해왔다. 그게 통했다. 그러나 반공과 무비판적인 부패 정권의 지지가 일치하는 것은 아니다. 그럼에도 불구하고 교회가 건전한 보수의 궤를 넘어선 수구 기득권 세력의 의도와 반공주의가 교묘히 결합된 틀에 스스로 빠져들었으며 여전히 거기에 갇혀 있다는 점은 냉정하게 짚어볼 일이다.

정교政敎의 분리

/

정치와 종교가 분리되어야 하는 까닭은 무엇인가? 여기에는 서로가 서로에게 자유로워야 한다는 대전제가 깔려 있다. 정치와 종교가 한데 묶이면 과연 좋을까? 둘이 서로 상보적이면 이상적일 수는 있지만 현실은 불행으로 끝나는 경우가 대부분이었다. 정치는 물질적 세계의 가장 큰 권력이고 종교는 정신적 세계를 지배한다. 그 둘이 합쳐서 권력으로 치닫게 되면 '자유로운 개인'이라는 기본적 이상은 실현 불가능해진다. 가장 대표적인 경우가 유럽의 중세시대였다. 절대권력은 절대 부패한다는 경험적 진실을 가장 분명하게 보여준 사례다.

정교분리의 원칙은 국가는 국민의 세속적 생활에만 관여하고 신앙생활은 국민적 자율에 맡겨 개입하지 않는다는 원칙을 말한다. 그러한 상호불간섭 원칙의 토대는 '자유로운 개인'의 온전한 실현이라는 대원칙이다. 따라서 '자유로운 개인'의 실현이 좌절되거나 왜곡되는 것에 대해서는 정치와 종교가 동일한 의무와 책임이 있다. 그래서 이 분리 원칙은 정치가 종교를 또는 종교가 정치를 부정 또는 적대시하거나 지배하려 하지 않는다는 것을 의미하는 동시에 서로 무관하다거나 무관심해야 한다는 것이 아님을 드러낸다.

사실 정교분리의 원칙은 루터에 의한 유럽 교회의 개혁(흔히 '종교개혁'이라고 부르는)의 산물이었다. 절대권력으로 무소불위의 권한을 행사한 교회의 부패를 막기 위해서는 이전의 정교유착의 낡고 고약한 고리를 깨지 않고는 불가능하다는 현실 인식이 만들어낸 원칙이었다. 정치에 간섭하면 안 된다는 절대선언이 아니다. 우리는 이 점을 분명하게 인식해야 한다.

정교분리의 원칙은 서양의 역사를 통해 종교가 저질러온 패악과 유착의 결과에 대한 반성이자 다시는 그 유착을 반복하지 못하도록 하기 위한 자구적 선언이었다. 구약시대의 예언자들은 끊임없이 위정자들에게 반성을 촉구하고 거짓과 위선을 버리라고 책망했다. 그래야만 하느님과의 올바른 관계를 회복할 수 있기 때문이다. 교회는 예언자의 정신을 계승한 공동체이다. 따라서 정교분리의 원칙은 권력에 편승해서 악행을 저지르면 안 된다는 반성에서 기인한 것이지 정치적 악행을 눈감으라는 원칙이 아니다. 그 개혁정신을 가장 충실하게 계승한다는 개신교회가 정교분리의 원칙을 왜곡되고 편향된 형태로 주장하는 것, 새로운 권력과의 유착을 자초하는 기형적 모습을 띠고 있다는 것은 씁쓸한 아이러니다. 물론 그 개혁의 정신은 가톨릭교회에도 고스란히 적용되는 것이며 불교나 이슬람교 등 다른 종교에도 똑

344

같이 적용되는 문제다.

"정의가 강물처럼 흐르게 하라"는 성서의 가르침은 그 정의가 제대로 실현되지 않을 때 복음도 실현되지 않는다는 함축적 선언임을 명심해야 한다. 종교가 정치에 간섭하지 말아야 한다는 것은 최소한 정의와 자유로운 개인의 가치가 지켜졌을 경우에만 가능하다. 디트리히 본회퍼 목사가 히틀러 암살 사건으로 체포되었을 때 사람들이 물었다. 어떻게 성직자가 살인 음모에 가담할 수 있느냐는 비난이었다 (실제로 본회퍼가 속한 교회에서도 감옥에 갇힌 그를 면회하지 않았다). 본회퍼는 되물었다. "어떤 미친 작자가 큰 트럭을 몰고 인도로 돌진해서 사람들을 치어 죽이는데, 성직자라고 해서 그 죽은 사람들의 장례 예배나 치러야 한단 것인가? 트럭에 올라타 그 미친 작자를 끌어내 더 이상의 헛된 죽음을 막아야 할 것이 아닌가?" 복음은 이념이 아니라 실천의 강령이다.

왜곡된 **정교분리**의 **원칙**

/

대부분의 사회에서는 종교에 대해 비난의 화살을 겨누려 하지 않는다. 또 비난을 받는 종교공동체는 반성하기는커녕 오히려 그 비난이 잘못되었다며 결기를 세우고 심한 경우 온갖 수단을 동원해서 비난한 자를 겨냥한다. 그 공동체 구성원들은 자신의 공동체를 지키기 위해 때로는 과격한 수단을 마다하지 않는 경우도 있다. 그걸 잘 알고 있기에 섣불리 종교에 대해 시시비비를 따지려 하지 않는다. 속된 말로 건드려봐야 얻을 건 없고 벌집 쑤신 꼴이 되고 말 뿐임을 잘 알고 있기 때문이다.

부끄럽게도 한국의 종교공동체는 오히려 권력과 밀착하면서 또는 사회적 불의에 수수방관하면서 오로지 자신들의 교세의 확장과 영향력 증대에만 몰두해온 게 사실이다. 몇 해 전 〈국민일보〉의 김지방 기자가 쓴 《정치교회-권력에 중독된 한국 기독교 내부 탐사》라는 책은 그러한 허물을 고발하고 있다. 흔히 열리는 이른바 '국가와 민족을 위한 조찬기도회'에서 오가는 말들은 그 자체가 거의 정치적 발언들이다. 일찍이 군사정부 시절 고급 호텔에서 바로 그 대통령을 위한 조찬기도회들이 많았다. 정권 찬탈과 시민들의 억울한 죽음 등에 대한 사실과 진실을 외면하던 교회지도자들이 대부분 이에 참석했다. '이른바' 조찬기도회는 나라와 민족을 위한다는 명분 아래 그 정권의 안위를 빌었지 그들의 잘못을 꾸짖거나 비난하지 못했다. 예언자나 선지자의 당당한 외침은 그저 성경에만 가둬진 문장일 뿐, 그들의 양심을 움직이지는 못했던 것이다.

"다시는 좌파가 정권을 잡지 못하게 해야 합니다……. 장로 (대통령) 후보를 마귀의 참소, 테러의 위협에서 지켜달라고 기도해야 합니다."

21세기에 들어서도 그런 행태는 바뀌지 않았다. 서울의 한 고급 호텔에서 열린 조찬기도회에서 감리교교회로는 세계 1위인 초대형교회의 목사가 한 발언은 그런 노골적인 현실 정치 개입과 정치 세력화라는 한국 보수교회의 단면을 보여준다. 사실 이들은 1970~1980년대 고난의 민주화운동 시절 침묵으로 일관하며 편의적 정교분리를 고집했던 교회들이었다.

사실 교회의 정치 참여 자체는 큰 문제가 아니다. 문제는 어떻게 참여하고 어떤 목적을 추구하느냐다. 주류 보수 기독교가 정교분리를 주장하면서 교회의 정치 사회적 참여를 비판한 것은 비주류 진보 기독교 세력이 군사정권에 저항했던 시기와 맞물려 있다. 하지만 정작 그들은 민주화 이후 교체된 집권 세력을 비판하면서 과거 집단 세력의 편에 서서 노골적으로 정치에 개입해왔다. 민주화운동 시기의 참여 교회가 피억압자 편에서 억압자에 저항한 것과는 대조적으로 지금의 교회는 기득권 집단의 위치로 올라가 스스로 권력이 되고자 하는 욕망에 사로잡혀 있다는 비판까지 받는 형편이다. 그것도 자연인 개인의 차원이 아니라 '하느님의 이름'을 내세우면서. 제발 하느님이, 예수가 하지 말라는 짓을, 하느님과 예수의 이름을 팔아먹는 짓은 그만 멈춰야 한다!

한국 교회가 정부의 부패나 악행에 저항하지 않은 것은 아니었지만, 대체로 친정부적이었음은 부인할 수 없는 엄연한 사실이다. 김수환 추기경이 도드라졌던 것은 사실 그만큼 민주주의와 인간의 가치에 대해 예언자적 결기를 세운 종교지도자들이 없었다는 반증이기도 하다. 거듭 말하거니와 교회가 공산주의에 반대하고 신앙의 자유를 천명하는 것은 당연한 일이지만 그것을 위해 민주주의를 압살하고 도덕적으로 타락한 세력까지도 옹호하거나 묵인한 것은 스스로 족쇄를 채

우는 꼴이 되고 말았다. 보수 주류 교회가 스스로 인식하지 못한 허물은 바로 그것이다. 불행히도 이런 전통(?)이 지금까지 내려오고 있다. 이미 탈냉전화된 상황에서도 여전히 냉전적 사고를 고수하는 것은 인식의 한계이거나 혹은 권력과의 우호적 관계를 통한 우월적 지위를 유지하려는 고도의, 그리고 추악한 정치 행위가 아닐 수 없다.

불의에 항거하고 고발하는 것을 종교의 부당한 정치 관여라고 비난하는 사람들이, 종교의 이름을 내걸고 시청 앞 광장이나 체육관에 모여 '좌파 정부 타도'라는 기치로 집회를 했던 건 과연 순수한 종교 행위라고 할 수 있을까? 거짓과 술수의 정치에 대해 비폭력으로 저항하는 순수한 시민들을 두고 '사탄의 자식들' 운운하는 게 과연 올바른 예언적 사도의 역할일까? 그 자체가 그릇된 정치 행위이며 반복음적 어리석음과 욕심의 발로라는 것을 인정하지 못하는 건 안타까운 일이다.

과거 역사가 분명 반교회적이고 반복음적인 측면이 있었음은 누구나 인정한다. 그러나 여전히 그 굴레와 족쇄에서 벗어나지 못한 채 같은 노래를 반복하면서 사회적 불의는 외면해오다가, 자신들의 입맛에 맞는(?) 정권의 선택에는 핏대를 세우며 신자들을 몰아세우는 건 시대착오적이며 반교회적인 행동이다. 수구 우파 세력이 교회를 이용해 보수 반공주의의 물질적, 인적 기반을 통해 반민주적이고 반인권적인 정치를 자행해온 현실에 기여(의도했건 안 했건)했고 호응해온 태도는 한국 교회가 청산해야 하는 부채가 된 지 오래다.

예수의 가르침

/

예수가 정치적인 문제에 직접적이고 적극적으로 개입한 일은 없어 보인다. 하지만 사회 전반에 걸쳐 세상의 죄악상을 두루 꾸짖었다. 예수는 헤로데를 여우에 비유했다. 헤로데와 빌라도는 친할 수 없는 사이였다. 사두가이파와 바리사이파도 마찬가지였다. 그러나 자신들에게 부담이 되는 예수를 제거하는 데에는 친구가 되었다. 그게 어디 과거의 문제에만 국한될까?

예수는 늘 가난하고 억압받는 사람들 편에 섰다. 예수는 율법학자들과 바리사이들을 꾸짖었다. 산상설교에서 "행복하여라, 의로움에 주리고 목마른 사람들! 그들은 흡족해질 것이다. 행복하여라, 의로움 때문에 박해를 받는 사람들! 하늘나라가 그들의 것이다"라고 가르쳤다. 교회의 탄압에 맞서 싸우는 건 분명 의로움 때문에 박해받는 일이고 그 일을 하는 사람은 의로움에 주리고 목마른 사람이다. 그러나 그게 반드시 교회의 일만은 아니라는 점을 깨달아야 한다. 사회가 불의와 비민주적 악행을 거듭하고 있을 때 맞서 싸우거나 따끔하게 가르치고 야단칠 수 있어야 한다. 구국기도회니 조찬기도회니 하면서 말로만 '나라와 민족을 위해' 기도한다고 해서 모든 책임을 다하는 것은 아니다.

교회를 탄압하던 세력에 맞서 싸웠던 노력과 분투는 이제 사회적 불의와 억압에 저항하고 이를 고치려는 적극적 복음의 실천으로 바뀌어야 한다. 죽음으로 교회를 지켰던 열정으로 정의와 인격을 지키고 키우는 사회를 만들기 위해 실천해야 한다. 그건 종교의 정치화가 아니다. 마땅히 해야 할 기본적 의무이고 복음의 실천이다. 이를 외면하면서 냉전적 사고에 사로잡혀 불의를 외면했던 과거를 통회하고 거듭나야 한다. 예수가 과연 이 땅의 교회에 대해 뭐라고 할지 곰곰이 생각해봐야 한다.

앞서 말했듯이 예수는 의도적으로 정치적 행위를 한 적은 없었다. 그러나 반성과 사랑의 실천을 촉구한 예수의 메시지와 가난하고 억압받는 이들을 감싸고 일깨운 예수의 언행은 당시의 권력자들 눈에는 거슬렸고 부담스러웠다. 그래서 그들은 예수를 '정치적으로' 제거했다. 그런 점에서 예수의 삶은 매우 정치적이었다고 할 수 있다. 복음의 실천을 거부하거나 억압하는 정치에 대해 사랑의 실천과 함께 예언자적 가르침으로 맞서는 교회는 그런 점에서 정치적인 게 아니라 복음적이다.

그리스도인들이 정치에 관여하는 것은 성서에 위배되지 않는다. 물론 교회는 공적으로 기도와 신령한 일에 몰두하는 게 원칙이다. 하지만 기도만 하고 교회만 지키는 게 능사가 아니다. 잘못은 지적하고 깨우쳐야 한다. 물론 잘못을 지적하는 게 주된 것이 아니라, 그것을 은혜롭게 고쳐나가는 지혜를 발휘해야 한다. 하지만 경우에 따라서는 매우 엄중하게 그 잘못을 지적하고 고치도록 하는 예언자적 발언과 행위가 필요하다. 정치적으로 또는 사회적으로 온갖 불의가 횡행해도 신앙의 절대적 가치에 직접적으로 핍박과 장애를 초래하지 않는한 교회가 침묵해야 한다는 건 지나친 자기 합리화에 불과하다.

해방신학*은 세계 교회뿐 아니라 한국 교회에도 많은 영향을 미쳤고 논란의 대상이었다. 공식적으로 해방신학은 과격성과 공산주의적 색채 때문에 비판받았다. 그러나 교회 스스로가 그 비판 이전에 원인에 대한 자기반성을 했던 적이 있었는가? 남미에서 해방신학이 태동된 건 결코 우연이 아니었다. 사실 해방신학의 단초를 제공한 것은 교회 자신이었다. 교회가 정치가들과 야합하여 민중을 억압하고 그들의 불의를 눈감아줬을 뿐 아니라 적극적으로 옹호하고 협력했기 때문에 사회와 민중이 신음하였다는 통렬한 자기반성에서 해방신학이 시작되었음을 깨달아야 한다.** 그 과정에서 너무나 견고한 틀에 좌절한 일부 열혈 사제와 신자들이 무력저항까지 했던 것을 무조건

* 20세기 중후반 남미와 제3세계의 가톨릭 신학자들을 중심으로 발전한 그리스도교 신학운동으로, 가난하고 억압받는 자들의 입장에서 교리를 해석하고 교회의 사회참여를 강조했다. 즉, 그리스도교의 가르침을 정의롭지 못한 정치, 경제, 사회적 조건으로부터 해방시키는 것이 복음의 실체이며 올바른 실천이라고 주장했다. 1965년 제2차 바티칸공의회와 1968년 콜롬비아 메데인에서 열린 제2차 남미주교회의 이후 본격화되어 교회가 인류와 역사와 유대하여 빈곤한 사람들과 나라들이 부유한 사람들과 나라들에 종속된 세계적인 문제를 해결해야 한다고 천명했다. 그러나 1984년과 1986년에 교황청이 해방신학과 마르크스주의 사이의 연관성을 우려하는 경고 문건을 발표한 이후 급격히 위축되었다. 대표적 신학자로 구티에레즈 신부와 보프 신부가 있고 브라질의 카마라 주교가 그 중심인물이었다. 새로 교황이 된 프란치스코가 아르헨티나 출신이라는 점은 의미심장하다. 아르헨티나는 남미에서 해방신학에 대해 가장 냉소적이었다.
** 당시 교회는 정부의 비호를 받아 재산을 보호했기 때문에 정부에 협조적이었다. 군사정부가 민중을 탄압할 때도 그들의 잘못을 따지고 비난하지 못했다. 엘살바도르의 오스카 로메로 대주교는 군인 정치인들에게 참회를 요구하고, 군인들에게는 시민들에게 총을 겨누지 말라고 요구했다. 그러나 그의 존재가 부담스러웠던 군부는 극우파 암살자를 고용해서 병원의 성당에서 죽은 이들을 위한 미사를 집전하던 로메로 대주교를 총으로 쏴 죽였다. 그는 총을 들고 싸운 사제도 아니었고, 복음정신을 실천해야 한다고 외쳤던 대주교였다. 그러나 정치인들은 로메로 대주교를 공공연히 공산주의자로 매도하고 협박하다가 마침내 살해하기에 이르렀다. 해방신학을 일방적으로 매도만 할 게 아니라 그 주장의 진정성과 상황에 대한 이해도 동시에 수반되어야 한다. 영화 〈로메로〉나 〈살바도르〉를 보면 왜 그들이 그런 선택을 했는지 어느 정도 이해할 수 있을 것이다.

비난하거나 공산주의적이라고 치부하는 건 지나친 자기 합리화에 지나지 않다.

한국에서 70년대에 해방신학이 영향력을 행사할 수 있었던 것 역시 바로 그게 통했던 사회적 정치적 상황에 기인했다는 점을 먼저 인정해야 했다. 사실 한국에서의 해방신학은 미미했고 그나마도 온건했다. 하지만 그마저도 용납되지 않았던 게 사실이다. 그런데도 문제의 본질은 외면한 채 그들의 과격한 투쟁(사실 그 투쟁이 과격하지도 않았다. 그 탄압이 과격했을 뿐이다)만을 비난하고 억압했던 건 부인할 수 없는 교회의 '부끄러워해야 할' 과거 역사였다. 정의구현사제단이나 도시산업선교회에 대해 교회가 취했던 태도는 냉담함이나 노골적인 억압이었다. 그리고 그런 태도는 지금까지 이어지고 있는 게 사실이다.

물론 정의구현사제단이 그랬던 것처럼 이들이 한국의 민주화에 끼친 공헌과 헌신적 노력이 있기 때문에 이들을 노골적으로 억압하지는 못해도, 여전히 못마땅해하는 시신이 교회 내에서도 엄연히 존재한다. 물론 교회가 우려하는 것은 그들의 태도가 지나치게 정치적일 수 있기 때문일 것이다. 하지만 그게 걱정 이상으로 억압과 외면으로 치닫는다면, 혹은 교회지도자들이 보수 일색으로 채워졌기 때문에 빚어지거나 심화되는 일이라면 안타까운 일이다. 이미 그러한 모습은 2008년 촛불집회 때 보수적인 추기경이 정의구현사제단의 핵심 사제를 연이어 안식년에 전보한 것에서 확연히 드러난 바 있다.

정교분리의 진정성

/

교회는 복음의 선포처인 동시에 그 실천의 첫째 마당이다. 교회가 민주적이지 못하거나 반복음적이면 존재의 의미도 가치도 없다. 교회의 첫 번째 실천은 자기고백이다. 항상 자신의 허물을 반성하고 잘못을 인정할 수 있을 때 사회가 그것을 따르는 모범이 된다는 점을 인식해야 한다. 교회는 율법을 가르치는 곳이 아니다. 사랑을 가르치고 따르는 곳이다. 그게 복음정신이다. 교회의 가르침은 교회 내에 그치는 게 아니다. 교회는 예언자적 역할을 수행해야 한다. 그것은 단순히 교회의 안정과 성장을 위한 역할이 아니다.

교회공동체가 사회적 정의에 소홀해서는 안 된다는 것은 구약시대부터 이어져온 전통이다. 신약시대 또한 마찬가지다. 복음사가들이 그랬고 바오로(바울) 사도가 그랬다. 특히 바오로의 의화義化관은 사회적 차원을 띤다. 그는 죄란 인간이 사회적 종교적 고립의 세계에서 자기만을 위해 살고자 하는 욕망 내지는 경향이라고 보았다. 의화는 개개인이 하느님께 받아들여지고 자유를 얻게 할 뿐 아니라 새로운 사회적 기틀 곧 그리스도의 몸이자(로마 12:1-8) 신앙의 가족(갈라 6:10)에 들어가게 만든다. 신앙으로 의화된 사람들은 하느님과의 관계에 성실해야 함은 물론이거니와 만인과의 관계에도 성실해야 한다. 성경은 정의를 실천하는 게 무엇을 뜻하는지 분명히 말해준다. 거기에는 인간 생활에서 무엇이 정의고 불의인지 구체적으로 열거하고 있다. 만약 사회가 불의를 저지르고 있다면 그것을 고치고 정의를 실현하도록 노력해야 하는 것은 신앙인과 교회공동체 공동의 의무다.

가난한 이, 굶주린 이, 억압받는 이에 대한 관심과 배려와 사랑은 가장 기본적인 최소한의 정의다. 예수는 그런 사람들의 참된 삶, 인간다운 삶에 대해 끊임없이 가르쳤고 실천했다. 그러한 정의구현에 투신하는 일을 결코 '속되다'고 '삿되다'고 할 수 없다. 정의를 구현하는 것은 곧 성서 전통의 뿌리를 발견하는 것이고, 인간 역사 속에 하느님의 말씀과 법이 자리 잡을 처소를 마련하는 것이다. 그럼에도 불구하고 교회가 어떠한 일이 있어도 사회적 문제에 개입해서는 안 된다고 하는 것은 손바닥으로 하늘을 가리거나, 구더기 무서워 장 못 담그는 것과 다르지 않다.

종교가 정치에 개입해서는 안 되는 가장 중요한 이유는 그 사회가 더 이상 자정 능력을 갖고 있지 못할 때 마지막으로 예언자적 역할을 할 수 있기 위해서라는 점을 기억해야 한다. 사회와 정치가 완전히 타락해서 더 이상 회복할 수 없는 비인격적 상황에서도 여전히 교회만 독야청청하다는 건 무의미할 뿐 아니라 불가능한 일이다.

막시밀리안 콜베Maximilian Kolbe(1894~1941)*가 나치의 수용소에서 젊은 유태인 청년을 위해 대신 죽음을 택한 건 교회의 안전을 위해서가 아니었다. 그는 사랑을 실천함으로써 모범을 보였다. 그의 순교

---

* 프란치스코회 신부로 제2차 세계대전 중 유대인을 도왔다는 이유로 체포되어 아우슈비츠에 수감되었다. 어느 날 수용소에서 한 명이 탈출하자 나치는 보복 조치로 열 명을 처형하겠다고 했고, 이에 콜베는 처와 아이가 있는 남자를 대신하여 아사형을 선고받았다. 콜베가 지하 감옥에서 물과 음식을 먹지 않고도 2주 동안 생존하자 나치는 그에게 독극물 주사를 투여했다. 1982년 교황청은 그를 성인으로 공표하였다.

를 보고 사람들은 자신의 삶에서 그를 따랐다. 약하고 억압받는 사람들 편에서 그들을 보듬고, 그들을 억압하는 사람들에게 잘못을 지적하고, 그 잘못을 고치도록 함께 노력하고 기도하는 게 교회의 역할이다. 어떤 정강이나 정책에 대한 호오好惡의 문제가 아니다. 사회적 불의가 지나쳐 반복음적이며 더 이상 누가 나설 수 없는 상황이 되었을 때 순교적 태도로 나서서 정의를 외치고 반성을 촉구하는 게 바로 종교와 정치의 분리가 갖는 의미다. 스스로의 허물과 한계를 드러내며 용서를 구하면서 모두의 잘못과 불의를 반성하도록 스스로를 버리는 게 바로 '세상의 빛과 소금'이 되는 신앙공동체의 올바른 태도이다. 그것은 이미 보수나 진보, 우파나 좌파 따위의 알량한 이분법과 관계가 없다는 점을 명심해야겠다.

참된 그리스도인의 지평

서울 도심에서 눈에 띄는 건물들 가운데 많은 것들이 보험회사나 은행 등 금융권 건물이다. 그 회사들은 왜 그리도 멋지고 커다란 집들을 지었을까? 한편 요즘 TV에서 고급 냉장고 광고를 보면 그 냉장고의 용량이 몇 리터인지, 얼마만큼 빠르게 냉동되고 얼마나 신선하게 보관되는지 등 냉장고 본연의 기능은 얘기하지 않는다. 대신 아무 상관도 없는 어린 양 한 마리가 푸른 초원에 놓인 냉장고 옆에서 새근새근 잠을 자고 있거나 아름다운 여인이 해안을 바라보며 창문을 활짝 여는 장면을 보여준다.

이 두 상황은 무엇을 의미할까? 냉장고는 이제 모든 가정에 하나 이상 있는 생필품이 된 지 오래다. 또한 제품들 간의 기술적 차이란 것도 거의 없어졌다. 따라서 이제는 겉으로 드러나는 기능이 아니라 무형적 이미지를 통해 고객의 선호를 만들어가는 현실이, 푸른 초원 위에 잠자는 예쁜 양이나 아름다운 여인과 바다가 보이는 광고를 만들어낸 것이다. 그와는 반대로 금융상품의 경우에는 상품이 눈에 보이지 않는다. 눈에 보이지 않으면 소비자에게 신뢰를 주는 것이 쉽지 않다. 또한 신뢰를 주지 못하는 상품이 시장에서 살아남기란 여간 어려운 일이 아니다. 그래서 그런 상품을 판매하는 회사들은 눈에 띄는 크고 멋진 사옥을 지어서 소비자들에게, "자 이걸 보세요, 얼마나 멋진가요? 우리 회사는 이렇게 돈 많고 믿을 수 있는 회사라우. 절대로 망하지 않아요. 어때요. 우리 상품 하나 가입하는 것이 이 멋진 건물처럼 근사하지 않겠어요?" 하고 말하는 것이다. 사람들은 눈에 보이지 않으면 믿으려 하지 않는다.

이처럼 아이러니하게도 사람들은 눈에 보이는 상품은 손에 잡히지 않는 이미지를 만들어 접근하고, 눈에 보이지 않는 상품은 그 틈새를 메우기 위해 눈에 뜨이는 집을 지어 접근하는 것이다. 인간의 논리적, 이성적 능력은 우리가 생각하는 것보다 때로는 눈에 두드러지게 형편없는 경우가 많다. 우리의 지성을 온전하게 확신하진 말 일이다.

종교는 눈에 보이지 않는다. 어쩌면 그래서 더 접근하고 이해하기 어려운 것인지도 모른다. 하지만 삶이란 모두 물질로만 구성되어 있는 것도 아니고 또 그렇게 이해되지도 않는다. 사람들은 종교를 통해 삶의 의미를 찾기도 하고, 현실의 부조리와 한계를 넘어설 수도 있으며, 더불어 삶의 지혜를 얻기도 한다. 또한 종교는 역사를 통해 볼 때 사회를 유지시키고 통합하는 역할을 하기도 했으며 사회적 위기를 극복하는 데에도 기여했다. 물론 그 부작용이 있는 것도 사실이다. 그러나 그것은 종교의 허물이 아니라 그것을 따르는 사람들의 무지와 편견과 독선 때문이다. 우리가 종교를 통해 얻을 수 있는 가장 큰 것은 바로 인간의 자기이해self-understanding라고 할 수 있다. 물론 종교는, 특히 그리스도교는 근본적으로 계시종교로서의 단순한 자기이해뿐 아니라 거듭나는 삶, 참된 삶, 삶을 넘어선 영원의 삶으로 이끌어주는 표상이다.

그런데도 요즘의 교회는 자꾸 껍데기를 키우는 데에만 열중인 듯하다. 눈에 보이지 않는 영혼의 공동체라서 그럴까? 그래서 자꾸만 가시적인 어떤 형태를 통해 그것을 선전(?)하고 과시하려는 것일까? 중세의 교회도 그랬다. 고딕 성당은 그 대표적 상징물이다. 그런데 그 부끄러운 모습을 반성하기는커녕 지금 그 짓을 반복하고 있다. 얼마나 자신이 없으면 그럴까 싶어 안쓰럽기까지 하다. 혹 대형교회가 더 은혜가 넘치고 그런 교회에 다녀야 나의 신앙도 대형화된다고 여기기 때문은 아닌지 되묻고 싶다. 유치하고 천박한 생각이다.

기어츠Clifford Geertz는 종교를 네 가지 전망prospective에 따른 네 가지 실체로 설명했다. 상식적 전망, 과학적 전망, 미학적 전망, 그리고 종교적 전망이 그것이다. 기어츠는 그 가운데 종교적 전망은 일상생활의 현실을 그저 있는 것과 주어진 것으로 보는 것이 아니라, 일상적 현실을 포함하지만 그것보다 넓은 세계, 궁극적 세계 안에서 그 현실을 보는 것이라고 설명한다. 즉 현실과 사건의 참 모습을 만나고 투신과 행동을 이끌어내는 것이다. 이렇게 본다면 종교와 일상, 심지어 종교와 과학도 서로 충돌하는 상충적 실재가 아니라 단지 전망만 다를 뿐이다.

그런 점에서 종교는, 혹은 종교의 신앙체계는 경험된 총체, 즉 주관적인 것과 객관적인 것들을 포함하며 인생과 사건들의 의미를 제공하는 하나의 맥락으로서 구실을 하는 것, 어떤 전체를 묘사하고 상기시키는 상징체계로 정의될 수 있다.

물론 포이어바흐Ludwig Andreas Feuerbach는 신은 단순히 인간의 영상映像일 뿐이라고 비판했고, 마르크스는 이를 받아 종교는 민중의 아편에 불과한 것이라고 일축했다. 그리고 프로이트는 종교란 일종의 집단적 강박신경증의 결과물이라고 했다. 최근에는 리처드 도킨스가 《만들어진 신》이라는 책을 통해 종교가 허구적 신화에 불과할 뿐이라고 비판했다. 그들의 말이 무조건 틀렸다고 하기에는 현실의 종교가 지니고 있는 허물들이 결코 작지 않을 것이다. 그러나 그들의 말이 전적으로 옳다고 말할 수 없는 이유는 앞서 말한 것처럼 분명 종교가 삶의 매우 중요한 현실이며 또한 동시에 이상理想으로 살아 있다는 점 때문이다. 그건 신앙과 별개의 문제이기도 하고 동시에 직결되는 문제이기도 하다.

우리는 살면서 끊임없이 인생의 근본적 문제에 질문을 던진다. "인간이란 무엇인가?" "인생은 어디서 와서 어디로 가는가?" "나의 삶의 목적은 무엇인가?" "이 세상에서 내가 죽고 나면 또 다른 세상이 있을 것인가?" 등은 살아 있는 한 언제나 던지게 되는 질문들이다. 종교는 바로 이러한 질문들에 대해 근본적이고 때로는 초월적인 해답을 모색한다. 우리가 계시종교를 탐색하는 것도 그러한 물음들과 밀접한 관련이 있다. 그렇다면 종교는 단순하게 인터넷처럼 가입만 하면 모든 문제를 해결해줄까?

종교학자 제임스 파울러James W. Fowler는 그의 신앙 발달 단계이론에서 신앙이 어떻게 성장하는지를 잘 설명했다. 처음 단계는 직관적-투사적 신앙이다. 유아기라고 볼 수 있다. 논리적 사고가 약한 대신(피아제Jean Piaget식으로 말한다면 전조작기*라고 할 수 있다) 환상적이고 마법적인 상징체계가 의식을 지배하는 단계다. 어린아이들은 부모로부터, "너, 엄마 아빠 말씀 안 들으면 하느님께 벌 받아 지옥 간다"는 말을 듣고 머릿속에 지옥을 그린다. 자기가 상상할 수 있는 가장 무서운 환경을 만들어내고 그것이 무섭고 두려워 가르침대로 따른다. 그리고 그렇게 했을 때 적절한 보상이 주어지기 때문에(콜버그Lawrence Kohlberg는 그의 도덕이론에서 이것을 처벌과 보상 단계라고 설명한다) 반복적이고 무의식적으로 그에 따라 행동하게 된다. 안타깝게도 우리의 신앙도 이런 초기 단계에 머무르는 경우를 많이 본다.

두 번째 단계는 신화적-문자적 신앙이다. 초등학생쯤 된다고 보면 되겠다. 문자를 익히고 논리적 사고가 시작되면서(다시 피아제를 빌린

---

* 前操作期. preoperational stage. 피아제 인지발달의 두 번째 단계로 대략 만 2~6, 7세 사이의 기간이다. 이 시기의 유아는 자기중심적 사고에 의존한다. 지각知覺이 아닌 지각肢覺적 속성으로 사물을 판단하기 때문에 사물의 외관에 의존하여 상황을 판단한다. 충분한 논리적 사고나 개념이 나타나지 않는 기간이다.

다면, 구체적 조작기*라고 볼 수 있다) 자신의 생각과 상상에 체계와 질서, 의미를 부여하기 시작하는 시기다. 나름대로, 그러나 아직은 미성숙한 상태에서 자신의 상상과 이미지를 구체화시키고 질서를 부여한다. 하지만 이 단계는 흔히 여전히 자기 안에 갇히고 한계가 있는 문자 해석으로 자기의 주장에만 집착하기 쉽다. 여기에 완전주의나 근본주의까지 가미되면 오로지 나만 옳고 다른 사람은 그렇지 않다는 편집증에 빠진다. 그래서 타인을 무시하고 무례하게 대한다. 제법 신앙생활을 열심히 한다는 사람들도 이 올무에서 벗어나지 못하는 경우를 많이 볼 수 있다. 이들은 주변에 있는 사람들에게 상처를 입히기까지 한다.

　세 번째 단계는 종합적-인습적 신앙이다. 사춘기쯤 된다고 볼 수 있다. 우리가 사춘기가 되면 가족으로부터 벗어나 자기만의 세계를 구축하기 시작하지 않는가? 나만의 신념과 가치를 추구하지만 충분한 자기 판단과 반성에 의한 것이 아니라 영웅적인 인물이나 대중적인 인물처럼 외부로부터 가치를 얻어 이를 구성한다(피아제는 이것을 형식적 조작기**라고 불렀다). 어느 정도 일관성 있는 이해력을 가지고

---

* 具體的 操作期. concrete operation stage. 7~11세 기간의 발달 단계. 이때 아이들은 형태가 변해도 양과 부피는 보존되는 것을 이해한다. 단순히 사물의 표면적 특징을 넘어 색깔과 형태 등에 따라 한 차원 이상으로 분류할 수 있다. 무엇을 하기 전에 그 방식에 대해 생각할 수 있다. 덧셈을 배우면 자연스럽게 뺄셈도 이해하게 되는 단계다.
** 形式的 操作期. formal operation stage. 피아제의 인지발달이론 중 네 번째 단계로 초기 형식적 조작기와 형식적 조작기로 나누기도 한다. 11~15세까지의 기간으로 신체적 발달과는 무관하게 인지발달에 해당된다. 논리적 사고 능력이 증가하고 추상적 개념을 이해하고 사고하며 대부분의 논리적 형식을 조작할 수 있다.

가치와 신념을 발달시키기 시작하는 시기다. 그러나 우리의 사춘기가 그렇듯 아직은 자기 것으로 내재화하거나 객관화시킬 만큼 이해도 확신도 부족하기 때문에 여전히 권위 있는 사람이나 집단을 따르며 그와 자신을 일치시키고 거기에 소속되려고 한다. 이 단계는 정체성과 신앙에 있어서 개인적 이해와 논리, 그리고 적절한 상상력을 갖춰서 과거와 예상되는 미래를 주어진 환경과의 일치 안에서 통합시키는 능력을 기른다. 하지만 여전히 취약한 점이 그대로 남아 있다. 타인의 기대와 평가에 지나치게 의존함으로써 자율성에 제약을 받으며, 자칫하면 허무주의와 엉뚱한 보상심리에 빠질 수 있다는 게 문제다. 어느 정도 신앙생활을 하다 보면 흔들릴 때가 많다. 그것은 내가 열심히 했는데도 불구하고 변하는 것도 없고 나아지는 것도 없으며, 믿음 자체도 오락가락 흔들리기 쉽기 때문일 것이다.

네 번째 단계는 개별적-반성적 신앙이다. 사춘기를 넘어선 청년기 혹은 장년기 초반에 해당된다고 할 수 있다. 이젠 어른이다. 나름대로 세상을 보는 눈도 길러졌고 독립적으로 살기 시작할 수 있을 때다. 이전에는 중요한 타인들의 상호 인격적 관계에 근거해서 정체성과 신앙을 유지하였지만 이제는 더 이상 거기에 의존하지 않는다. 나는 새로운 정체성 유지를 위해 나만의 의미의 틀을 구성하기 위해 사회적 요인들을 검토 비판하고 상대화한다. 그래서 자신이 선택한 규범과 일치하는 공동체를 선택한다. 이미 형성한 여러 개념들과 사실들에 대해 나름대로 번역하여 비신화화非神話化하기 시작한다. 이제는 분명한 자기정체성과 이념에 대한 비판적 능력이 함양되었다고 자평한다. 하지만 자칫 타인의 생각과 관념을 지나치게 자신의 것으로 동화시키려는 자아도취에 빠지기 쉽다.

다섯 번째 단계는 결합적 신앙이다. 장년기가 되면 자기확실성은 더욱 단단해지고 억압되거나 과거에는 깨닫지 못했던 것을 자기 안에 통합시키게 된다. 이젠 제법 세상을 보는 눈도 커지고 너그러워져서 모순이나 역설, 반대되는 것들까지 포용하며 조화시키려고 노력한다. 다른 사람이 내뱉는 생소한 말도 경청할 자세가 되어가고 좁은 울타리에 얽매이지 않으려고 노력한다(피아제를 다시 원용한다면 변증법적 형식적 조작기가 여기에 해당된다). 이 단계에서는 자신이나 자신이 속한 집단의 가장 강렬한 의미를 발견하게 되고 그 의미 안에 머물 수 있게 된다. 그리고 동시에 이런 의미들이 어쩌면 상대적이고 편파적인 한계를 지닐지도 모른다는 것을 인식하기도 한다. 그만큼 인식의 지평이 넓어지고 삶이 너그러워진다. 하지만 자칫하면 진리와 가치, 의미에 대한 역설적 이해와 포용이 자기만족으로 이어지기 쉽고 이로 인해 심하면 냉소적인 후회를 드러내기도 한다.

마지막 단계는 보편적 신앙이다. 장년 이후가 되면 세상을 보는 태도가 훨씬 유연해진다. 하지만 옳고 그른 것은 분명하게 가릴 줄 알고 자신만의 세계에만 안주하거나 자기만족에 빠지지 않고 모든 것에 대한 애정과 관심과 헌신을 마다하지 않는다. 또한 상호성을 강조하면서 존재에 대한 충실성을 드러낸다. 무엇보다 자아도취를 초월한 사랑과 희생을 실천하는 성숙한 단계다. 에리히 프롬Erich Fromm식으로 말하자면 소유의 원리에서 벗어나 존재의 원리로 생활하는 단계라고

나 할까?

이와 같이 신앙은 세례를 받고 입교함으로써 모든 것이 해결되는 것이 아니라 마치 어린아이에서 어른으로 성장해가는 것처럼 성숙하고 올바르게 자라나야 한다. 내가 성장함에 따라 복음도 내게 더욱 성숙한 의미로 다가올 것이며 그것이 나로 하여금 복음에 따라 올바른 삶을 살게 할 것이다. 복음에 따라 올바르게 사는 것은 나를 완성하는 것이며 구원의 신비에까지 우리를 이끌게 될 것이다. 그러므로 나는 항상 복음을 되새기며 실천함으로써 성장하고 구원에 동참해야 한다. 그러기 위해서는 늘 내가 살고 있는 시대를 통찰하고 이 시대에 어떻게 복음을 실천해야 할 것인지를 끊임없이 살펴봐야 한다. 더 이상 자라지 않는 신앙은 자갈밭에 떨어진, 혹은 덤불에 떨어진 겨자씨와 같다. 성숙한 신앙으로 자라날 수 있도록 모두 함께 부단히 노력해야 한다.

신앙은 내가 어떤 종교에 입문해서 저절로 얻어지는 것이 아니라 그 안에서 부단히 노력하고 성장하여 그 복음에 가장 가깝게 살아감으로써 완성되는 것이 아닐까? 나는 어느 단계에 와 있는가? 성숙한 신앙, 그것은 인간의 궁극적 문제를 이성의 힘만으로 해결하려는 자세에서 벗어나 신이라고 부르는 초월적 절대자의 필요성을 인정하고 추구하며 해결하려 할 때 비로소 가능한 일이다. 인간 이성을 초월하는 영적 세계는 인간의 마음속 깊은 곳에 숨어 있는 지혜와 사랑의 에너지를 이끌어낸다.

하지만 앞에서 말한 것처럼, 이것은 가시적으로 나타나는 것이 아니어서 늘 나를 주저하게 만들고 흔들리게 한다. '하느님은 과연 계시는가? 어떻게 알 수 있는가?' 이는 끊임없이 내게 던져지는 물음이면서 답을 찾아내야 하는 물음이다. 나도 여러분에게 딱 부러지게 말할 수 있으면 좋겠지만, 답하기 어렵다. 혹은 나는 확신하지만 여러분들에게 어떻게 설명을 해야 할지 곤혹스럽다. 그것이 어쩌면 내가 신학자도 성직자도 아닌 소박한 신앙인으로서 지닌 한계인지도 모르겠다. 어디서 읽은 예화가 있는데 도움이 되었으면 좋겠다는 생각에 소개한다.

어린 물고기가 다른 물고기를 만나서 물었습니다. '바다가 어디 있는지 가르쳐줄래?' 그러나 그 물고기는 모른다고 대답했습니다. 어린 물고기는 슬퍼하며 어른 물고기를 만났습니다. 어른이니까 아는 것이 많지 않겠어요? '아저씨, 바다가 어디 있는지 가르쳐주실래요?'.그러나 어른 물고기는 매몰차게 대답했습니다. '나는 그런 질문에 대해서 생각해보지 않았단다.' 어린 물고기는 실망했습니다. 그러나 너무나 알고 싶어서 참을 수가 없었죠. 그러다가 지혜로운 물고기를 찾아가서 간곡하게 물었습니다. '지혜로운 물고기님, 바다가 어디 있는지 가르쳐주세요.' 그러나 그 지혜로운 물고기는 한참을 생각하더니 더듬더듬 대답했습니다. '글쎄. 나도 그 질문은 생각해봤지만 답을 생각해보지는 않았구나. 알게 되면 알려주마.' 어린 물고기는 여전히 바다가 어디 있는지 궁금했습니다.

내가 하느님에 대해 갖는 질문도 이와 비슷하지 않을까? 내가 숨 쉬는 것처럼 늘 나와 함께 있지만, 나는 실체를 보거나 만져봐야만 안다고 생각한다. 그래야 안심한다. 하지만 바닷속에 살기 때문에 오히려 바다를 모르는 그 물고기와 내가 마찬가지 아닐까?

어떤 사람은 우리나라 사람들의 종교적 태도를 다음과 같이 간결하게 말한다.

"내장은 샤머니즘이고 가슴은 불교, 머리는 유교이고, 손과 발은 그리스도교이다."

이 말은 우리의 복합적이고, 그래서 때로는 왜곡되기 쉬운 태도를 비판적으로 언급한 것이다. 그러나 반대로 우리가 온통 종교적이라는 뜻일 수도 있다. 우리 시대는 영적으로 배고픈 시대다. 어떤 특정한 종교에 대한 선택은 주저하지만("기독교는 좋지만 '교회'는 싫어"라는 말의 속뜻을 제대로 헤아려야 한다) 종교나 영성에 대한 갈망은 끊이질 않는다. 특히 지난 20세기는 이데올로기가 주도한 시대였다. 이때는 오로지 이념의 선명성이 존재했지 영혼이 들어설 자리는 없었다. 그렇게 한 세기를 지낸 후에 사람들은 영혼에 대한 갈증을 느끼고 있다. 하지만 이념의 세몰이에 익숙해져서 정작 영혼은 탐색하기가 어색하고 또렷하게 나타나지 않아 원하는 답을 얻지 못하고 있는 실정이다. 그러면서도 우리는 여전히 자신의 영혼의 울림에 귀를 기울이려 하고 있다.

종교의 유무와 종파의 차이를 떠나 우리 모두는 이 궁극적 물음에서 빗겨 서 있지 않다. 언제나 이 물음을 안고 살면서 우리 모두 그

답을 찾으며 살아가야 할 것이다. 이제 성숙한 그리스도인, 어른스러운 신앙인이 되었으면 좋겠다. 모두가 그 길을 찾으면 좋겠다. 그리고 그 가르침대로 실천하며 살기를 희망한다. 여러분 모두에게 하느님의 사랑과 평화가 가득하기를!

눈먼
종교를
위한
인문학

© 김경집

2013년 6월 10일 초판 1쇄 발행
2014년 3월 3일 초판 2쇄 발행

지은이 | 김경집
발행인 | 이원주
책임편집 | 정선영
책임마케팅 | 조용호

발행처 (주)시공사
출판등록 1989년 5월 10일(제3-248호)

주소 | 서울특별시 서초구 사임당로 82(우편번호 137-879)
전화 | 편집(02)2046-2850 · 영업(02)2046-2800
팩스 | 편집(02)585-1755 · 영업(02)588-0835
홈페이지 www.sigongsa.com

ISBN 978-89-527-6908-4 03100